rororo

Jedes Jahr aufs Neue müssen wir uns an Weihnachten mit der buckligen Verwandtschaft herumschlagen: dem klugscheißenden Onkel, der überdrehten Tante, dem betrunkenen Schwiegervater, der esoterischen Schwägerin und den handysüchtigen Nichten und Neffen. Die Großeltern fordern Gedichte, die Eltern zanken, die Geschwister reden kein Wort miteinander. Einziger Trost: Bei anderen zu Hause läuft es nicht besser. Im Gegenteil.

Dietmar Bittrich, Jahrgang 1958, lebt in Hamburg. Er gewann den Hamburger Satirikerpreis und den Preis des Hamburger Senats. Für Rowohlt gibt er seit 2012 die Weihnachtsanthologie mit Geschichten rund um die bucklige Verwandtschaft heraus.

Dietmar Bittrich (Hg.)

Blut ist dicker als Glühwein

Schon wieder Weihnachten mit der buckligen Verwandtschaft

Rowohlt Taschenbuch Verlag

Originalausgabe
Veröffentlicht im Rowohlt Taschenbuch Verlag,
Reinbek bei Hamburg, November 2018

Umschlaggestaltung zero-media.net, München
Umschlagillustration Patrick Wirbeleit
Satz aus der Adriane bei Pinkuin Satz und Datentechnik, Berlin
Druck und Bindung CPI books GmbH, Leck, Germany
ISBN 978 3 499 63425 3

Inhalt

Helene Bockhorst

Wir üben noch

Als mein Mann, der damals noch nicht mein Mann, sondern eine anspruchsvolle Bekanntschaft unklarer Dauer war, mir anbot, Weihnachten zu nutzen, um mich seinen Eltern vorzustellen, war es mein erster Abstecher in die Rituale anderer Menschen. Bis zu diesem Zeitpunkt hatte ich meine Kenntnisse über Weihnachten aus dem Film *Hilfe, es weihnachtet* bezogen – und aus meinen eigenen familiären Erfahrungen. Ich wusste: Am Ende brennt irgendetwas, und alle hassen sich, aber irgendwie ist man auch erleichtert, dass man es geschafft hat.

Wie ich Theos Schilderungen entnehmen konnte, lief es bei meinen Schwiegereltern ähnlich ab, mit dem Unterschied, dass man zwischendurch noch in die Kirche gehen musste.

Ich kaufte mir also ordentliche Anziehsachen und das Buch *Katholisch für Dummies.* Auf der Fahrt las ich die heißesten Insider-Infos über den Katholizismus und den Wikipedia-Eintrag über das Kaff, in dem meine Schwiegereltern leben.

Wie so häufig bin ich auch für diese Situation komplett überqualifiziert. Die ersten Stunden verbringt meine neue Familie damit, meine technischen Daten wie Alter, Ausbildung, beruflicher Werdegang, Vorhandensein eines Kinderwunschs und Hüftumfang abzufragen. Niemand stellt mir eine Frage zu meinen religiösen Überzeugungen, und ich bin kurz davor, mich zu ärgern, dass ich mich durch *Katholisch für Dummies* gequält habe, als die Familie beschließt, dass es Zeit wird, den Gottesdienst zu besuchen.

«Ziehst du dir bitte noch was Ordentliches an, Theodor!», mahnt meine Schwiegermutter. Theo sieht eigentlich okay aus, also wie immer, nicht besonders ordentlich, aber das ist halt sein Style.

«Kannst du bitte dafür sorgen, dass er sich mal ein paar flotte Hemden kauft?», wendet sie sich an mich. Nun, da eine Frau ins Leben ihres Sohnes getreten ist, scheint sie zu hoffen, die Sorge um sein äußeres Erscheinungsbild endlich abgeben zu können.

«Er ist erwachsen, er kann anziehen, was er will», sage ich. Diese Mitteilung überfordert sie merklich.

Auf der Autofahrt lassen sich meine Schwiegereltern ausführlich über all die kaputten, gottlosen Menschen aus, die nur an Weihnachten in die Kirche gehen – «aber dann aufgetakelt wie ein Zirkuspony!»

Ich mache mich ganz klein und hoffe, dass ich nicht dumm auffalle. Mein letzter Kirchenbesuch ist etwa dreizehn Jahre her und spielte sich in einer evangelischen Kirche ab. Katholische Kirchen kenne ich nur aus dem Fernsehen. Neben mir hört Theo mit Kopfhörern «God hates us all» von Slayer.

Ich versuche, unvoreingenommen an die Sache heranzugehen und die ganzen Kreuzzüge und Missbrauchsfälle auszublenden. Stattdessen stelle ich mir vor, ich wäre eine Forscherin und würde einen fremden Indianerstamm besuchen. Wenn meine Schwiegereltern vom Stamme der Weihrauchwedelindianer wären, würde ich ja auch versuchen, wertschätzend mit ihrer Religion umzugehen.

Es gelingt mir nur so halb. Übelriechendes Kraut wird abgefackelt. Ein Mann in einem Kleid singt mit hoher Stimme seltsame Dinge, und die Gemeinde antwortet, die verstrahlten Blicke auf den Altar gerichtet, absolut synchron «Uuund mit deinem Geiiiiisteeee!» oder «In Ewigkeit Aaaaaamen!» oder «A-ha-ha-ha-men!».

Was geht mit diesen Leuten ab? Ich fühle mich schon bevormundet, wenn bei einem Konzert gerufen wird: «Put your hands up in the air!» Nein, denke ich dann, danke für den Vorschlag, aber ich entscheide immer noch selbst, wann ich meine Hände wohin packe! Ich dachte eigentlich, wir lebten in einem individualistischen Zeitalter, aber hier stehen fünfzig Menschen und sagen auf die Millisekunde genau gleichzeitig «A-ha-ha-ha-men!».

Im Buch *Katholisch für Dummies* hatte es sich angehört, als wäre der Gottesdienst ein heiter-geselliges Get-together, und in den Spielfilmen wird ja immer abgeblendet, sobald der Priester sich mit dem Messdiener in die Sakristei zurückgezogen hat.

Natürlich verpasse ich prompt meinen Einsatz, falle nicht rechtzeitig auf die Knie und ernte tadelnde Blicke von den versammelten Profichristen.

Da ich nicht in der Lage bin zu erkennen, wann man «In Ewigkeit Aaaaamen!» und wann «A-ha-ha-ha-men!» sagen muss, bewege ich nur die Lippen. Die Hände lasse ich vorsichtshalber die ganze Zeit über gefaltet, denn mir ist unklar, welche Teile der Performance sich direkt an Gott richten und was Eigenwerbung der Veranstalter ist.

Die Menschen knien in den harten Bänken und singen etwas darüber, dass sie schlimme Sünder sind und es nicht verdient haben, aber Jesus sie trotzdem rettet, weil er so nett ist. Wow, endlich mal eine Aussage, mit der ich was anfangen kann. Hier wird einem vermittelt: Eigentlich bist du wertlos, aber ich gebe dir trotzdem was zu essen. Lass es dir schmecken, aber vergiss nicht, Schuldgefühle dabei zu haben! Das kenne ich von zu Hause; ich hatte achtzehn Jahre Zeit, mich daran zu gewöhnen, und kann deswegen einigermaßen damit umgehen.

Auf der Autofahrt zurück beschreiben meine Schwiegereltern sich gegenseitig, was aus ihrer Sicht die besten Stellen der Predigt waren. Gottesdienst Director's Cut. «Helene kriegt gar nichts mit, die ist noch ganz versunken in der Zwiesprache mit Gott!», sagt meine Schwiegermutter beifällig und betrachtet mich im Rückspiegel. Ich schaue an mir hinunter und sehe, dass meine Hände immer noch gefaltet sind.

Tatsächlich kann ich dem Erlebnis eine gewisse wohltuende Wirkung nicht absprechen. Man kann über die Qualität der Show sagen, was man will – in den letzten 90 Minuten gab es wenigstens keine unangenehmen Fragen. Dieser Punkt wird viel zu selten erwähnt, wenn es um die Verdienste der Kirche geht: Der Gottesdienstbesuch verhindert zumindest temporär die familiäre Kommunikation, und das ist etwas Gutes.

Anschließend ist Bescherung angesagt. Die klassischen Rituale des Schenkens und Beschenktwerdens habe ich schon immer mit Skepsis beobachtet. In der Grundschule wurden wir Kinder angehalten, in der Adventszeit zu zeigen, was wir einander bedeuten. Jeder bekam den Namen eines anderen zugelost und sollte für dieses Kind ein Geschenk mitbringen. Ich verschenkte ein süßes Radiergummi in Form einer Kegelrobbe, außerdem Süßigkeiten und einen Stift mit Stifthalter. Beschenkt wurde ich mit einem angebissenen Lebkuchen, den jemand in eine herausgerissene Seite aus einem Rechenheft gewickelt hatte. Wer dafür verantwortlich war, ließ sich nie klären; es wären 23 andere Kinder in Frage gekommen. Nun könnte man vermuten, dass ich diese Transaktion durch das krasse Missverhältnis von Invest und Outcome rückblickend negativ beurteile, doch das Gegenteil ist der Fall. Heute weiß ich, dass ich durch das Wichteln in der vierten Klasse auch einiges gewonnen habe, nämlich die Erkenntnis, dass man sich unglaublich wenig Mühe geben und trotzdem damit durchkommen kann, solange es genug andere Verdächtige gibt.

Um so eine Verantwortungsdiffusion zu fördern, schenke ich grundsätzlich zusammen mit meinem Mann. Es könnte ja *seine* dumme Idee gewesen sein, denke ich dann immer, und dieser Gedanke gibt mir Sicherheit.

Meine Schwiegermutter beschenken wir mit einer kessen Strickjacke. «Toll, die ziehe ich sofort an!», sagt sie und zieht sie nicht an. In den folgenden sechs Jahren werde ich sie kein einziges Mal in dieser Strickjacke sehen.

Schwiegervater liegt inzwischen mit Bauchschmerzen im Bett und kann deswegen unser geschmackvolles Präsent nicht in Empfang nehmen, einen zwanzigteiligen Fresskorb mit regionalen Wurstspezialitäten.

Ich bekomme ein Kochbuch, in dem Rezepte für unterschiedliche Zubereitungsarten von Eiern aufgeführt sind. Jedem Rezept ist eine Doppelseite gewidmet.

Weiche Eier. Zutaten für vier Personen: Vier Eier. Kochendes Wasser. Salz nach Geschmack.

Hartgekochte Eier. Zutaten für vier Personen: Vier Eier. Kochendes Wasser. Salz nach Geschmack.

Eier im Glas. Zutaten für vier Personen: Vier Eier. Kochendes Wasser. Salz nach Geschmack. Vier Gläser.

«Ich kann es gar nicht erwarten, das auszuprobieren!», freue ich mich. In den folgenden Jahren versuchen wir bei jedem Flohmarkt, das Ei-Kochbuch loszuwerden.

Ein Jahr später. «Wie siehst du denn schon wieder aus?!», fragt meine Schwiegermutter meinen Mann noch auf der Auffahrt. «Ich hab dir doch extra Geld gegeben, damit du dir was Vernünftiges kaufst!»

«Fahren wir bald in die Kirche?», frage ich. Es ist eine Wohltat. Aufstehen, hinknien, «Ahahahamen» sagen – dieses Mal kann ich beim Workout viel besser mithalten, und ich genieße die Ruhe, die sich in mir ausbreitet.

Die Bescherung fällt in diesem Jahr kürzer aus, weil nicht alle Geschenke rechtzeitig geliefert worden sind. Okay, weil wir uns nicht rechtzeitig darum gekümmert haben. Für meinen Schwiegervater haben wir eine CD bestellt. Obwohl wir seit mehr als 24 Stunden wissen, dass sie nicht rechtzeitig zur Übergabe da sein wird, erzürnt dieser Umstand meinen Mann nun im Nachhinein so sehr, dass er seinen Laptop hervorholt und noch unterm Weihnachtsbaum eine Beschwerdemail an den Versandhändler schreibt. Vielleicht sucht er auch nur einen Vorwand, um sich nicht am Gespräch zu beteiligen.

«Wollt ihr mir eines versprechen?», fragt mein Schwiegervater schwer atmend. «Wollt ihr mir nächstes Jahr ein Enkelkind schenken?»

Ich möchte ihm nichts in der Richtung versprechen und mein Mann auch eher nicht. Eine unangenehme Pause entsteht, in der jeder diesen Umstand zur Kenntnis nimmt.

Ich bekomme eine kaputte Leselampe überreicht und trage es mit Fassung. Es ist schließlich nicht das erste Mal, dass ich etwas von meinen Schwiegereltern bekomme, das nicht funktioniert.

Noch ein Jahr später. «Du bist ja immer noch nicht schwanger!», begrüßt mich meine Schwiegermutter.

«Dir auch frohe Weihnachten», sage ich freundlich.

«Na, das sagt man aber erst ab morgen!»

Ganz vergessen: In dieser Familie gibt es Regeln. Es gibt einen bestimmten Zeitpunkt, an dem das Jesuskind in die Krippe gelegt wird; es gibt einen bestimmten Zeitpunkt, an dem man sich frohe Weihnachten wünscht, und ja, es gibt auch einen bestimmten Zeitpunkt, an dem es ratsam wäre, einen Erben in die Welt zu setzen, jedenfalls, wenn man sich nicht Vorwürfe anhören will über die pflichtvergessene Art, sein Leben zu verbringen.

Mein frommer Wunsch, in die Kirche zu gehen, wird nicht erhört. Den Schwiegereltern ist es inzwischen zu anstrengend. Wir sitzen herum, essen Kekse und versuchen, unsere Kinderlosigkeit zu rechtfertigen.

«In der Stadt hat jetzt eine Kinderwunschpraxis aufgemacht, vielleicht solltet ihr da mal hin», schlägt meine Schwiegermutter vor. «Wie lange versucht ihr es denn jetzt schon?» Ich habe schon mehrfach erklärt, dass wir gar nichts versuchen. Sie glaubt trotzdem, dass wir heimlich «üben», wie sie es nennt.

Theo und ich behaupten, dass wir uns alleine die Messe ansehen wollen, und fahren mit dem Auto der Eltern in die Dorfdisko. Der Laden ist brechend voll mit Weihnachtsgefrusteten. Mein Mann setzt sich an die Bar und genehmigt sich ein Bier nach dem anderen. Hinterher werde ich ihn im Auto meiner Schwiegereltern zurückfahren, und ich werde dabei einen Busch und eine Mülltonne touchieren, aber das wissen wir jetzt noch nicht. In diesem Moment wissen wir nur, dass wir gerade zu zweit etwas erleben, was einem perfekten Weihnachten sehr nahe kommt.

Wir beobachten die Söhne und Schwiegersöhne, Töchter und Schwiegertöchter, die die obersten Knöpfe ihrer flotten Hemden und Blusen geöffnet haben und versuchen, die elterlichen Ermahnungen der letzten Stunden und den Weihnachtsbraten wegzutanzen. Eine einsame Lavalampe taucht die Gesichter in weiches Licht. Ich glaube, ich kann ihn in diesem Moment spüren, den verbindenden Geist der Weihnacht.

Wenn ich das alles so Revue passieren lasse, denke ich: Es muss doch irgendwie anders gehen. Glücklicherweise habe ich häufig ausgezeichnete Geschäftsideen, vor allem im Vergleich mit anderen. Neulich habe ich im Fernsehen eine Sendung gesehen, in der Menschen ihre Geschäftsideen vorstellen. Da war eine Frau, deren Geschäftsidee war Brotaufstrich. Ich will keine Spaßbremse sein, aber ich glaube, Brotaufstrich gibt es schon. Mein Ziel ist es, Sachen zu erfinden, die es noch nicht gibt und bei denen sich jeder fragt: Warum gibt es das noch nicht?

Wenn es einen Zeitraum gibt, der ideal ist, um kurzlebige Produkte auf den Markt zu werfen, dann ist es die Weihnachtszeit – siehe Jesus. Jesus hat nicht besonders lange gehalten, aber seiner Popularität hat das keinen Abbruch getan.

Weihnachten ist das Fest des Konsums. Mein Problem ist allerdings, dass die meisten Dinge, die ich an Weihnachten gerne konsumieren würde, in Deutschland illegal sind. Und Alkohol ist in vielen Familien zwar das ganze Jahr über ein probates Mittel, um über die Runden zu kommen und niemanden versehentlich die Treppe hinunterzustoßen. Ausgerechnet in den besinnlichen Stunden am Heiligen Abend wird ein übermäßiger Konsum jedoch kritisch beäugt. Meine erste weihnachtliche Geschäftsidee waren daher mit Whiskey gefüllte Christbaumkugeln, die es Weihnachtsverdrossenen erlauben, ab und zu hinterm Baum einen kräftigen Schluck zu nehmen. Dann sah ich im Internet, dass es so etwas längst gibt.

Meine zweite Geschäftsidee geht einen Schritt weiter: Robo-Sohn, Robo-Schwiegertochter und Robo-Enkel ermöglichen es, die Interessen aller Familienmitglieder zu wahren und Konflikte zu vermeiden. Während sich die jüngere Generation einen entspannten Abend macht, absolvieren Roboter die Pflichtbesuche bei den betagten Verwandten. Robo-Enkel verfügt über 73 verschiedene höfliche Gesichtsausdrücke, bedankt sich artig für Geschenke, wechselt automatisch das Thema, sobald die Worte *Abendland* oder *Autobahnen* fallen, und beherrscht Antworten auf mehrere tausend Fragen. Er reagiert auf Reizworte, die in einem bestimmten Kontext auftreten.

Verwendet ein Eltern- oder Großelternteil beispielsweise das Wort *geschafft*, geht Robo-Enkel davon aus, dass es sich um eine erreichte Leistung handelt, und gratuliert freundlich.

«Hast du schon gehört, Großtante Gitti ist gestorben, na, sie hat sehr gelitten, aber jetzt hat sie es geschafft!»

Robo-Enkel: «Bwwwww, bwwwww, ich freue mich riesig, das zu hören!»

Interessant wird es, wenn sich irgendwann herausstellt, dass Oma und Opa auch längst keinen Bock mehr auf den ganzen Stress hatten und sich eine Kreuzfahrt gegönnt haben, während an ihrer Stelle Robo-Grannies die Besucher empfangen.

«Bwwww bwwww wir hatten ja nichts. Bwwww bwwww wie siehst du denn schon wieder aus? Bwwwww bwwwww hier hast du fünf Euro für ein paar flotte Hemden, aber nicht alles auf einmal ausgeben. Bwwww bwwwww!»

Und wer sich trotz dieser Ideen nicht in der Lage sieht, das Weihnachtsfest zu überstehen, könnte künftig einfach auf die Dienste einer Alibi-Agentur zurückgreifen. Es gibt ja bereits sogenannte Seitensprung-Agenturen, bei denen verheiratete Menschen sich mit Hilfe von fingierten Dienstreisen, imaginären Zahnarztterminen und langwierigen Krankenhausaufenthalten ein Alibi verschaffen können, um Zeit mit einer destruktiven Person ihrer Wahl zu verbringen. Ich wünsche mir eine Alibi-Agentur, die die Verwandten anruft: «Wir bedauern sehr, Ihnen mitteilen zu müssen, dass Ihr Sohn Schrägstrich Ihre Tochter Schrägstrich Ihre Schwiegertochter bei einem Flugzeugabsturz Schrägstrich Naturkatastrophe Schrägstrich Sexunfall mit einem Opossum ums Leben gekommen ist Schrägstrich sind.»

Ich würde derweil mit meinem Mann in irgendeiner schäbigen Dorfdisko ein Getränk einnehmen und alle wären glücklich. Ich denke, die Idee hat Potenzial.

Tobias Haberl

Der Weg nach Hause

Der Bayerische Wald ist herrlich und schrecklich. Herrlich, weil seine Wälder von glasklaren Bächen durchzogen sind, der Schweinebraten 7,50 Euro kostet und man den ganzen Tag auf Wiesen rumliegen und den Wolken zuschauen kann. Schrecklich, weil man das Gefühl hat, dass die Erde vielleicht doch eine Scheibe sein könnte und der Bayerische Wald das letzte Fleckchen vor dem Abgrund ins Nichts, weil die Menschen so viel schweigen und so wenig reden – manche sagen ihr ganzes Leben lang nur «Aha» und «So, so» – und man wenig anderes machen kann, als auf Wiesen rumzuliegen und den Wolken zuzuschauen.

Ich wurde vor etwas mehr als vierzig Jahren im Bayerischen Wald geboren, mit dem Hintern voran und drei Tage zu früh, sonst verlief alles reibungslos. Und obwohl ich seitdem in sieben verschiedenen Städten und zwei Jahre auf einer Insel gelebt habe, bin ich für Weihnachten jedes Jahr nach Hause zurückgekehrt; mal mit dem blauen Golf, dann wieder mit dem ICE oder der Lufthansa, oft hat es Stunden gedauert, meistens war irgendwas überfüllt, die A9, die Bordtoilette oder das Nichtraucherabteil, aber ich nahm alles in Kauf. Weihnachten in Berlin oder mit Freunden am Strand, das konnte ich mir nicht vorstellen. Meine Eltern, mein Kinderzimmer mit der Dschungelbuchtapete, Mamas Bratwürste mit Sauerkraut, unser Sofa mit Heizdecke, die alte Kirche mit dem

Zwiebeltürmchen, die rot glänzenden Kugeln am Baum, die noch nie ausgetauscht wurden und mir gerade deshalb das Gefühl geben, dass es doch ein paar Dinge gibt, die sich nicht ändern und trotzdem schön und gut und richtig bleiben. Es war auch immer alles schön und gut und richtig, nur letztes Jahr kam mir die Kupplung dazwischen.

Natürlich lag es daran, dass ich mich auf die letzte Minute eingelassen hatte.

«Ich versteh dich nicht», sagt meine Mutter oft, «immer machst du alles auf den letzten Drücker. Was, wenn mal was dazwischenkommt?»

«Was soll denn dazwischenkommen?», frage ich dann immer zurück, genervt von ihren ständigen Bedenken und der Angewohnheit, lieber gar keine Pläne zu machen, weil doch irgendwas dazwischenkommen könnte.

«Ich bin 71», sagt sie dann, «ich habe tausend Dinge erlebt, die du dir nicht vorstellen kannst. Wirst schon sehen, irgendwann wirst du an mich denken.» Letztes Jahr Heiligabend kurz nach 18 Uhr dachte ich heftig an sie, aber der Reihe nach.

Ich lebe seit ein paar Jahren in München. So nah hatte ich seit 20 Jahren nicht an dem Ort meiner Kindheit gelebt. Und wenn man nur zwei Stunden nach Hause braucht, kann man sich den Heiligen Abend ja noch vollstopfen, bevor man Richtung Heimat aufbricht, um sich für ein paar Tage der Gewissheit hinzugeben, dass man wieder mal keinen Tag älter geworden ist. Ich machte also lauter Dinge, die Menschen, die in der Stadt leben, so machen: Ich schlief bis zehn, bestellte in einem Café ein «Norwegisches Frühstück» für 17,40 Euro, ließ mir von einer Thailänderin den Nacken massieren, schrieb eine Abwesenheitsnotiz für die nächsten zwei Wochen, lud mir vorsichtshalber ein paar Filme bei iTunes runter, kaufte einen drei Kilo schweren Bayern-München-Bildband für meinen Vater, eine beigefarbene Cashmere-Decke für meine Mutter, trank einen Espresso zwischendurch, und als ich auf die Uhr schaute, war es kurz vor vier.

Ich blickte nach oben in den Himmel, es war düster geworden. Erst jetzt merkte ich, wie wenig Menschen sich noch in der Fußgängerzone aufhielten. Keine Frage, ungefähr um diese Stunde mussten vor zweitausend Jahren die Wehen der Gottesmutter eingesetzt haben; der Heiligabend hatte begonnen, und ich stand auf der Kaufinger Straße zwischen einer Deichmann- und einer Vodafone-Filiale. Panisch lief ich nach Hause, warf ein paar Shorts, Strümpfe und Hemden in meine lederne Reisetasche, kramte ein dunkles Sakko für die Christmette aus dem Schrank, schmiss alles in den Golf, ein Geschenk meiner Eltern zum 18. Geburtstag, 380.000 Kilometer auf dem Tacho, rauf auf den Mittleren Ring, raus auf die Autobahn; im CD-Player lief «Master of Puppets» von Metallica. Die Musik trieb mich an. Der Golf schnurrte und jaulte. Seit Jahren schalte ich vom dritten direkt in den fünften Gang, weil mit dem vierten irgendwas nicht stimmt. Als ich von der A9 auf die A93 abbog, war ich guter Dinge und öffnete das Handschuhfach, wo immer eine Tafel Vollmilchschokolade und eine Plastikflasche Apfelschorle lagern, deponiert von meiner Mutter, «weil man nie weiß, was einem auf der Autobahn alles passieren kann».

Zu Abend gegessen wird bei uns traditionell um 18 Uhr. Meine Schwester war mit ihrer Familie schon tags zuvor mit dem Sharan aus Zürich angereist. Ich wusste, ach was, ich spürte, dass meine Mutter in diesen Sekunden die gestärkte Tischdecke ausbreitete, die Kerzen des Adventskranzes und das Räuchermännchen auf dem Fensterbrett anzündete und das Weihnachtsoratorium von Bach auf den Plattenteller legte.

18 Uhr war nicht zu schaffen, aber 18 Uhr 30 vielleicht, eine halbe Stunde war kein Problem, dafür würden sie Verständnis haben. Draußen wurde es dunkler, dann richtig finster, die Autos wurden weniger, um 17 Uhr 40 hatte ich den Pfaffenstein-Tunnel und Regensburg hinter mir gelassen und war Richtung Bayerischer Wald, also praktisch Richtung Russland, abgebogen. Um 18 Uhr 05 war ich nur noch 40 Kilometer von meinem Ziel entfernt und stand vor der Entscheidung: alte oder neue B16.

Die alte Bundesstraße 16 ist die Straße meiner Kindheit. In den achtziger Jahren fuhr ich sie mindestens einmal in der Woche, zum Kieferorthopäden, zum Einkaufen, zum Tennistraining. Es war die Straße, die aus dem Wald in die Stadt führte, aus der Provinz in die Zivilisation, aus dem Dorf meiner Kindheit in die größte Stadt, die ich mir vorstellen konnte, in der es sogar einen McDonald's gab: Regensburg. Die Straße führte durch Wälder und bestand nur aus Kurven, in denen sich etliche Motorradfahrer zu Tode rasten; oft wurde mir schlecht, manchmal musste ich mich übergeben – natürlich hatte meine Mutter Kotztüten parat –, ständig rannten Rehe, Füchse, Wildschweine über die Straße, manchmal lösten sich Felsbrocken aus einem Steinbruch und krachten auf die Fahrbahn, aber ich habe sie geliebt, weil sie mir eine Ahnung davon vermittelte, wie groß die Welt ist, die mich später erwarten würde. Man kann schon sagen, dass diese Straße eine enorme Bedeutung für mich hatte; sie stand für vieles, was ich in meinem Leben gefühlt, gehofft und geahnt hatte.

Vor zehn Jahren hatten sie eine Alternative gebaut: die neue B16, schnurgerade, doppelspurig, mit Schallschutzmauern an den Seiten, eine Straße, die aussieht, als wäre sie von einem Algorithmus geplant worden, effizient, schnörkellos und langweilig. Und ich weiß nicht, was mich geritten hat, aber auf einmal sah ich vor mir diese Ausfahrt und schwenkte nach rechts auf die alte B16. Ein Reflex, eine kleine Sentimentalität, die mich fünfzehn Minuten kosten würde, aber irgendetwas in mir wollte an diesem Heiligen Abend zurück auf die Straße der Kindheit.

Es war jetzt stockfinster draußen, die Wälder wirkten bedrohlich, so was wie Mittelstreifen gibt es auf der alten B16 nicht; es begann zu schneien, erst wässrige, dann größer und dichter werdende Flocken. Ich schaltete den Scheibenwischer ein und wechselte von Metallica auf Bayern 1. Es lief Chris Rea, «Driving Home for Christmas». Und obwohl ich das Lied nicht mag, tröstete es mich. Man kann sich einsam fühlen, wenn man am 24. Dezember nach 18 Uhr Richtung Osteuropa fährt. Es dauerte nicht lange, da tauchten die ersten Haarnadelkurven auf, immer wieder musste ich abbremsen, weil Nebelfelder die Sicht versperrten. Ich drehte die Heizung höher, nahm noch einen Schluck Apfelschorle und ein Stück Schokolade, im Wagen breitete sich behagliche Wärme aus.

«Und für alle, die jetzt noch auf der Straße sind», tönte es aus dem Radio, «‹Santa Claus Is Coming To Town› von Michael Bublé. Kommen Sie sicher nach Hause zu Ihren Liebsten und übrigens: Fröhliche Weihnachten!» Ich passierte ein Dorf namens Mackenschleif, erinnerte mich an das Hexenhaus zur Linken, windschief und halb verfallen. Als Junge hatte ich immer Angst davor gehabt. Ob noch jemand darin hauste? Und wenn ja, ob derjenige wusste, dass heute Weihnachten war? Licht war keines zu sehen. Eine Fensterscheibe war eingeschlagen.

Dann endlich eine längere Gerade. Ich schaute auf die Uhr, es war 18 Uhr 19, und schaltete vom zweiten in den dritten Gang, aber der Gangknüppel flutschte zurück in die Mitte, ich kuppelte, probierte es noch mal, keine Chance, kuppelte wieder, aber das Pedal blieb stecken, schwang nicht zurück, blieb durchgedrückt. Mir blieb nichts anderes übrig, als den Wagen ausrollen zu lassen und rechts ranzufahren. Ich stellte den Warnblinker an, atmete durch, schloss die Augen. «Fuck!»

Ich habe nicht die geringste Ahnung von Keilriemen und Ansaugstutzen, aber dass mich mein Golf heute nicht mehr zu meinen Eltern bringen würde, war klar. Ohne Gangschaltung und ohne Kupplung würde es nicht klappen. Mein Golf hatte mich vor vielen Jahren ohne Zwischenfall von Rom bis an die Südküste von Wales gebracht, und jetzt ließ er mich dreizehn Kilometer vor dem festlich gedeckten Tisch meiner Eltern im Stich. Ich schaute mich um: Wald und Dunkelheit. Dann kramte ich mein Handy aus der Reisetasche und wählte die Nummer meiner Eltern.

«Hallo?! Tobi?! Wo bist du denn?! Wir warten alle auf dich. Alles ist fertig, nur du ...»

«Ja, sorry, ich bin stehen geblieben. Der Golf, irgendwas stimmt mit der Kupplung nicht, ich glaube ...»

«Na, das hätte ich dir gleich sagen können», meine Mutter klang auf einmal wie ein Roboter, der Empfang war miserabel, im Hintergrund hörte ich Gläserklirren und das Cembalo aus dem Weihnachtsoratorium. «Tausendmal hab ich es dir gesagt, aber du weißt ja alles besser. Jetzt haben wir den Salat. Im Kofferraum liegt eine alte Wolldecke, aber das weißt du, oder?! Ach ja, zieh die Warnweste an! Und vergiss den Warnblinker nicht! Wo bist du eigentlich genau?»

«Irgendwo zwischen ...», dann machte es tut, tut, tut, gefolgt von Stille. Das Handy war tot, die Batterie leer, ich feuerte das Ding auf den Beifahrersitz. Bis zum Hexenhaus waren es knapp zwei Kilometer, aber wer wusste, ob überhaupt noch jemand darin lebte, und wenn ja, ob es ratsam war, Kontakt mit diesem Wesen aufzunehmen.

Zehn Minuten vergingen, in denen der Schneefall zu- und die Temperatur im Wagen rasant abnahm. Ein Film fiel mir ein, in dem New York von einer Eiszeit heimgesucht wird. Ich verscheuchte den Gedanken und stellte mir die Bratwürste meiner Mutter vor.

Okay, sagte ich mir, cool bleiben, nachdenken, systematisch vorgehen. Niemand weiß, wo du bist. Theoretisch konnte ich überall sein. Und selbst wenn sie losfuhren oder dem ADAC Bescheid sagten, würde es Stunden, vielleicht Tage dauern, weil kein Mensch auf die Idee käme, dass ich die alte Bundesstraße gefahren sein könnte. Kein Mensch fährt die alte Bundesstraße.

Ich holte die Decke aus dem Kofferraum, schlüpfte drunter, stellte die Rückenlehne des Sitzes nach hinten und schaute durch das gläserne Schiebedach in den Himmel. Ich wechselte auf BR-Klassik, es lief Bachs Weihnachtsoratorium. Ich schloss die Augen und dachte an früher, als meine Großeltern uns am Heiligen Abend besuchten. Ich dachte an meinen Goldfisch Karl, der nur vier Monate alt geworden war, bevor er an Bauchwassersucht starb, weil meine Mutter sein Wasserglas mit Pril saubergemacht machte. Ich dachte daran, wie meine Schwester in ihrer esoterischen Phase barfuß in die Christmette gegangen war, was unsere Eltern an den Rand eines Nervenzusammenbruchs beförderte und in der Regionalzeitung zu einer gar nicht mal unlustigen Glosse führte. Ich dachte daran, wie die Zeit vergeht und warum immer alles anders kommt, als man denkt und plant und hofft.

Ich fragte mich, ob meine Großeltern und Karl im Himmel waren, ob sich Mama gerade ans Klavier setzte, um «Stille Nacht, Heilige Nacht» zu spielen und ob ich nächstes Weihnachten vielleicht wieder mit einer Frau nach Hause fahren würde, und wenn ja, in welchem Auto. Die Musik wurde leiser und lauter, wie aus einer anderen Welt waberte sie zu mir herüber, das Cembalo, die Bläser, der Tenor «Frohe Hirten, eilt, ach eilet, Eh ihr euch zu lang verweilet, Eilt, das holde Kind zu sehn!». Ich wurde müde, vor meinen Augen tanzten Flocken, aber ich wusste nicht mehr, ob es echte oder geträumte waren, dann wurde es stiller und stiller und stiller.

«I dra durch, der Haberl, servas, du olde Wurschthaut!»

Ich erschrak, riss die Augen auf und erblickte einen riesigen roten Schädel, in dem zwei glasige Augen und eine fleischige Nase saßen. Das Hexenhaus, schoss es mir durch den Kopf, das muss der Typ aus dem Hexenhaus sein.

«Kennst mi ned, oder?», sagte der Schädel und grinste.

Er war jetzt ganz nah bei mir. Ich blinzelte, stellte den Blick scharf. Nach ein paar Sekunden hatte ich es: Das war nicht der Typ aus dem Hexenhaus, das war der Fick

Mich junior, also eigentlich der Fick Michael, aber alle sagen nur Fick Mich junior, weil sein Vater jahrzehntelang der Fick Mich gewesen war, bevor er durch die Geburt seines Sohnes zum Fick Mich senior geworden war. Ich wischte mir den Schlaf aus den Augen und schaute auf die Uhr, es war 0 Uhr 23. Ich stieg aus und versank im Schnee, es musste stundenlang geschneit haben. Der Fick Mich junior trug einen gelben Overall vom ADAC, hinter ihm stand sein Abschleppwagen, auf dem sich ein orangefarbenes Signallicht drehte, das die Wälder ringsum in grelles Licht tauchte. Anscheinend war der Fick Mich junior doch kein Versicherungsvertreter wie sein Vater geworden, sondern ein Gelber Engel.

Ich kenne den Fick Mich junior seit 37 Jahren. In der ersten Klasse hatten wir nebeneinandergesessen, vier Jahre später war ich nach Regensburg aufs Gymnasium gewechselt und er in den Trachtenverein unseres Dorfes eingetreten. In den Jahren danach hatte ich Latein gelernt und er, wie man eine Maß Bier in einem Zug austrinkt, indem man den Kehlkopf überstreckt und den Schluckreflex außer Kraft setzt. Das letzte Mal hatte ich von ihm gehört, als er Torschützenkönig der Kreisliga Ost geworden war, das war vor 25 Jahren.

«Oh mei, an Golf hodda, der Haberl, na, des war ja klar, also schlepp mas hoam, des Baby, oder?!»

Er lallte. Sein Atem roch nach Glühwein, Weißbier und einem Hauch Obstler.

Ich sah zu, wie er das Abschleppseil befestigte, die Kurbel anschmiss und meinen alten Golf Zentimeter für Zentimeter auf seinen Abschleppwagen zog. Der Typ war stramm, ich tippte auf mindestens 2,5 Promille, aber jeder Handgriff saß.

«Also, setz die eina zu mir, dann fahr ma hoam, damit ma no an Glühwein kriagn, oder?»

Immer wieder klopfte er mir auf die Schulter. Ich hatte den Eindruck, dass er sich ehrlich freute, so unverhofft einen alten Bekannten getroffen zu haben. Ich stieg zu ihm ins Fahrerhäuschen, am Rückspiegel baumelte ein Duftbaum, der nach nichts roch, es lief Musik von Andreas Gabalier. Er zog eine Thermoskanne aus dem Handschuhfach und reichte sie mir. Ich nahm einen Schluck und musste husten. Es war Punsch, aber der schärfste, den ich je gekostet hatte, eine Art Schnaps mit einer Prise Zimt.

«Do huasta, der Haberl, so was Guads gibt's in der Stodt ned, oder?!»

Er nahm ebenfalls einen kräftigen Schluck, startete den Motor, legte den Rückwärtsgang ein, und ich dachte mir noch, warum eigentlich den Rückwärtsgang, aber da war es schon zu spät. Mit einem lauten Krachen wurden wir in unsere Sitze gedrückt und zurück nach vorne geschleudert. Der Duftbaum schwang hin und her, der Fick Mich junior drückte wie verrückt aufs Gas, aber nichts passierte, und irgendwie fühlte sich auf einmal alles ganz schief an. Wir kletterten aus dem Wagen, betrachteten das Malheur, und da hockten wir nun, mein Golf kaputt, der Abschleppwagen im Graben und zum zweiten Mal an diesem Tag war mir klar: Mit diesem Ding würden wir heute nicht mehr nach Hause kommen. Wir stiegen wieder ein, was gar nicht so leicht war, reichten die Thermosflasche hin und her, Andreas Gabalier sang: «Happy hour, mitten in der Nacht / Sexy, alles tanzt, alles lacht / Vierzig Grad am Dancefloor / Hulapalu, sagst du in mei Ohr.»

Es war 1 Uhr 46, als wir entschieden aufzubrechen. Die Thermoskanne war leer, die Schokolade aufgegessen, es schneite heftig. Nach zehn Minuten waren meine Sneakers durchnässt, gegen 3 Uhr hörte ich auf, die Kälte zu spüren. Gegen 4 Uhr passierten wir ein Dorf namens Trasching, gegen 5.30 Uhr konnte ich im Schneetreiben das erste Mal den Zwiebelturm unseres Dorfes erkennen. Einmal sahen wir zwei Rehe über die Straße springen, einmal stolperte der Fick Mich junior, und ich half ihm wieder auf die Beine. Die letzten zwei Kilometer legten wir Arm in Arm zurück.

«Mei, der Haberl», sagte er immer wieder. «Des glaubt uns koana!»

Und ich antwortete: «Mei, der Fick Mich!»

Als wir um halb sieben das Ortsschild passierten, spürte ich meine Finger nicht mehr. Der Fick Mich hatte kleine Eiszapfen aus der Nase hängen. Ich setzte einfach nur einen Fuß vor den anderen und versuchte gegen den Drang zu kämpfen, mich in den Schnee zu legen und die Augen zuzumachen. Ein paar Minuten später fingen die Kirchenglocken zu läuten an.

«Ach, Haberl», sagte der Fick Mich junior, «I wünsch da frohe Weihnachten!»

«Frohe Weihnachten, Mich!», sagte ich, dann wankte ich nach links und er nach rechts. Bald würden wir zu Hause sein.

Liefka Würdemann

Die Zufriedenheit aller Beteiligten

Ich streite nicht gern. Als Scheidungskind mit depressiven Elternteilen liebe ich die Harmonie. Ich möchte, dass alle sich vertragen und einander lieb haben. Konflikte versuche ich zur Zufriedenheit aller Beteiligten zu lösen, so wie man das macht, als erwachsener Mensch. Sich aggressiv zu streiten, das liegt mir nicht. Das mag ich nicht. Das kann ich nicht.

Heiligabend. Christian und ich werden mit der Bahn nach Buchholz in der Nordheide fahren. Dort wohnt seine Schwester. Wir fahren Bahn, denn Christians gesamte Familie macht in diesem Monat Autofasten. Alle lassen das Auto stehen und nutzen öffentliche Verkehrsmittel, das Fahrrad oder die Füße. Die Idee fanden wir beide sofort gut, das Timing eher schlecht. Wenn man ein Auto braucht, dann doch wohl im Dezember! Für Geschenke, Tannenbäume und Besuche. Außerdem ist es kalt und matschig.

Aber Christian hatte darauf bestanden: «Wenn wir jetzt nicht mitmachen, machen wir das nie!»

Er kennt uns. Wir nehmen uns immer viele Dinge vor. In unseren Köpfen sind wir längst auf dem eigenen Hof uns selbstversorgende, keinen Müll produzierende, zuckerfrei und unmotorisiert in einem Haushalt ohne Plastik und ganz im Einklang mit der Natur und den eigenen Schafen, Ziegen, Hühnern und Kühen lebende Vegetarier. In Wirklichkeit wohnen wir mitten in der Stadt, schleppen etliche Kilos zu viel mit uns rum, horten Plastikdosen im Vorratsschrank und fahren gern mit dem Auto, weil es bequemer ist.

In Christians Familie dagegen sind alle durch und durch konsequent und politisch korrekt und ehrlich und konstruktiv und sportlich, und sowieso sind sie alle unglaublich gute und gut aussehende Menschen, neben denen ich mich körperlich und geistig wie eine Trockenpflaume fühle.

Jetzt sind wir also auch mal konsequent. Seit 24 Tagen steht das Auto auf demselben Parkplatz. Morgens betrachte ich es vom Frühstückstisch aus. Es sieht jeden Tag ein bisschen trauriger aus.

Seit heute Morgen fühle ich mich nicht ganz wohl. In diesem Jahr sind wir an der Reihe, das Dessert mitzubringen; ein zuckerfreies. Ich habe mich für eine zuckerfreie Mousse au Chocolat entschieden, ohne zu bedenken, dass die drei Tafeln Schokolade, die im Rezept vorgesehen sind, Zucker enthalten. Jetzt habe ich Angst aufzufliegen. Und bei dem Gedanken, gleich geschniegelt mit sperrigen Geschenken und der Glasschale voller Mousse in der Bahn zu sitzen, wird meine Laune nicht besser. Ich habe Kopfschmerzen.

Kurz bevor wir uns auf den Weg machen, erwähne ich, dass ich mich nicht so gut fühle. Ich hoffe, dass Christian eins und eins zusammenzählt. Dass er von selbst anbietet, mit dem Auto zu fahren. Von mir kann die Idee auf keinen Fall kommen. Schließlich fahren wir zu seiner perfekten Familie, da darf ich nicht wieder der schlechte Einfluss sein.

«In der Bahn finden wir bestimmt einen Platz für dich», sagt er. «Und die Fahrt ist ja auch nicht lang.»

Jaja, blabla, denke ich, einen Platz finden! Wir sind ja bestimmt die Einzigen, die am Heiligabend auf die Idee kommen, mit der Bahn zu fahren! Und dann stehen wir da, eingepfercht zwischen anderen Menschen, die nach Moschus riechen oder nach Angstschweiß, mein Kopf hämmert, und weit und breit ist kein Sitzplatz in Sicht!

Ich fühle mich nicht ernst genommen. Ich bin beleidigt. Ich sage nichts.

«Hey», sagt Christian, «ich nehm noch ein Wasser mit, falls du zwischendurch was brauchst. Wo dir nicht so gut ist.»

Jetzt versucht er, mich mit Nettigkeit zu ködern. So macht er das immer: total lieb und ruhig sein, um keine Angriffsfläche zu bieten. Ich habe ihn schon lange durchschaut.

Ich sage: «Wenn es dir wirklich um mich ginge, würden wir nicht mit der Bahn fahren!»

Er fragt: «Sollen wir mit dem Auto fahren?»

Ich denke: Ein Mal im Leben hätte ich gerne eine Entscheidung von ihm. Kann er nicht einfach sagen: «Okay, dir geht es nicht gut, wir fahren mit dem Auto.» Stattdessen zwingt er mich passiv aggressiv dazu, mit der Bahn zu fahren.

Ich sage: «Nein, wir fahren jetzt mit der Bahn.»

«Okay», sagt er, «ich hole den Autoschlüssel.»

Ich sage: «Ich fahre jetzt auf keinen Fall mehr mit dem Auto. Ich fahre Bahn, du kannst ja mit dem Auto fahren!»

Er wird schon sehen, was er von seinem Verhalten hat. Dann bin ich jetzt halt bockig.

Christian versucht, mich in den Arm zu nehmen.

Ich fühle: dass es echt okay wäre, wenn er mich in den Arm nähme.

Ich denke: So leicht gebe ich nicht auf! Jetzt glaubt er, eine kurze Umarmung macht alles wieder gut. Aber dadurch geht's mir auch nicht besser!

Ich weiß: Doch, doch, durch so eine Umarmung würde es mir definitiv bessergehen.

«Wir haben keine Zeit für so was», sage ich, «wir sind schon viel zu spät, lass uns los!»

Schwer bepackt verlassen wir die Wohnung und schleppen uns zum Bahnhof. Ich fühle mich tatsächlich ziemlich unfit. Außerdem ist es kalt. Es wird bestimmt noch regnen. Dann gibt es Blitzeis. Ich habe keine Spikes unter den Schuhen, dann falle ich hin, aber so richtig, dass der Stadtteil bebt, und breche mir den Arm oder Oberschenkel oder gleich das Becken. Und dann heißt es erst mal für ein Jahr Reha. Und das alles nur, weil Christian sich nicht gegen seine Familie durchsetzen kann! Mit Anfang vierzig könnte er auch allmählich mal erwachsen werden!

Und warum geht er jetzt bitte so langsam?

Ich gehe schneller. Seine Schuld, dann falle ich eben hin. Wir haben keine Zeit zum Trödeln. Wir sind schon im Verzug, und dann müssen wir vom Bahnhof in Buchholz schnell gehen, und mir wird warm, obwohl es so kalt ist, und dann schwitze ich und komme total nass bei Christians Familie an, die nie schwitzt, und obwohl ich mich so abhetze, kommen wir zu spät, und alle sagen nichts, aber sie denken: Nicht mal pünktlich kommen können sie. Und Liefka schwitzt schon wieder!

Christian holt auf. «Warum gehst du so schnell?», fragt er. «Die Bahn kommt doch erst in zehn Minuten!»

Ja, klar. Und wenn sie zu früh fährt? Dann verpassen wir sie. Nur weil er beschlossen hat, so lahmarschig hinter mir herzuschlurfen.

Ich rufe: «Falls du es immer noch nicht weißt, das ist mein normales Gehtempo.»

Ich denke: Nee, das ist nicht mein normales Gehtempo.

Mir rinnt ein Schweißtropfen die Schläfe runter. Na toll.

Christian sagt: «Alles okay bei dir? Ich hab das Gefühl, du bist gestresst.»

Ach, er hat das Gefühl, ich bin gestresst? Na, das ist ja ein Wunder! Es ist Heiligabend, wir fahren mit tausend Geschenken und entgegen der Vorschrift mit einer zuckerhaltigen Mousse au Chocolat per Bahn nach Buchholz zu seiner Familie – und dann sitzen wir da am Tisch, alle lächeln beseelt, und Christians Vater fragt in die Runde: «Na, hat jemand gute Neuigkeiten? Liefka, ihr vielleicht? Das ist doch nicht nur Winterspeck?»

Dann gucken alle auf meinen Bauch, und Christian nimmt mich in den Arm und sagt: «Ja, wir haben gute Neuigkeiten, wir sind glücklich, so wie wir sind.» Dann küsst er meinen Kopf, und ich weiß, dass er nur versucht, mich zu beschützen, aber ich fühle mich gedemütigt durch seine Reaktion, weil ich weiß, dass er weiß, dass das nicht stimmt. So war es letztes Jahr. Dieses Jahr werde ich wahrscheinlich gefragt, ob ich Zwillinge erwarte.

«Ich bin absolut entspannt», schnaube ich. «Das bisschen Kopfschmerzen, das bisschen Stress, das bisschen Weihnachten. Das ist Entspannung pur!»

Christian nickt und lächelt.

Was soll das jetzt? Ist ihm mein Zustand egal? Will er mich erziehen? Bestrafen? Ich bin sauer. Ich sage nichts.

Wir gelangen zum Bahnhof und steigen in die wartende Bahn. Sie ist voll. Trotzdem finden wir zwei Plätze. Hinter uns riecht jemand nach Pommes. Christian guckt umher, lächelt und tut so, als sei er tiefenentspannt.

Ich hasse sein passiv-aggressives Schweigen! Das macht er immer. Immer aussitzen. Aber das kann ich auch! Dann sag ich halt auch nichts!

Vor uns streitet ein Paar. Es geht irgendwie um Quarkspeise. Nach zuckerfreier Mousse au Chocolat der traurigste Nachtisch der Welt. Ich ärgere mich. Seit Jahren versuche ich, mich den Weihnachtsbräuchen in Christians Familie anzupassen, und immer geht irgendwas schief. Dort wird einfach anders gefeiert. Statt Gans gibt es Feta mit Vollkornreis. Die Geschenke sollen in selbstgestaltetem Geschenkpapier verpackt sein. Und im vergangenen Jahr hatte Christians Schwester die Idee, jedes Jahr eine Farbe zu bestimmen, die das Weihnachtsfest dominiert. In diesem Jahr ist es Blau. Ich habe keine blauen Sachen, und ich habe auf einer entwürdigenden Shoppingtour auch nichts Angemessenes gefunden. Also gehe ich, wie immer, in Schwarz. Christian schlägt vor, einfach zu behaupten, das sei ein ganz, ganz, ganz dunkles Dunkelblau. Ich fühle mich schlecht. Wenn ich mich wenigstens betrinken könnte, um blau zu sein. Doch das Fest bei Christians Familie ist alkoholfrei. Als besondere Spezialität gibt es selbstgemachten Eierlikör, ohne Schnaps. Also, wenn es einen Gott gibt, dann ist alkoholfreier Eierlikör seine Strafe. Für alles.

Das Paar vor uns wird immer lauter. Er redet jetzt von Bio-Erdbeeren, sie von Ehec. Langsam wird es unangehm. Die Leute in den Nachbarreihen lächeln irritiert und versuchen, unbeteiligt zu wirken.

Christian sagt: «Ist doch super, so eine Bahnfahrt. Man

schont die Umwelt, und man kriegt auch mal was mit von seinen Mitmenschen. Das ist doch toll! Wie geht es dir? Wenn ich dir was Gutes tun kann, sag Bescheid!»

So ein selbstgerechter Idiot! Ich zische: «Deine Pseudofürsorge kannst du dir sonst wohin stecken!»

Christian fragt: «Habe ich was verpasst? Was ist denn los?»

Was los ist?! Ist der doof? Das habe ich ihm doch eben haarklein erklärt! Was soll ich denn noch tun? Es mir auf die Stirn tätowieren lassen?

Christian versucht, mich zu umarmen. Ich schlage seine Arme weg: «Wir müssen gleich aussteigen!», und dränge in Richtung Tür. Zwei Geschenke fallen runter, der Kaufmannsladen und der Smoothiemixer. Beim Versuch, beides aufzuheben, rutschen mir die Reitausstattung und der Wok aus den Armen. Hinter mir höre ich Christian kichern. Ich sammle alles auf, stürme aus der Tür und marschiere, so schnell ich kann, den Bahnsteig entlang.

«Bleib mal stehen!», ruft Christian. Ich bleibe nicht stehen.

Er versucht, mich einzuholen. Ich renne los, stolpere über die Geschenke, lasse eines nach dem anderen fallen. Ich drehe mich nicht um. Ich fühle mich total albern, kindisch und dumm. Fieberhaft denke ich darüber nach, wie ich diese Situation auflösen kann, ohne mich zu entschuldigen und meine Würde zu verlieren. Ich weiß, dass ich mich entschuldigen sollte und dass ich meine Würde bereits vor einigen Kilometern verloren habe, irgendwo zwischen Hittfeld und Klecken.

Aber Moment mal, eigentlich hat er mich doch zu dieser Bahnfahrt gezwungen! Und jetzt dreht er es so, als sei ich irrational und schuld an der Situation. Dabei bin ich nur krank. Alle denken immer, er sei so ein lieber, zurückhaltender Mensch. In Wirklichkeit ist er der totale Tyrann! Und dann müssen wir auch noch nach Buchholz, zu seiner Familie!

Ich bleibe stehen, drehe mich um und marschiere an Christian vorbei zurück in Richtung Bahnhof. «Ich fahre jetzt nach Hause», rufe ich. «Du kannst allein zu deiner Kackfamilie fahren!»

«Jetzt komm mal her. Was ist denn das Problem?»

Kann nicht auch er mal irrational reagieren? Oder rumschreien? Ein einziges Mal? Wieso muss eigentlich immer ich mich entschuldigen? Irgendwie muss ich ihn doch mal aus der Reserve locken können! Irgendwann muss es doch mal eskalieren!

Ich sage: «Du bist an allem Schuld!»

Er grinst. «Ich weiß.»

Pause.

«Tut mir leid», sage ich. «Ich bin total bescheuert.»

Christian sagt: «Ach Quatsch, du bist nicht bescheuert. Du bist nur ein bisschen unfit und gereizt.»

Ich denke: «Wowowowow! Stopp mal! Er nimmt mich also gar nicht erst ernst oder wie!?

Ich rufe: Wowowowow! Stopp mal! Du nimmst mich also gar nicht erst ernst oder wie!?»

Ich beschließe, dass ich auf diesem Niveau und mit so einem unreflektierten, übergriffigen Egomanen gar nicht erst anfange zu diskutieren. Von dem lasse ich mir doch den Heiligabend nicht ruinieren!

Ich sage: «Also, ich gehe jetzt mit deiner Familie Weihnachten feiern. Mir scheißegal, was du machst.»

Ich sammele die Geschenke auf und stapfe los. Denn

als Scheidungskind mit depressiven Elternteilen liebe ich die Harmonie. Ich möchte, dass alle sich vertragen und einander lieb haben. Konflikte versuche ich zur Zufriedenheit aller Beteiligten zu lösen, so wie man das macht, als erwachsener Mensch. Sich aggressiv zu streiten, das liegt mir nicht. Das mag ich nicht. Das kann ich nicht.

André Herrmann

Firewar

Es war Freitag.

Wir saßen im Wohnzimmer meiner Oma und öffneten der Reihe nach unsere Geschenke.

«Hier, pack mal dein Geschenk aus!», rief meine Oma und hielt mir im Halbdunkeln ein längliches Paket entgegen.

Seit meine Familie beschlossen hatte, dass vier Watt für eine Energiesparlampe vollkommen ausreichend waren, saß man in Omas Wohnzimmer selbst bei angeschaltetem Licht immer die ersten drei Stunden lang im Dunkeln. Die toupierten Haare meiner Mutter warfen grauenhafte Schatten an den Wänden und ein bisschen beunruhigten mich die gekreuzten Säbel über der Couch, die meine Großeltern einmal aus dem Österreich-Urlaub mitgebracht hatten. Es sah aus, als hätten wir uns zu einer geheimen Séance versammelt und gleich würde der zweijährige Sohn meiner Cousine auf dem Kaffeetisch festgepinnt und feierlich geopfert werden.

Ich öffnete das Paket und zog irritiert eine Stange Lucky Strike hervor.

«Juhu», rief ich. «Genau das, was ich mir gewünscht hab!»

«Du kannst ruhig mal dankbarer sein!», knurrte meine Mutter, und ihr Schatten auf der Wand bebte.

«Soll ich Oma zuliebe wieder anfangen zu rauchen, oder was?»

«Die Oma meint's doch nur gut!», schluchzte meine Tante aus einer Ecke.

«Ich mein's doch nur gut!», rief meine Oma.

«Ja, ja», sagte ich und winkte ab.

Nur meine Tante hatte es in diesem Jahr geschafft, bei den Geschenken einen neuen Schrecklichkeitsrekord aufzustellen. Sie hatte jedem in der Familie eine Flasche Pfefferminz-Shampoo geschenkt, auf deren Front ein Foto von ihr mit einem fremden Kind abgedruckt war. Wer war dieses Kind? Und viel wichtiger noch: Wo war es jetzt? Ging es ihm gut? Was hatte meine Tante ihm angetan? Misstrauisch blickte ich auf meine Tante, deren Gesicht nur halb erleuchtet war und dann auf die Shampoo-Flasche vor mir. Gruseligstes Geschenk ever.

«And sis is what little Jonas became from us!», erklärte der Freund meiner Cousine und hielt stolz ein Bilderbuch in die Höhe.

«Ilder-uch!», rief der Kleine und klatschte in die Hände.

«Was ist eigentlich mit dem los?», fragte ich.

«Er versucht, den Jungen bilingual zu erziehen», sagte meine Cousine kopfschüttelnd.

«Ihr wisst aber schon, dass ihr nicht zweisprachig seid, ja?»

«Frag nich'», sagte meine Cousine, stürzte ihren Wein hinunter, füllte das Glas wieder auf und stürzte erneut.

«Of course we are two-speaking», sagte der Freund meiner Cousine. Er zog das Bilderbuch zu sich heran, schlug eine Seite auf und zeigte auf das Bild einer Feuerwehr, die gerade ein großes Gebäude löschte. «Look here, Jonas», sagte er. «Sis is a Firewar!»

«Firewar, exactly», nickte ich.

«Auto!», rief der Kleine.

«Jaaa», brüllte meine Tante von gegenüber. «Das ist ein Krankenwagen!»

Ich verzog das Gesicht.

«Das ist ’ne Feuerwehr!», sagte ich.

«Guck, da sind die Sanitäter!», schrie meine Mutter.

«Genau», rief ich. «Die Sanitäter mit den gelben Helmen und den feuerfesten Jacken! Checkt ihr’s noch?»

«Firewarmen!», erläuterte der Freund meiner Cousine.

Ich schlug mir mit der flachen Hand an die Stirn.

«Guck», rief meine Oma, «die hamm eine Drehleiter!»

«Ja!», rief ich. «Und da nehmen sie ihren großen Schlauch und spritzen Medikamente direkt in das Krankenhaus rein. Guck, das qualmt schon vor Freude! Seid ihr blind, oder was?»

«Tatütata, die Feuerwehr ist da», las meine Tante vor.

«Teytyouteytey», übersetzte der Freund meiner Cousine, «The Firewar is ... hey!»

«Flammen lodern aus dem Haus – Rauch steigt hoch aus dem Fenster hinaus – doch schon brennt es hier nicht mehr – zum Glück gibt es die Feuerwehr! – Das reimt sich!»

«Juhu», rief der Kleine.

«Jaaaa», sagte ich, «Dekonstruktion ist ja auch Kunst.»

Direkt aus dem Dunkeln rammte mir ein Ellenbogen in die Seite.

«Aua!», rief ich.

«Antreh, man muss sich nicht immer über alles lustig machen!», knurrte meine Mutter.

«Vollkommen unrealistisch!», verteidigte ich mich. «Wer schreibt denn so einen Stuss? Muss man als Kinderbuchautor immer besoffen sein, oder was?»

Ich versuchte, das Kinderbuch zu ergattern, langte aufs Geratewohl ins Dunkel und griff in etwas seltsam Schleimiges, das verdächtig nach Minze roch. Ich sah mich um, noch immer erkannte man so gut wie gar nichts. Ich streckte meinen Arm ins schwarze Nichts und wischte meine Hand an irgendetwas Weichem ab.

«Krankenwagen, sag mal Krankenwagen!», rief meine Tante.

«Rankenwagen!», wiederholte der Kleine.

«Genau, Krankenwagen, Feuerwehr, ist doch alles 112!», rief ich.

Im Sessel sah ich meine Cousine, die mittlerweile von Wein auf Whiskey umgestiegen war und sich im Sessel einen nach dem anderen einschenkte.

«So», sagte meine Mutter und hievte einen riesigen Karton auf den Tisch. «Jetzt spielt der Jonas aber mal mit unserem Geschenk!»

«Nee, erst bin ich dran», brüllte meine Tante und fuchtelte mit ihrem Grusel-Shampoo.

«Wie soll man denn mit Shampoo spielen?», rief ich.

«Ich dachte, wir schenken uns nichts!», schluchzte meine Oma und sah sich hilflos um. Dann humpelte sie in die Küche, es klimperte kurz, und schon kehrte sie mit einem monströsen Gerät zurück, das wie eine fliegende Untertasse aussah: «Hier, Jonas, hat mir der Weihnachtsmann für dich gebracht, ein echter Thermomix!»

«Leute, das is' keen Geschenkewettbewerb hier!», lallte meine Cousine, die mittlerweile einen der Säbel von der Wand genommen hatte und damit in der Luft herumdirigierte.

«Peoplez, this is no competition», erläuterte ihr Freund.

«Damit kann man Gulasch machen!», rief meine Oma. «Ganz, ganz einfach!»

«Wait, Gjuläsch?», fragte der Freund meiner Cousine.

«Oh, Oma, du hast'n Thermomix!», rief meine Mutter begeistert.

Ehrfürchtig schritt sie um das Gerät herum, die Kerzen auf dem Adventskranz begannen zu flackern.

«Muuuutti», rief meine Tante. «Du gehst ja richtig mit der Zeit!»

«Und der macht alles alleene?», fragte mein Vater.

«Na klar!», rief meine Oma, zog eine Packung Schweinefleisch hervor und begann, das Gerät zu befüllen.

«Rankenwagen!», rief der kleine Jonas.

«Ja, ja, pscht jetz'!», rief meine Tante. «Die Oma erklärt grad ihren Thermomix! Da haste jetz' ma Sendepause, Kleener!»

Interessiert beobachtete ich, wie die gesamte Verwandtschaft väterlicherseits Omas neues Küchenwunder umringte, das wie auf einem Schrein mitten auf dem Kaffeetisch im Halbdunkel glimmte. Also doch eine Séance, dachte ich.

Traurig kletterte der kleine Jonas zu mir auf die Couch.

«Tja», sagte ich. «So schnell biste wieder out! Niedlich sein allein nützt nichts! Außer, du kannst zufällig Gulasch machen.»

Der Junge klappte das Bilderbuch auf und reichte es mir.

«Nee», sagte ich und schob es weg.

Doch der kleine Jonas blieb hartnäckig. Wieder und wieder schob er mir das Buch zu.

«Na gut», sagte ich nach einer Weile. «Aber wir lesen meine Version!»

Ich blätterte zum nächsten Bild. Darauf zu sehen war ein LKW im Straßengraben. Etwas abseits stand eine Frau, die in eine Decke gehüllt war, während ein Feuerwehrmann sorgenvoll in das zerknitterte Fahrerhaus schaute.

«Euerwehr!», rief der Junge.

«Ja, das ist die Feuerwehr», sagte ich. «Wobei manche auch meinen, das sei ein Krankenwagen!»

«Lesen!», rief der Kleine, während sich ein erstaunlich guter Gulaschgeruch im Raum verteilte.

«Okay», sagte ich, räusperte mich und begann zu rezitieren: «Auf einer kurvenreichen Strecke fuhr der Laster durch die Hecke. Ein Retter sich sehr doll beeilt, oje, den Fahrer hat's zerteilt. Blutgetränkt sind alle Sitze, seine Frau ist jetzt 'ne Witwe!»

«Witwe!», brüllte der Junge begeistert und klatschte in die Hände.

«Pscht!», machte ich.

«Noch mal!», grunzte der Kleine.

Vorsichtig sah ich mich um. Wie gebannt fixierten meine Eltern, meine Tante, meine Oma und der Freund meiner Cousine den Thermomix, der eifrig vor sich hin rumpelte.

«Okay», sagte ich und blätterte zum nächsten Bild. Eine abgesperrte Straße, an der Seite zwei Polizisten, zwischen ihnen ein traurig drein blickender Autofahrer.

«Ach, wer hätte das gedacht», rief ich. «Der Papa ist ab jetzt in Haft. Jahrelang, da ging es gut, der Vati fuhr mit Sprit im Blut. Die letzte Fahrt geht in den Bau. Am Kühler klebt 'ne tote Frau.»

«Tote Frau! Tote Frau!», brüllte der Kleine.

«Pscht!», machte ich.

Mit einem Mal war es still im Raum, nur das Gurgeln des Thermomix war zu hören.

«Samma, was liest'n du dem Jungen da vor?», rief meine Muttcr irgcndwo aus dem Dunkeln .

«What do you read'n therefore?», fragte der Freund meiner Cousine.

«Also wir beiden», sagte ich, während ich das Buch zuklappte, «wir würden nur gern wissen, ob der Thermomix auch Tote Oma kann!»

Marlene Hellene

Wie lange noch?

Weihnachten. So werden landläufig die Tage vom 24. bis 26. Dezember bezeichnet. Das stimmt, wenn man kein Kind ist oder keine Kinder hat. Ich habe zwei kleine Kinder, und üblicherweise kommt das Thema Weihnachten im August das erste Mal auf. Da sitzt man bei 34 Grad schwitzend und Fliegen verscheuchend im Garten, und plötzlich stehen 100 Zentimeter vor einem und fragen mit großen Augen: «Mama, wie oft noch schlafen bis Weihnachten?» Nach irritiertem Blick und einem angestrengtem Versuch, das kochende Hirn zum Rechnen zu bringen, nennt man eine dreistellige Zahl, die die Kinder nicht verstehen und die sie schon gar nicht davon abhält, mit dem Trällern von Weihnachtsliedern zu beginnen. Ich mag Weihnachtslieder. Aber nicht, wenn von «Oh Tannenbaum» die Piña Colada schal wird und der Grill nicht brennen mag aus Angst vor «Schneeflöckchen, Weißröckchen».

Wobei ich zugeben muss, dass es grundsätzlich schlau von den Kindern ist, mich bereits im Sommer mit dem Thema zu konfrontieren. Dumm ist nur, dass ich nicht schlau bin. Schlauheit könnte mir Stress ersparen. Ich würde zum Beispiel nicht erst am 30. November auf die Idee kommen, einen Adventskalender zu basteln. Der könnte bereits im September fix und fertig in seinem «Kinder, in diesem Schrank ist ein Monster»-Versteck auf seinen Einsatz warten. Auch alle Weihnachtsgeschenke hätte ich stressfrei im Spätsommer erworben. Was wäre die Adventszeit entspannt! Ich müsste nur rumsitzen, Grog trinken und über die genervten Eltern lachen, die weniger vorausschauend waren als ich. Ich könnte endlich einmal besinnlich werden. Weil, an Besinnlichkeit fehlt es bisweilen sehr in meinem Erwachsenenleben. Ich meine diese besondere Stimmung, geprägt von Mandarinenduft, dem Knistern des Feuers im Ofen, von Plätzchenteig, warmem Tee in kalten Händen, Schnee und Sternen am dunklen Abendhimmel. Diese Heimlichkeit, die in der Luft liegt, die Frage nach dem Wann und Wie und Ob-wirklich. Die Hoffnung, einen Blick auf das so scheue Christkind zu werfen. Die Vorfreude, die Aufregung, das Nicht-einschlafen-Können. Wo ist all das hin? Können vielleicht nur Kinder das Weihnachtswunder spüren? Dreißig Jahre ist es her, da spürte ich es. Ich liebte Weihnachten. Und ich liebte es bereits im August.

«Mama, wie oft noch schlafen bis Weihnachten?» Ich war acht Jahre alt und konnte schon eine ganze Menge. Ich konnte Fahrrad und Rollschuh fahren, lesen, schreiben, Kaugummiblasen machen, Kirschkerne weiter spucken als mein großer Bruder, Gummitwist hüpfen, schnell rennen und hoch springen, singen, Monster malen, Witze erzählen. Was ich nicht konnte, war warten. Als der liebe Gott die Geduld verteilt hatte, war ich schon vorgerannt. Für mein achtjähriges Gehirn war ein Jahr ein endloser, unüberschaubarer Zeitraum. Für meine geplagten Eltern eine Zeit des Leidens. Denn ich konnte auch ganz toll sprechen, viel und schnell und dauerhaft. Und ich war hartnäckig: «Wann kommt das Christkind? Wie oft noch schlafen? Dauert es noch lange? Ist es bald so weit? Wann, wann, WANN?»

Woher rührte diese übermäßige Vorfreude? Jesus hatte mich noch nie zu seinem Kindergeburtstag eingeladen, und wer mich nicht zu seinem Kindergeburtstag einlud, konnte nicht mein Freund sein. Kirchen langweilten mich, und die Oblaten schmeckten lau (jedenfalls ohne Nutella) und klebten immerzu am Gaumen fest. Nein, meine Aufregung galt einzig und allein den Geschenken. Ich liebte sie in allen Farben und Größen, okay, die großen mehr als die kleinen und die harten mehr als die weichen. Klein und weich war die Kombination des Schreckens. Klein und weich bedeutete Socken oder Schlüpfer. Ich wollte Spielsachen. Sie sollten bunt sein und aus Plastik, im Idealfall sollten sie Geräusche machen können. Puppen sollten Pipi machen können. Pipipuppen wurden mit Töpfchen und Wasserfläschchen geliefert. Sie gehörten in die Kategorie Topgeschenk.

Meine Bibel war der Spielwarenkatalog. Ich schnitt aus, strich an, klebte ein, schrieb Kommentare, bewertete. Dinge aus Holz wurden grundsätzlich schlechter bewertet als Dinge aus Plastik. Die Fähigkeit, Geräusche zu produzieren, bekam einen Extrapunkt und konnte damit Topgeschenk werden. Sogenannte Lernspiele mit pädagogischem Hintergrund wurden durchgestrichen, mehrfach. Bücher waren okay, aber sie sollten lustig sein und bitte nicht zu viele. Alles mit dem Barbielogo war ohne weitere Prüfung Topgeschenk. Musikinstrumente waren auch toll, aber keine echten, mit denen man üben musste. Besser waren Plastikgitarren oder kleine Schlagzeuge, die einfach nur laut waren.

Die Bearbeitung des Katalogs war eine ernste und wichtige Aufgabe. Ich verrichtete sie voller Eifer und Konzentration, um den fertigen Katalog dann irgendwann (spätestens im September) meinen Eltern in einer andächtigen Zeremonie zu übergeben. Ich war wirklich ein gutes Kind. Ich machte es meinen Eltern leicht. Wollten sie ein friedliches Weihnachtsfest mit einem glücklichen Kind erleben, mussten sie sich nur peinlich genau an meine Anweisungen halten. Weihnachten konnte kommen. Ich war vorbereitet.

Um die Wartezeit bis zum 24. Dezember zu verkürzen, hat sich irgendein schlauer Geist den Adventskalender ausgedacht. Dieser Jemand muss Eltern gehasst haben. Insbesondere meine Eltern. Der Adventskalender sorgte nämlich dafür, mein sowieso schon nervenzehrendes Verhalten in der Weihnachtszeit zu potenzieren. Wer kann schon abends einschlafen, wenn am nächsten Morgen eine kleine Überraschung wartet? Da war es wohl völlig legitim, aufgeregt zu sein. Meine Eltern sahen das anders. Sie waren auch nicht sonderlich hilfsbereit, wenn ich sie stündlich fragte, ob es endlich Morgen sei und ich ein Türchen öffnen dürfe. Und wenn ich dann frühmorgens meine kleine Schokoladen-, Spielzeug- oder Irgendeinen-Quatsch-den-keiner-braucht-Errungenschaft bejubelnd durch die Wohnung rannte, sah ich in verzweifelte, müde Gesichter.

Einige Türchen mochte ich besonders gerne. Das erste natürlich; es gab den Startschuss. War es erst geöffnet, konnte es losgehen. Meine zweite wichtige Handlung zu frühmorgendlicher Stunde war das Anschalten der heißgeliebten Schlumpfenweihnacht-Kassette, laut, denn nur laut klang sie richtig gut. Aus unerfindlichen Gründen war es mir verboten, diese meine Lieblingskassette außerhalb des Monats Dezember zu hören. Wer, bitte schön, findet es nicht wundervoll, wenn die Schlümpfe mit ihren lieblichen Stimmen «Jingle Bells» singen? Nun ja, meine Eltern offenbar. Allerdings verlor im Dezember ihr Argument «Es ist noch nicht Weihnachten» an Kraft, und so hörten wir vom ersten Dezember an die Schlumpfenweihnacht rauf und runter. Es war eine wunderschöne Zeit. Also, für mich.

Ein weiteres Highlight-Türchen war das Türchen mit der Nummer sechs. Das Nikolaustürchen. Der Nikolaus ist einer der bekanntesten Heiligen. Sein Gedenktag, der 6. Dezember, wird im gesamten Christentum mit zahlreichen Volksbräuchen begangen. Das interessierte mich nicht die Bohne. Der Nikolaus brachte Geschenke. Das Warum spielte keine Rolle. Von mir aus hätte sich auch Onkel Rüdiger nicht in das verlauste Kostüm pressen müssen. Aber ich wollte kein Spielverderber sein. Es geschah während des Abendessens. Meine Eltern warfen sich schmunzelnd Blicke zu. Mein Bruder und ich mimten die Ahnungslosen. Pünktlich um 18.30 Uhr polterte es dann an der Tür. Die Eltern warfen sich überraschte Blicke zu: «Ja, wer kann das denn jetzt noch sein? Gisela, erwarten wir Besuch?» Zwinker, zwinker. Das gemurmelte «Onkel Rüdiger» meines Bruders wurde überhört. Mir war es egal, wer da jetzt draußen stand, er hatte das Glück in seinem Sack, und so rannte ich wie ein Rauhaardackel zur Tür. Da stand er: mit rotem Mantel, weißem Bart und in den ausgelatschten Adidas meines Onkels. Mit verstellter Stimme, die auf einen bronchialen Infekt schließen ließ, rief er «Hohoho!» und «Gibt es hier brave Kinder?». Schnell schloss ich die Tür hinter ihm und schob ihm ein Vanillekipferl in den Mund. Nicht dass noch einer auf die Idee käme, das Thema *brave Kinder* en détail zu erörtern.

Leider rückte der Nikolaus seine Gaben nicht ohne Gegenleistung raus. Mein Bruder und ich mussten etwas dafür tun. Etwas, das jedem der Anwesenden nur Leid verschaffte, etwas, das schon längst als Menschenrechtsverletzung einzustufen gewesen wäre, etwas so Grauenhaftes, das es mir an dieser Stelle schwerfällt, darüber zu schreiben: Wir mussten Blockflöte spielen. Puh, jetzt ist es raus. Ernsthaft, niemand, niemand, niemand auf der ganzen Welt möchte Kinder Blockflöte spielen hören. Kinder möchten sich selbst nicht Blockflöte spielen hören. Selbst dem Nikolaus musste sofort nach unserem Spiel ein Fernet Branca gereicht werden. Warum dieser krude Tausch Flötenkonzert des Grauens gegen Geschenke? Wegen des Endorphinrauschs, wenn es vorbei ist? Gehen nicht aus diesem Grund auch Menschen joggen? Ich war wirklich sehr glücklich, wenn es überstanden war. Alle waren es, und der Höhepunkt des Abends konnte folgen. Nachdem ich die obligatorischen Nüsse, Mandarinen, Lebkuchen aus dem Weg geräumt hatte, kam ich an das Objekt der Begierde: das neue Spielzeug. Endlich war ich selig und zufrieden. Ein Gemütszustand, den ich nicht häufig an den Tag legte, weshalb meine Eltern mit dem Nikolaus erst mal darauf mit zwei bis zweiundzwanzig weiteren Fernet darauf anstießen, bis der Nikolaus auf unserer Couch einschlief und am nächsten Morgen als derangierter Onkel Rüdiger aufwachte.

Kennen Sie das, wenn man nach der Vorspeise erst recht hungrig ist? So ging es mir nach dem Nikolaustag. Meine Aufregung und Vorfreude bekam durch dieses *Little Christmas* einen besonderen Kick. Nur durch das regelmäßige Verabreichen von Plätzchen und Schokoladennikoläusen konnten meine Eltern meine quälende

Fragerei nach dem Wann kurzzeitig unterbrechen. Es war zwar eine schrecklich lange Zeit bis Heiligabend, wenn auch eine süße. Doch selbst die längste Warterei hat irgendwann ein Ende. Das Ende begann am 24. Dezember gegen 5.30 Uhr. Laute Schreie – «Es ist Weihnachten! Los! Los!» – weckten meine Familie aus seligem Schlaf. Vollständig angezogen und mit gepacktem Koffer stand ich am Kopfende des elterlichen Bettes. Ich war bereit. Jetzt musste es losgehen.

Das Fest verbrachten wir traditionell bei meinen Großeltern. Am besten Ort der Welt. Dieser beste Ort befand sich eine Autostunde entfernt im Schwäbischen. Meine Mutter war der Ansicht, es würde ausreichen, wenn wir gegen Mittag losführen, und so parkte ich die erste Hälfte des Tages vor dem Fernseher und erwartete auf meinem Koffer sitzend den Aufbruch. Punkt zwölf gab es kein Halten mehr. Ich scheuchte die Familie in unseren Fiat Panda. Da saßen wir dann zusammengepfercht und hielten Kurs auf die A8. Die Rückbank teilten mein Bruder und ich uns mit fünf Kilo Kartoffelsalat und einem Dackel. Das war ein Problem. Nicht für mich, sondern für meinen Bruder. Denn mein Bein kam aufgrund der eingeschränkten Platzverhältnisse in Berührung mit seinem. Das war für ihn absolut unerträglich, und das zeigte er durch Schläge und Kniffe. Weil ich niemals etwas auf mir sitzenließ, schlug und kniff ich zurück, bis wir eine raufende Masse aus Kindern, Hund und Kartoffelsalat bildeten. Was machten meine Eltern? Sie rauchten. Sie rauchten sich verzweifelt in eine derart dicke Nikotinwolke, dass sie von der Außenwelt möglichst nichts mehr mitbekamen. Zumindest bis zu den panischen «Sie kotzt, sie kotzt!»-Rufen meines Bruders. Ja, zugegeben, mir wurde übel, und ich erbrach mich auf meine Schuhe, aber immer erst nach fünfzig Kilometern und achtzig Kurven.

Und doch gelangten wir irgendwann mit den Nerven am Ende (meine Eltern), angewidert (mein Bruder) und müffelnd, aber voller Vorfreude (ich) zum kleinen Reihenhäuschen meiner Großeltern. Und da stand sie schon winkend in der Tür: Oma. Oma bedeutete mir alles. Sie war warm und weich und roch nach Sellerie und Plätzchenteig. Sie wurde nie laut, spielte immer mit mir und verlor nie die Nerven. Auch nicht an Weihnachten, wenn ich wie ein Flummi um sie herumhüpfte, angepeitscht von Aufregung und Neugier. Mein erster Weg führte mich auch dieses Mal wieder ins Wohnzimmer. Obwohl er immer gleich aussah, musste ich ihn erst mal in seiner vollen Pracht bewundern. Nein, nicht meinen Opa. Der saß einfach da und löste Kreuzworträtsel. Meine Bewunderung galt dem Baum. Dem Weihnachtsbaum oder wie ich zu sagen pflegte: dem «O Tannenbaum». Es handelte sich um die allseits beliebte Nordmanntanne. Die Nordmanntanne hat kräftige Zweige, und das allein bestimmte die Kaufentscheidung. Wie der Baum so nackig und natürlich aussah, war egal. Das sah man nicht. Der Baum wurde von Oma in tagelanger Arbeit geschmückt, und sie schmückte nach dem Motto: Mehr ist mehr. So wurde jeder Millimeter behängt. Mit Kugeln und Sternen, mit Schleifen und Engeln, mit Glitzer und Lametta. Aber das Highlight war die Schokolade. Der ganze Baum war mit Schokoladentäfelchen und Schokoladeneiern behängt, und egal, wie viel ich heimlich davon naschte, es fiel nicht auf. Der «O Tannenbaum» war mein persönliches Schlaraffenland. Ich konnte mich darunterlegen, mich von den stroboskopartigen Effekten, geschaffen durch drei Tonnen Lametta in Verbindung mit achttausend bunten Glaskugeln, einlullen lassen und Schoki mampfen.

So vergingen wieder ein paar Stunden, die mich dem Christkind näher brachten. Wahrscheinlich wäre ich unter diesem Baum irgendwann selig lächelnd eingeschlafen, wenn nicht plötzlich die aufgeregte Stimme meiner Oma aus der Küche zu vernehmen gewesen wäre: «Kinder, schaut mal, was für einen prächtigen Karpfen die Oma dieses Jahr wieder hat.» Was bei Oma Freudentaumel auslöste, versetzte meinen Bruder und mich in Angst und Schrecken. Auf der blankpolierten Küchenarbeitsplatte lag ein riesiger toter Karpfen und starrte uns aus hohlen Augen an. Und er zappelte! Ja, genau, der tote Fisch bewegte sich! Genau das machte meine Oma stolz. «Das zeigt, dass er frisch ist! Heute Morgen ist er noch im Becken geschwommen. Die Nerven sind noch aktiv!» Meinen Bruder und mich machte es panisch. Was, wenn der tote Fisch uns ansprang? Wenn er gar nicht tot, sondern ein Vampirfisch war? Fest stand: Wir würden von keinem toten, zappelnden Fisch essen. Niemals nicht! Wir schworen, lieber zu verhungern, als Vampirfisch in unsere Bäuche zu lassen, wo er unsere Eingeweide essen würde, wenn wir schliefen. Wir beruhigten uns erst, als man uns Schnitzel versprach.

Mit Beginn der Dämmerung ging es los: das Weihnachtsessen. Für meine Großeltern was es der wichtigste Programmpunkt, für meinen Bruder und mich der nervenaufreibendste. Nicht, dass wir nicht gerne Schnitzel mit Kartoffelsalat aßen. Das war schon okay, und Oma erlaubte uns zur Feier des Tages sogar Ketchup dazu. Nein, das Problem war, dass das Essen so lange dauerte. Meine Großeltern waren in der Lage, eine gefühlte Ewigkeit am Stück zu tafeln. Sie beluden sich den Teller immer wieder neu, und der Vampirkarpfen schien auch nie weniger zu werden. Mein Bruder und ich warfen uns verzweifelte Blicke zu. Wann würden diese Menschen endlich aufhören zu essen? Wir waren acht und zehn Jahre alt und wollten endlich, endlich, endlich unsere Geschenke! Wir warteten doch schon seit Monaten! Beim fünften Teller begann ich zu weinen, beim siebten Teller drohte ich mit Adoptionsfreigabe meinerseits. Die Erlösung brachte schließlich der Schnaps. Wenn mein Opa nach Schnaps rief, war das Essen vorüber. Ich schrie vor Glück und Erleichterung. Was liebte ich den Schnaps! Jetzt würde es wirklich nicht mehr lange dauern.

Das Christkind allerdings scheute uns. Auf Menschen hatte es keinen Bock. Es ertrug lediglich die Anwesenheit meiner Oma. Alle anderen mussten das Haus verlassen, sonst wollte es sich nicht blicken lassen. Da war es egal, ob draußen ein Schneesturm tobte oder die Welt unterging. Vor der Bescherung stand der Spaziergang. Nie waren mein Bruder und ich schneller in Jacken und Schuhen. Im Kommandoton scheuchten wir die trägen Erwachsenen die übliche Runde vom Reihenhäuschen über den Friedhof bis zum Rathaus und zurück, und hätte man uns gelassen, wir wären die hundert Meter deutlich unter zehn Sekunden gerannt.

Zurück in Omas Kleinhäuschen, gab es kein Halten mehr. Wir rissen uns die Jacken vom Leib, ignorierten die Rufe meiner Oma – «Wir müssen noch ‹Stille Nacht› singen!» – und stürmten das Wohnzimmer. Dort lagen sie endlich: die Geschenke. Große und kleine, bunte und glitzernde, wunderschöne Geschenke. Jedes Mal, wenn ich von dem Kick und dem High lese, den Drogenabhängige beschreiben, muss ich an diesen Moment vor den Geschenken denken. Wir wühlten uns durch die Verpackungen, bissen Schleifenband mit den Zähnen auf und jauchzten bei jedem Topgeschenk vor Glück laut auf. Dank der grandiosen Spielzeugkatalogpräparation im Vorfeld gab es ja hauptsächlich Topgeschenke und höchstens ein klitzekleines Paar Socken.

Eine Stunde später döste ich auf dem Sofa ein. In den Armen hielt ich meine neuen Schätze, und auf den Lippen trug ich ein engelsgleiches Lächeln. Endlich war ich glücklich, endlich war die Warterei vorbei, endlich war das Ziel erreicht und bis Ostern würde es jetzt auch nicht mehr lange dauern. Wobei, wie lange eigentlich? «Mamaaa, wie lange noch?»

Christopher Quadt

Für immer Rückbank rechts

Wieso muss es in öffentlichen Verkehrsmitteln immer jemanden geben, der ein Eibrötchen oder geschnittenen Kohlrabi aus einer Plastikdose isst? Ein Schauer des Ekels überläuft mich, als dieser Geruch sich mit der feierabendlichen Duftwolke aus vertanen Chancen und Achselschweiß mischt. Die Kombination erinnert mich an meinen Großonkel, der an Weihnachten, als wir noch zu meiner Großmutter fuhren, immer in einem grauen Pullover aus Schafswolle erschien, der nur per Handwäsche gereinigt werden durfte, was er zwar stets erwähnte, was aber niemals stattfand, weshalb der Pullover statt sehnlichst erwarteter Wassertropfen nur die Schweißperlen des Großonkels aufnehmen konnte, die bei seiner beleibten Statur schon nach einem Griff zur Kuchenschaufel hervortraten.

Dass ich mich nach diesem frühkindlichen Trauma überhaupt noch auf das Weihnachtsfest freuen kann, ist ein himmlisches Wunder. In diesem Jahr wird es noch schlimmer kommen. Ich hätte es bereits vor ein paar Monaten ahnen müssen, als mich meine Mutter anrief.

«Ich kann das einfach nicht mehr!» Ihre Worte klingen mir noch im Ohr.

«Was kannst du nicht mehr?»

«Deinen Vater und dich an Weihnachten bedienen. Ich kann das einfach nicht mehr. Das muss doch alles nicht sein. Den ganzen Tag stehe ich in der Küche, und am Ende schlingt dein Vater alles in sich hinein, weil er unbedingt *Der kleine Lord* sehen möchte, und du triffst dich mit deinen Schulfreunden und lässt mich allein. Ich kann das nicht mehr. Dieses Jahr fahren wir weg. Wenn du möchtest, kannst du mitkommen. Die Mutter von Philipp Kleinert, der in deiner Stufe war, ist übrigens gestorben. Das geht schneller, als man denkt.»

Sie könnte es mit jedem Politiker aufnehmen, dachte ich. Jeder Despot würde vor ihr einknicken. Es blieb mir nichts übrig, ich willigte ein. Der erste gemeinsame Urlaub mit meinen Eltern seit fünfzehn Jahren. Im ersten Moment habe ich das sogar für eine gute Idee gehalten. Jetzt, am Tag vor Heiligabend, im Regionalexpress zwischen Pendlern und Heimfahrern, mit dem Aroma des Eibrötchens in der Nase, muss ich mir eingestehen, dass die Zusage vielleicht nicht durchdacht war.

Durchs Zugfenster erkenne ich, dass gleich der Ort folgt, in dem ich die ersten achtzehn Jahre meines Lebens verbringen musste. Während die meisten hier von der Ruhe und der Weite der Landschaft schwärmen, wird die Idylle für mich immer ein Synonym für Tristesse bleiben. Ein kalter Wind fegt über die asphaltierte Fläche, für die das Wort *Bahnsteig* deutlich zu hoch gegriffen ist. Aber in diesem Landstrich ist der kleine Gedanke eh mehr wert als das große Ganze. Vor mehr als zehn Jahren bin ich geflohen; und jetzt wünsche ich mich zum Eibrötchen zurück.

Mein Vater wartet bereits auf dem Parkplatz, mit laufendem Motor. «Der Wagen muss warm werden, bevor man ihn abstellt» könnte später auch als meistgesagter Satz auf seinem Grabstein stehen. Ich öffne die Beifahrertür.

«Deine Mutter ist schon weg», empfängt er mich. «Das passt mir so gar nicht.»

«Was heißt *weg?*», frage ich, während ich mich in den Sitz fallen lasse. Einkauf, Scheidung, Tod?

«Zu einem Konzert. Sie ist mit dem Zug gefahren. Einfach so. Dabei müssen wir vor dem Urlaub noch tanken, aber das machen wir, wenn wir sie später abholen.»

«Wir?», frage ich. «Ich bin noch nicht mal angekommen und werde schon verplant?» Wenigstens am ersten Tag muss man zeigen, dass man sich nicht kampflos geschlagen gibt.

«Wir beide, ja. Du kannst mir schließlich mal helfen. Das ist sonst wie damals, als ich den Estrich im Haus verlegt habe. Bis spät in der Nacht habe ich dran gearbeitet, weil mir niemand geholfen hat, und am nächsten Tag konnte ich mich kaum bewegen und musste weitermachen. Ganz ohne Hilfe.»

«Das war vor meiner Geburt», erwidere ich. «Da fühlte ich mich körperlich noch nicht in der Lage, beim Estrich zu helfen.»

«Dann kannst du es jetzt mal tun. Ich fahre nicht gerne in die Stadt, so ganz alleine.»

«Et hätt noch immer jotjejange», murmle ich. Zwar kennt das Kölsche Grundgesetz meinen Vater nicht, aber ein wenig Optimismus kann nicht schaden. Koffer abstellen, tanken und meine Mutter abholen; das klingt nach einem Plan.

Nach einem kurzen Abstecher zum Haus meiner Eltern sitzen wir wieder im Wagen, und da taucht in der Ferne bereits eine Tankstelle auf. Das geht alles schneller als gedacht, denke ich. Zielgerichtet steuert mein Vater sie an, und der Blick auf die beleuchtete Anzeige der Benzin- und Dieselpreise gefällt ihm. 1,18 Euro. «Das ist ein guter Preis», sagt er und gibt Gas.

«Aha, das ist also ein guter Preis?», frage ich, während er weiterfährt, den Blick starr geradeaus gerichtet auf die in der Dezemberdämmerung spärlich beleuchtete Straße. «Wieso tanken wir dann nicht?»

«Weil deine Mutter die EC-Karte mitgenommen hat.»

«Ich habe eine EC-Karte. Ich könnte aushelfen.»

«Das geht nicht.»

«Wieso nicht?»

«Weil wir an der Tankstelle Punkte sammeln, und die merken das.»

«Was merken die?»

«Wenn wir mit einer anderen EC-Karte bezahlen. Das merken die, und dann kriegen wir die Punkte nicht gutgeschrieben. Das hat deine Mutter letztens noch erzählt. Wenn ich da jetzt tanke, komme ich später in Teufels Küche. Aber 1,18 ist ein guter Preis.»

Es ist beruhigend, dass mein Vater für die großen Abläufe der Welt keine Zeit hat. So als ob die um seine Hüften angelagerten Fettpolster, die dank der Küche meiner Mutter über die Jahre zugenommen haben, einen Schutzschild bieten, der nur die kleineren Probleme durchlässt. Das ist so fernab von allem, was ich aus der Großstadt kenne. Und das ist es wohl, was die Leute meinen, wenn sie von Heimat reden.

Wir rollen über unbeleuchtete Landstraßen durch die Dunkelheit des Vorweihnachtsabends und sprechen kein Wort. Erst als die Straßenbeleuchtung der nächstgrößeren Stadt langsam die Dunkelheit durchdringt und eine weitere Tankstelle am Horizont aufleuchtet, nimmt die Konversation wieder Fahrt auf.

«1,35 Euro? Die spinnen wohl!», mosert mein Vater. «Aber die hier sind immer so teuer. Da hätten wir den Umweg gar nicht fahren müssen.»

«Was? Du bist extra einen Umweg gefahren, um bei einer Tankstelle, von der du weißt, dass sie *immer* teure Benzinpreise hat, festzustellen, dass die Preise auch *heute* teuer sind?»

«Selbstverständlich, ich kann doch nicht einfach bei der erstbesten Tankstelle tanken, ohne vorher die Preise verglichen zu haben. Vielleicht wäre der Preis hier diesmal günstiger gewesen, dann hätten wir jetzt ein Problem. Wir würden aufgrund des besseren Preises hier tanken wollen, könnten es aber nicht, weil wir bereits woanders getankt hätten!»

«Lang lebe der Konjunktiv! Aber wir hätten eh nicht tanken können, weil du ja die EC-Karte nicht dabeihast!»

«Bei dieser Tankstelle würde ich sowieso nie tanken, da sammeln wir ja keine Punkte.»

Man muss sich in solchen Momenten zusammenreißen, um nicht die Beifahrertüre zu öffnen und sich hinauszustürzen. Am Ende hätte ich mich noch rechtfertigen müssen, warum ich das ausgerechnet an dieser Kreuzung gemacht hätte, wo immer so viel los ist; ich hätte den ganzen Verkehr aufgehalten.

Wir biegen in die Straße des Kurhauses ein, in dem das Konzert stattgefunden hat und aus dem gerade die Menschen strömen. Meine Mutter steht bereits auf dem Bürgersteig und wippt nervös mit den Füßen. Ich ahne schon den Grund für die Nervosität und steige aus, um ihr den Platz als Beifahrerin zu überlassen. Auf der Rückbank wird ihr immer schlecht.

«Ihr wart noch nicht tanken, oder?», mutmaßt sie, als wir gerade losgefahren sind.

«Ich hatte nicht genug Bargeld dabei, und du hattest die EC-Karte mit», sagt mein Vater.

«Ein Glück», seufzt meine Mutter, «sonst bekommen wir keine Punkte gutgeschrieben!»

«Wieso sollten die euch die Punkte verweigern, wenn ihr mit einer anderen Karte bezahlt?», frage ich. «Was sind das überhaupt für Punkte?»

«Das weiß ich doch nicht», antwortet meine Mutter. «Alle, die da tanken, sammeln Punkte. Kleinschmitts haben schon über tausend. Da wäre man doch blöd, wenn man sich das entgehen lassen würde. Und dass die das überprüfen können, das hat Frau Liebig erst letztens erzählt, weil ihre Tochter über das Wochenende zu Besuch war und tanken gefahren ist, aber die hat mit ihrer EC-Karte bezahlt, und am Ende gab es keine Punkte. Da war das Geschrei groß, was ich verstehen kann. Ich weiß nicht, ob die jetzt zu Weihnachten kommen darf. Tanken würde ich die schon mal nicht mehr lassen. Die ist jetzt übrigens tätowiert, hat mir Frau Liebig erzählt. Am Handgelenk. Ein Anker.»

«Ein Anker? Dabei war die immer so vernünftig», wirft mein Vater ein.

«Was hat denn Vernunft mit Tätowierungen zu tun?», frage ich.

«Zu meiner Zeit waren nur Seeleute und Verbrecher tätowiert», sagt mein Vater und schüttelt den Kopf. «Das will schon was zu heißen.»

«Du hast in deiner Jugend lange Haare getragen», sage ich.

«Kannst du dich daran noch erinnern?», fragt mein

Vater in Richtung meiner Mutter. «Das waren noch schöne Frisuren!»

Es besteht wenig Hoffnung, hier einen Fuß in die Tür zu bekommen.

«Wo tanken wir denn jetzt?», fragt meine Mutter.

«Wir hätten theoretisch noch genügend Diesel für die Hinfahrt im Tank», sagt mein Vater, während er versucht, den Bordcomputer zu bedienen, um die genaue Berechnung der noch möglichen Kilometer aufzurufen. «Dann könnten wir auf der Rückfahrt tanken. Es soll nicht schneien, da würden sonst wieder die Preise angehoben werden. Wegen des höheren Verbrauchs durch die Heizungen.»

Jetzt werden sie übermütig. Das ist ein bisschen so wie mit Börsenmaklern, die versuchen, sich in die Befindlichkeiten von Großkonzernen einzufinden, um den Aktienkurs einzuschätzen, und dann endet doch alles in einer Weltwirtschaftskrise. Fehlt nur noch, dass einer von beiden Tarotkarten auspackt.

«Leider kann ich nicht mit Toten sprechen, sonst könnten wir Opa im Jenseits anrufen», probiere ich so ernst wie möglich. «Der hat in seinem Leben ja auch manchmal getankt.»

«Dein Großvater wäre niemals in einen Diesel gestiegen», weiß mein Vater. «Ich hätte mir doch damals nie erlauben dürfen, mit einem Diesel nach Hause zu kommen! Da wäre ja was los gewesen. ‹Im Krieg hatten wir in unseren Panzer nur Benzinmotoren›, hat er immer wieder gesagt. Da war er sehr genau, dein Großvater.»

«War auch mehr als Witz gemeint», sage ich kleinlaut.

«Zum Glück kriegt dein Großvater das nicht mehr mit», erwidert mein Vater.

«Du bist doch derjenige, der hinterm Steuer eines Diesels sitzt», sage ich.

«Das hätte dein Großvater nie zugelassen», sagt mein Vater.

Ein schriller Schrei: «Ich habe die EC-Karte vergessen!» Meine Mutter ist außer sich. Sie vergräbt den halben Kopf in ihre Handtasche und stößt dabei immer wieder diesen Satz aus, der aus der Tiefe der Tasche sonderbar dumpf klingt.

«Das kann doch nicht sein!» Mein Vater schüttelt den Kopf. «Wenn du sie jetzt verloren hast!»

Meine Mutter sucht noch. Mein Vater steuert in eine Parkbucht und hält an.

«Die schreiben uns keine Punkte gut, wenn wir nicht mit unserer Karte bezahlen», erwähnt mein Vater. «Und die alten Punkte wären auch weg. Dann müssten wir von vorne anfangen. Das kann doch nicht sein!»

«Tankt doch einfach morgen», schlage ich vor. «Wenn wir eh losfahren.»

Es ist plötzlich totenstill im Wagen.

«Morgen ist Weihnachten!» Meine Mutter schraubt ihre Stimme nach oben. «Weißt du, was da das Benzin kostet?!» Sie erreicht eine Tonhöhe, von der manche Opernsängerinnen nur träumen können.

«Das kommt davon, dass er jetzt in der Großstadt wohnt.» Mein Vater ist fassungslos. «Er hat völlig den Bezug zur Realität verloren.» Er schüttelt den Kopf. Er kommt aus dem Kopfschütteln nicht mehr heraus. Er wird morgen über einen steifen Nacken klagen.

«Er hat einfach kein Verhältnis mehr zum Geld», wirft meine Mutter ihm vor. «Das hat er von dir, du warst früher auch so!»

«Ich habe mich immer für die Benzinpreise interessiert! Du weißt doch, wie knapp unser Geld damals war. Ich bin doch niemals auf die Idee gekommen, an Weihnachten zu tanken! Niemals!»

Es macht keinen Sinn einzugreifen.

«Du hättest ihn früher öfter mit zum Tanken nehmen sollen!», fällt meiner Mutter ein. «Damit er lernt.»

Meinem Vater schwant: «Bald lässt er sich tätowieren. Oder er zieht wieder diese hässliche Trainingsjacke an, die er früher immer getragen hat.»

Und so werden sie weiter darüber streiten, von wem ich die wahnwitzige Idee geerbt haben könnte, an Weihnachten zu tanken, oder ob wir in der Zwischenzeit nach Hause fahren sollten, um die Karte zu suchen und, so Gott es will, schlussendlich zu tanken. Das wird alles passieren, während ich auf der Position im Wagen sitze, die ich seit meiner Kindheit innehatte und die für immer Rückbank rechts sein wird.

Es ist unmöglich, bei den eigenen Eltern aus dem Kinderstatus herauszukommen, und an Weihnachten wird noch einmal alles hervorgekramt, was sich angestaut hat seit der Geburt. Wie die himmelblaue Adidas-Trainingsjacke, die ich in der zehnten und elften Klasse trug und die seitdem mottenzerfressen im Kleiderschrank meines Jugendzimmers hängt. Ich kann mich nicht von ihr trennen. Weihnachten mit den Eltern ist wie diese alte ausgewaschene Trainingsjacke, braucht niemand, aber ohne fehlt was. Es bleibt so. Es ändert sich nichts. Wie gerne würde ich jetzt neben meinem Großonkel sitzen und an seinem Pullover riechen. Dort gab es wenigstens Kuchen.

Lena Hach

Die Weihnachtstherapeutin

Es geht schon früh los in meiner Praxis. Der Auslöser für einen nervösen Tick oder eine ausgewachsene Panikattacke kommt nicht erst mit dem Anblick des Adventskalenders und des ersten Türchens, das aufgefriemelt werden will. Furcht und Schrecken beschleichen meine Klienten bereits, wenn Ende September die ersten Paletten mit Dominosteinen und Lebkuchen die Supermarktgänge versperren. Dann steht mein Telefon nicht mehr still. Dann wollen sich alle über mein Angebot informieren und am besten gleich einen Termin vereinbaren.

Dringlicher wird es noch, wenn der Süßkram ausgepackt ist. Das ist auch kein Wunder. Gerade Lebkuchengewürz wirkt fatal auf die seelische Balance. Die Gerüche von Nelken, Zimt, Kardamom und Co wecken unweigerlich Erinnerungen an die früheste Kindheit – und damit auch an das erste misslungene Weihnachtsfest. Ich weiß, was die Leute behaupten: «Als Kind war das was ganz anderes, da musste man sich um nichts kümmern, da war Weihnachten schön!»

Doch das trifft nicht zu. Es handelt sich um einen wärmenden Irrglauben, nach dem Motto: Es ist nie zu spät, eine schöne Kindheit zu haben. In Wahrheit verfügen Kinder über gute Ohren und feine Antennen. Wenn sie nicht hören, wie Mama und Papa sich im Nebenzimmer in die Haare kriegen, dann spüren sie es. Und dann spielt es keine Rolle, ob die schiefe Nordmanntanne der

Auslöser ist oder der Cousin dritten Grades, der unverhofft auf der Matte steht und verpflegt werden will. Die traumatische Prägung beginnt. Meine Kundschaft wächst heran.

Ich rate meinen Klienten dazu, am Heiligen-Abend die komplette Familie auf einmal abzufrühstücken. Die Feiertage können dann zur Regeneration genutzt werden. Doch nach einer Überdosis Weihnachtsstimmung wissen die meisten kaum mehr, wie man sich entspannt. Sie finden den Ausstieg nicht und machen weiter; beschallen sich mit Christmas Hits, stopfen anislastiges Gebäck in sich hinein, schütten Glühwein hinterher und kommen aus dem Umarmen echter und angeheirateter Familienmitglieder nicht mehr heraus.

Zwischen den Jahren fallen diese Menschen in einen Erschöpfungszustand, den ich als *Holy Burnout* bezeichne. Die Kerzen brennen herunter, der Mensch brennt aus. Burnout klingt besser als posttraumatisches Belastungssyndrom. Die Diagnose lässt sich auch mit Gewinn herumerzählen: Wer ausgebrannt ist, hat sich zuvor verausgabt, hat sein Bestes gegeben und wurde für ein gelungenes Fest und die versammelte Sippe zum Märtyrer, meist zur Märtyrerin. Es mag anmaßend erscheinen, den Bezug herzustellen zu jemandem, der ebenfalls als Märtyrer gilt und der uns dieses Fest überhaupt erst eingebrockt hat. Trotzdem ziehe ich diesen Vergleich gerne und oft; die Weihnachtsgeschädigten empfinden ihn als tröstlich. Und nur darauf kommt es an.

Klagen über den allgemeinen Vorweihnachtsstress gehören längst zum guten Ton. Doch kaum jemand gibt zu, dass er Weihnachten am liebsten ausfallen lassen würde. Wie schlimm es wirklich ist, behalten wir gewöhnlich für uns. Das ist schade. Meine Klienten sollen feststellen, dass sie mit ihren Sorgen nicht allein sind. Und dass es da draußen immer noch jemanden gibt, der eine noch verkorkstere Familie aushalten muss und dem ein noch katastrophaleres Weihnachtsfest bevorsteht.

Diese Erkenntnis allein bringt meinen Klienten schon eine immense Erleichterung. Deshalb sind Gesprächsrunden ein wichtiger Teil meiner Angebote. Die Gespräche finden anonym statt, auf einer eigens eingerichteten Internetplattform. Weihnachtsgeschädigte können sich frei äußern – ohne die Furcht vor Ausgrenzung und Diskriminierung. Es ist eindrucksvoll, wie viel Unterstützung sie einander geben.

Ich denke an die Klientin, die sich *Whiny Christmas* nannte. Sie war ratlos, da ihre Mutter ein passiv-aggressives Verhalten an den Tag legte. Pünktlich zum Fest hatte die Mutter sich einem umfangreichen Nahrungsmittelunverträglichkeitstests unterzogen – mit voraussehbar dramatischem Ergebnis. Unter keinen Umständen durfte Whiny nun das traditionelle Käsefondue auftischen. Scheinbar auch sonst nichts. Nun kam die Solidarität ins Spiel: Kaum hatte Whiny im Forum ihr Leid geklagt, wurde sie von den anderen Teilnehmern mit Rezepten versorgt. Einer weizen-, kuhmilch-, fructose- und selbstverständlich zuckerfreien Völlerei stand nichts mehr im Wege.

So stehen Weihnachtsgeschädigte einander immer wieder mit praktischen Tipps zur Seite und spenden sich gegenseitig Trost. Aktuell sind einige meiner Ehemaligen dabei, eine Selbsthilfegruppe zu gründen, die *Anonymen Grinchs*. Aufgrund des regen Austausches kann ich mich als Moderatorin zurückhalten. Nur selten schalte ich mich in eine Diskussion ein. Zuletzt, als ein Weihnachtsgeschädigter unter dem Pseudonym *Schweißröckchen* berichtete, wie er im Vorjahr in die gefürchtete *Diesmal schenken wir uns nichts*-Falle getappt war. Seine Freundin hatte natürlich doch ein Geschenk besorgt, er nicht und stand nun mit leeren Händen da – die bald schweißnass waren. Normalerweise macht man nur einmal den Fehler, sich auf diese fatale Vereinbarung einzulassen. Nicht so Schweißröckchen! Alles deutete darauf hin, dass er in diesem Jahr einen weiteren verhängnisvollen Schritt machen würde – in die *Diesmal schenken wir uns aber WIRKLICH nichts*-Falle.

Jetzt musste ich intervenieren. Ich riet Schweißröckchen dringend, ein Geschenk zu besorgen – ganz egal was! –, um etwas in der Hinterhand zu haben. Nur für den Fall der Fälle. Gerade in Liebesbeziehungen ist es von immenser Bedeutung, in puncto Geschenken stets quitt zu sein. Andernfalls entsteht ein Ungleichgewicht, das sich nicht leicht rückgängig machen lässt. In jedem Streit wird das brutale Vergehen – das in diesem Fall darin besteht, sich an eine Vereinbarung gehalten zu haben – wieder hervorgeholt. Der Hinweis darauf, die Idee sei nicht auf dem eigenen Mist gewachsen, bringt nichts, nein, gar nichts oder sogar noch weniger.

Natürlich bin ich auch schon in einige der Fettnäpfchen getappt, die meine Liebsten rund um den Baum aufstellen. Das will ich nicht verheimlichen. Ehrlichkeit ist ein wichtiger Grundsatz meiner therapeutischen Arbeit. Ebenso wichtig ist es mir, alle Belange ernst zu nehmen – mögen sie auch noch so lächerlich erscheinen. Viele meiner Klienten kreisen etwa zwanghaft um die Frage, wie sie die Tanne schmücken sollen. Mal wieder wie früher, mit mehr Lametta? Oder mit schwebenden Engeln, echten Kerzen, schrumpelnden Äpfeln? Oder gar nur mit Stroh, für eine komplett ökologisch vertretbare Variante? Dem Thema wächst so viel Bedeutung zu, dass eine Entscheidung unmöglich wird. In dem Fall rate ich zu einem Gelassenheits-Mantra – *Ein Baum ist ein Baum ist ein Baum*. Oft zeigt sich der passende Schmuck dann in einem inneren Bild oder nachts in einem beglückenden Traum.

Mit wachsender Sorge beobachte ich, dass sich die Schmuckproblematik in den vergangenen Jahren weiter verstärkt hat. Das hängt damit zusammen, dass der eigene Christbaum in den sozialen Netzwerken gezeigt wird. Der geschmückte Baum wird zum Statement, zum Ausdruck des eigenen Lebensglücks oder wenigstens der Klimaneutralität und soll in jedem Fall viele Likes generieren. Dieser Leistungsdruck sorgt selbstverständlich für weitere therapiebedürftige Belastungen.

Aktuell stellt sich einer meiner Klienten, *Crazy Santa*, die klassische Ortsfrage. Wohin am Heiligen Abend? Es ist nicht so, dass niemand Crazy eingeladen hätte. Im Gegenteil, es gibt zu viele Verwandte, die das Fest unbedingt bei sich zu Hause ausrichten wollen. Sie buhlen regelrecht um meinen Klienten als Gast. Der kann es also nur falsch machen. Egal, wie er sich entscheidet, irgendjemand wird mindestens bis Pfingsten tief beleidigt sein.

Das ist gut, habe ich Crazy zu vermitteln versucht, das ist authentisch. Spannung muss sein. Denn was feiern wir? Wir feiern den Stressjahrestag der allerersten Weihnachtsfamilie! Die Familie damals wusste ja ebenfalls nicht, wohin. Diese Orientierungslosigkeit ist es, die wir nachempfinden wollen. Und weiter: Warum stopfen wir am Weihnachtsabend wahllos alles ins uns hinein? Weil wir uns schwer und kugelrund fühlen wollen, so wie die schwangere Maria damals. Es ist pure Empathie. Und wir denken auch an Josef. Wie uns die Evangelisten berichten, fühlte er sich im Stall gänzlich fehl am Platz, als ihm endlich klarwurde, dass er an der ganzen Aufregung ursächlich nicht beteiligt war. Was mache ich hier?, soll er sich gefragt haben. Und niemals können wir das so gut nachempfinden wie am Heiligen Abend.

Gewiss, wir feiern auch eine Geburt. Aber ist geboren zu werden ein Spaß? Ganz bestimmt nicht. So steht der Heilige Abend ganz im Zeichens des Leidens einer berühmten Familie, und wir erleben dieses Leiden Jahr für Jahr in der eigenen Seele, am eigenen Leib.

Dieses Bewusstsein hilft enorm bei der Bewältigung der Festfurcht. Darüber hinaus mögen noch ein paar körpertherapeutische Techniken hilfreich sein, einfache Atemübungen oder progressive Muskelentspannung. Solche Übungen führen zu innerem Frieden, etwa wenn zu lange auf das Essen gewartet werden muss oder wenn der Baum mal wieder brennt und die Flammen bereits die Gardine erfassen.

Ich empfehle zudem, im Verlaufe des Abends regelmäßig in sich hineinzuhorchen. Wie fühle ich mich gerade? Wo spüre ich was? Wie geht es meiner Kopfhaut, meinen Zehen, meinem Kehlkopfchakra, wo entsteht Unruhe, wo herrscht Stillstand? So spüren wir rechtzeitig, wie sehr uns die abfälligen Kommentare der Großtante über das angeblich zu enge Kleid wirklich ärgern – und können die Wut in Energie umwandeln oder aber, bei dringenderem Bedarf, an einem dicken Sofakissen auslassen, wenn nicht an der Großtante selbst.

Unabhängig davon, wie das Fest verläuft: Nach den Feiertagen ist das Xmas-Detoxen dran. Denn es ist nicht leicht, den Sternenglanz und Lichterzauber wieder aus dem System zu bekommen. Eine Weile habe ich zur Entspannung das Malen von Mandalas empfohlen. Doch zu vielen Klienten geriet jeder kleine gemalte Kreis zur Schneeflocke. Da ist der Schritt dann nicht weit zu Schneeflöckchen, Weißröckchen; schon stellt die Melodie sich ein, setzt sich fest und zieht andere festliche Lieder hinter sich her. Ich kenne nicht wenige Bemitleidenswerte, bei denen sich ein weihnachtlicher Ohrwurm in einen hartnäckigen Tinnitus verwandelt hat.

Da die Lage so ernst ist, plädiere ich für den kalten Entzug. Der Baum gehört sofort auf die Straße – nicht erst im Januar. Das ganze Dekozeug muss in den Keller und alle unverzehrten Plätzchen in die Biotonne. Des Weiteren sollte man sich fernhalten von Kerzen, Glockengeläut und Familie – minderjährige Schutzbefohlene ausgenommen. Wer sich an diese schlichten Empfehlungen hält, kommt ohne größere Schäden aus der Weihnachtszeit heraus und benötigt meine Hilfe nicht länger. Allen anderen helfe ich gerne im Rahmen von Einzelterminen, in denen ich häufig das Konfrontationsverfahren anwende.

Eine Frau, nennen wir sie die *Weihnachtsbäckerin*, war besessen von der Suche nach den perfekten Butterplätzchen. Bis spät in die Nacht graste sie Chefkochseiten ab, wälzte Backbücher, gab all ihr Erspartes für Zutaten hin – und war doch mit dem Ergebnis nie zufrieden. Die Plätzchen schienen zu weich oder zu fest, zu trocken oder zu feucht, zu hell oder zu dunkel. Vor allem die Vorstellung von Plätzchen, die zu lange im Ofen blieben, bereitete ihr Grauen. Die Anstrengungen machten ihr längst keine Freude mehr – im Gegenteil. Doch sie konnte es einfach nicht über sich bringen, die Schürze auszuziehen oder das Mehl von den Händen zu waschen. Einer spontanen Eingebung folgend, lud ich die Klientin in meine Küche ein, zum gemeinsamen Backen. Wir stellten einen aufwändigen Teig her, stachen Monde, Sterne, Herzen aus, schoben sie in den Ofen, und dann ließ ich die komplette Fuhre verbrennen. Die Weihnachtsbäckerin war außer sich. Sie war entsetzt. Sie war der Ohnmacht nahe. Doch durch den Schock gelangte sie zu einer entscheidenden Erkenntnis: Die Welt geht nicht unter wegen ein paar verbrannter Plätzchen, nein, nicht mal der Backofen explodiert. Und überdies fand sie nun Gefallen an ihrem früheren Gebäck. Immerhin war es essbar!

Mit der gleichen Methode konnte ich *Jitter Bells* helfen, einem Klienten, der unter Arborphobie litt. Zunächst war ich davon ausgegangen, seine Furcht konzentriere sich allein auf den Christbaum im Wohnzimmer. Doch auch bei einem Spaziergang im ungeschmückten Mischwald bekam Jitter Herzrasen. Im Gespräch kamen wir der Ursache auf die Spur. Jitters Vater war leidenschaftlicher Sammler von Christbaumkugeln gewesen. Eines seiner Prachtexemplare (mundgeblasen, handbemalt, innen versilbert, mit edlen Glimmerapplikationen, aus Lauscha) zerbrach Jitter im Alter von sechs Jahren, versehentlich, in zarter Unschuld; doch der Vater ließ darauf die Bescherung ausfallen.

Der kleine Jitter war am Boden zerstört. Um sein Vergehen gutzumachen, erkor er sich im Unterbewusstsein zum Beschützer aller Christbaumkugeln und wurde im Erwachsenenalter noch extremer als der Vater. Er begann, sämtliche Christbaumkugeln zusätzlich zum vorgesehen Häkchen mit einem Bindfaden zu sichern und breitete unter dem Baum großflächig Schaumgummimatten aus. Mittels Absperrband markierte er eine *No-go-Area* für Nichten und Neffen. Und doch, trotz dieser Vorsichtsmaßnahmen, konnte Jitter das Fest nicht genießen. Statt mitzufeiern, verharrte er sprungbereit neben dem Baum, für den Fall, dass eine Kugel sich lösen würde.

In intensiven Einzelsitzungen forderte ich ihn auf, eine Christbaumkugel, die ich auf dem Flohmarkt erstanden hatte (dünnwandig, goldverspiegelt, spätes 19. Jahrhundert, aus der Schweiz), absichtlich zu zerbrechen. Es war ihm nicht möglich. Anfangs. Doch in der dritten Sitzung hatte sich genügend Wut angestaut. Und als dann die ersten scharfkantigen Scherben auf dem Boden lagen, gab es für Jitter kein Halten mehr. Er verlangte noch eine Kugel und noch eine und mehr. Vorsorglich hatte ich beim Discounter ein paar preisgünstige Sechser-Sets erworben. Es war eine wahre Freude, ihm zuzusehen. Mit blitzenden Augen und roten Wangen stand er da, ein Triumphator der Weihnacht, der die Furcht ein für alle Mal besiegt hatte.

Wie ich gehört habe, macht Jitter Bells mittlerweile aus jedem Fest eine Art Polterabend. Ist das nicht eine frohe Botschaft? Aber ja! Deshalb möchte ich allen Weihnachtsgeschädigten zurufen, siehe, ich verkündige euch: Ihr dürft euer Fest selbst in die Hand nehmen! Gestaltet es, wie ihr immer schon wolltet, aber euch nie getraut habt. Seid euer eigener Heiland! Macht euch nichts draus, wenn es noch schiefer geht als geplant. Wenn ihr mit Pauken und Blockflöten untergeht. Die gute Nachricht ist: In zwölf Monaten dürft ihr es noch mal probieren.

Die schlechte Nachricht: Ihr müsst es sogar. Wie Josef so richtig im Neuen Testament sagt: Es ist nie zu spät, frohe Weihnachten zu haben.

Paul Bokowski

Bokowskis und der stille Gast

«Mach mal auf!», rief eine raue, rasselnde Stimme aus dem ersten Stock.

Seitdem Mutter ihren AOK-Gesundheitsgutschein für eine Whiskeyverkostung an der VHS Bad Kriftel eingelöst hatte, waren sie und Vater akustisch nicht mehr auseinanderzuhalten.

«Ich bin schon drin!», brüllte ich zurück und ließ mein Gepäck zu Boden sinken.

«Nicht du!», rief Mutter durch die Schlafzimmertür.

Nicht du. Genau die Worte, die man hören möchte, wenn man an Heiligabend gegen fünf Uhr morgens in einer Art umgekehrter Presswehe einen ICE bestiegen hat, um sechs Stunden lang eingepfercht in einer schmalen Nische zwischen zwei ziertannengroßen Rollkoffern durch die Republik zu gurken. Müde, hungrig, ausgemergelt – während linker Hand ein nach Aschenbecher und Katzenurin riechender Mann des Typus Studienrat (beliebige Geisteswissenschaft, 1988) erstaunlich schwitzige Wurstbrote in sich hineinmümmelt, rechter Hand ein knapp sechsjähriges Mädchen in einem Weihnachtselfenkostüm mit dem ironischen Button *Hohoho, mehr Mindestlohn!* ein panisch quiekendes Meerschweinchen zu Tode bürstet, drei bis vier Mitreisende von herabfallenden Trekkingrucksäcken voller Schmutzwäsche erschlagen werden und irgendwo im Großraumabteil ein

AfD-Stammtisch den Familiennachzug für Asylbewerber diskutiert. Und warum das alles? Weil man sich der Illusion hingegeben hat, die eigenen Erzeuger freuten sich, wenn die verstreute Brut unerwartet über Weihnachten nach Hause kommt. Denkste!

«Mach mal auf!», rief eine andere rasselnde Stimme – diesmal aus dem Keller.

«Ich bin schon drin!», brüllte ich zurück.

«Nicht du!», schrie Vater aus dem Hobbyraum.

«Neeneenee, da is' ja schon 'ne Schlange bis rüber zur Garage», schallte es ungläubig die Treppe hinunter.

Endlich begriff ich, öffnete die Haustür und blickte in einen Pulk erwartungsvoller Gesichter, die sich langsam in unserer Auffahrt versammelten.

Ganz vorne stand die Tochter von Familie Hoffmeister mit einem bärtigen Hipster im Arm und einer Vierjährigen an der Hand. Dahinter die Witwe Boehringer mit ihren Enkeln, rothaarigen Zwillingen, die – traurig, aber wahr – Fred und George hießen. Ganz vorn die neue Nachbarin von gegenüber, neu deshalb, weil sie erst vor sechzehn Jahren in die kleine Reihenhaussiedlung gezogen war, ebenfalls drei Kinder an der Hüfte. Mitten drin stand Nachbar Martens, vergreist, samt Enkelkind Trojana, Vater vermutlich Informatiker. Ganz hinten der gute Michael, der sich trotz oder wegen seines Down-Syndroms so gut wie nicht verändert hatte, die Nichte auf den Schultern, den Neffen stolz vor die Brust geschnallt. Vier weitere Kinder waren allein gekommen.

«Was wollen die denn?», schoss es mir durch den Kopf. Hatten unsere Eltern finanzielle Schwierigkeiten? Sollte ich nach einem Kita-Gutschein fragen? Nach der Schufa-

Auskunft? Ratlos starrte ich der Schar entgegen. So lange, bis die Tochter von Hoffmeisters ihrer Vierjährigen einen kleinen Schubser gab.

«Können wir den Krapfen sehen?», fragte sie.

«Krapfen!? Der Mann hat einen Namen!», dachte ich entrüstet. Aber sie meinte gar nicht meinen Vater.

«Schuhe aus!», brüllte Mutter aus dem Treppenhaus. «Und alle nacheinander.»

Mutter führte das erste Grüppchen in den ersten Stock. Die Vierjährige schrie vor Begeisterung, als sie ins Badezimmer kamen. Langsam ließ sie die Hand ins Badewasser gleiten, gerade so weit, bis ein stolzes schuppiges Ungetüm ihre Finger streifte und sie sich vor Freude und Ekel quiekend an die Brust der Mutter flüchtete.

«Krapfen!», rief das Kind. Unbeeindruckt zog das graue Tier in der gut gefüllten Wanne große Achten.

«Karpfen», korrigierte die Tochter von Hoffmeisters, während der bärtige Papa sich anschickte, ein Bild für Instagram zu machen.

«Trottel», dachte ich. «Mach doch einen Loop!»

Auf halber Treppe standen die rothaarigen Zwillinge und versuchten, einen Blick auf das wunderliche Geschöpf zu erhaschen.

«Warum nehmt ihr keinen Eintritt?», raunte ich meiner Mutter zu. «Zwölf Kinder, fünf Euro. Das ist die halbe Whiskeyverkostung!»

«Immer denkst du nur ans Geld!», sagte sie entrüstet. «Woher hast du das nur?»

Vater zwängte sich ins Bad. «Warum nehmen wir keinen Eintritt?», flüsterte er.

«Warum sollten wir Eintritt nehmen?», zischte Mutter. «Es ist Weihnachten, und die Kinder freuen sich!»

«Weil dein ph-neutrales Vaginalshampoo gerade auf Instagram landet», wollte ich argumentieren, aber man soll keine schlafenden Fische wecken.

Die Zwillinge hyperventilierten vor Begeisterung, als sie den Karpfen in der Badewanne kreisen sahen. Wer kann es ihnen verdenken?

Man muss schon aus einer polnischen Familie stammen, um beim Anblick dieses vorweihnachtlichen Haustiers keine Begeisterung mehr zu empfinden. Bei uns gab es zu Heiligabend immer Karpfen. Das war eine der wenigen Traditionen, die unsere Familie aus der alten Heimat mitgebracht hatte. Neben einer Neigung zu fettiger Mischhaut, weiblichem Bartwuchs und einem Hang zu Hochprozentigem.

Eine Woche vor Weihnachten wurde der Karpfen aus dem nächsten Teich oder einem Schauaquarium bei Wertkauf geangelt und in die heimische Badewanne umgesiedelt. Im klaren Wasser sollte der bodennahe Fisch seinen schlammigen Geschmack verlieren.

Schon damals bevölkerten an den Tagen vor Weihnachten neugierige deutsche Nachbarskinder unser Badezimmer, Vorstadtsprösslinge, die noch nie einen lebenden Fisch gesehen oder gar gestreichelt hatten.

Auch Trojana gluckste ausgelassen auf, als sie den Karpfen kreisen sah, während Vater selbstgedrehte Brotkügelchen an die Wartenden verteilte.

«Sind das Globuli?», fragte eines der unbegleiteten Kinder. Vater verstand nicht.

«Nein! Brot!», rief ich aus dem Badezimmer.

«Ist das glutenfrei?», schallte es zurück. Vater schaute ratlos wie ein alter Karpfen.

«Nein!», rief ich aus dem Badezimmer.

Gierig schob sich der Junge die Kugeln in den Mund.

«Die sind für den Fisch!», rief Vater.

Ach, gönn dir, Junge, gönn dir!, dachte ich.

«Freut ihr euch eigentlich?», warf ich in die kleine Runde, nachdem Mutter eine gute Stunde später die letzten Kinder aus der Tür bugsiert hatte.

«Klar», sagte sie.

«Worüber?», rief Vater aus dem Wohnzimmer. Er warf ein riesengroßes Stück Abdeckfolie über Couchtisch, Sofagarnitur und den weihnachtlich geschmückten Ficus Benjamini.

«Nicht im Wohnzimmer!», brüllte Mutter.

«Na worüber wohl», entgegnete ich. «Dass euer eigen Fleisch und Blut völlig überraschend und gegen alle inneren und äußeren Widerstände zu Weihnachten nach Hause gekommen ist?»

«Wir wussten doch, dass du kommst», rief Vater und schwang die Abdeckfolie über Sitzbank, Esstisch und Adventskranz.

«Nicht in der Essecke!», brüllte Mutter.

«Woher?», fragte ich erstaunt.

Sie hielt mir eine bunte Weihnachtskarte unter die Nase.

«Niespodzianka!» stand darauf.

«Lag heute Morgen vor der Haustür», sagte sie. «Mit der Kühlbox.»

«Und dem Karpfen», rief Vater aus der offenen Balkontür. Er zog die Abdeckfolie hinter sich ins Freie.

«Nicht auf der Terrasse!», brüllte Mutter.

Es sei an dieser Stelle erwähnt, dass das Polnische eine sehr blumige Sprache ist. Einfache Begriffe wie *Niespodzianka* können dutzende Bedeutungen haben. Wie zum Beispiel *Hallo, Sie kennen mich zwar nicht, aber ich war so frei, Ihnen im Schutz der Dunkelheit einen alten Karpfen auf die Türschwelle zu legen. Nebenbei bemerkt in einer Kühlbox, in der ich bis vor kurzem noch meine Fußnägel der letzten 45 Jahre gesammelt habe. Außerdem könnte es sein, dass ich sexuell gesehen etwas Schindluder mit diesem Karpfen getrieben habe. Wohlgemerkt: etwas & könnte. Aber gehen Sie ruhig auf Nummer sicher. Wässern Sie ihn einfach ausgiebig, bevor Sie ihn verköstigen. Frohe Weihnachten.* – Die deutsche Sprache mit ihrem doch sehr funktionalen Wort *Überraschung* wird der polnischen Entsprechung an dieser Stelle nicht gerecht.

Es dauerte ein Weilchen, bis ich meine Eltern davon überzeugt hatte, dass es keinesfalls der einzige Vegetarier der Familie gewesen war, der seinen Eltern einen lebenden Karpfen auf die Türschwelle hatte legen lassen.

«Aber die Karte?», insistierte Mutter.

«Das könnte jeder gewesen sein», rief Vater aus dem Keller.

«Ja», sagte ich. «Jeder über neunzig mit altdeutscher Handschrift und einem ausgeprägten Tremor!»

«Neeneenee, Tumor!?», rief Mutter erschrocken und schnappte nach der Karte.

«Tremor!», wiederholte ich. «Das sieht doch aus, als hätte es der Karpfen selbst geschrieben.»

«Neeneenee, den ess ich nicht», rief Mutter.

«Klar essen wir den!», rief Vater.

«Nee», rief Mutter in das schmale Treppenhaus. «Wir machen Raclette!»

«Zu spät», rief Vater. «Ich hab' schon alles vorbereitet.»

In erstaunlicher Geschwindigkeit hatte Vater den kompletten Hobbyraum mit Abdeckfolie versiegelt: die Fotowand, die Gartenmöbel, die kleine Bar, die Bügelecke, die Dartscheibe und die Sofagarnitur.

«Neeneenee!», rief Mutter.

«Fritz Haarmann wäre stolz auf dich», sagte ich.

«Wer?», fragte Vater.

«Kennste nicht?»

«Nee», sagte Vater. «Wer iss'n das?»

«Kommissar beim *Tatort*», fuhr Mutter selbstgewiss dazwischen.

«Welchem *Tatort*?», fragte Vater.

«Hannover», sagte ich.

«Ich dachte Kiel», insistierte Mutter.

«Ach, Kiel», sagte Vater. «Gucken wir nie.»

«Offensichtlich», sagte ich.

In der Mitte des Raumes hatte Vater diverse Schlacht- und Ausweideinstrumente bereitgelegt. Was Fragen aufwarf. Allen voran: Warum besaß mein Vater diese Ausweideinstrumente?

«Der Knüppel gehört mir», sagte Mutter stolz. Was die Situation nicht weniger befremdlich machte.

«Wozu brauchst du einen Spargelschäler?», fragte ich.

«Nicht meinen Spargelschäler!», rief Mutter und riss das kleine Werkzeug an sich.

Ich ließ meinen Blick durch den abgeklebten Raum gleiten. «Ist das nicht ein bisschen übertrieben?», sagte ich und deutete auf die abgehängte Deckenlampe.

«Soll halt alles sauber bleiben», verteidigte sich Vater.

«Aha», sagte ich. «Du gehst davon aus, dass der Karpfen den Kampf gewinnt?»

«Es gibt Raclette!», insistierte Mutter.

Die Herkunft des Karpfens ließ Mutter keine Ruhe. Am frühen Nachmittag beschloss sie, das Rätsel zu lösen, indem sie es in der Familiengruppe bei WhatsApp zur Diskussion stellte. Stolze neunzehn Mitglieder.

Meine Schwester reagierte umgehend: «Frohe Weihnachten aus Kapstadt!» Dicht gefolgt von «Hannah Bokowski hat die Gruppe *187 Familienbande* verlassen».

Drei Minuten später meldete sich der väterliche Zweig zu Wort: «Wer ist denn Karsten?», fragte Tante Magdalena in die Runde. Vater konterte, in dem er ein semierotisches Foto von sich und dem Karpfen postete. Oma Agnieszka reagierte mit einem Fish-Emoticon und dem Hashtag #kussmund.

«Bei uns gibt es Bockwürstchen», schrieb das Patenkind aus Siegen, woraufhin gute vierzig Minuten lang überbelichtete Aufnahmen von Brühwürsten und Kartoffelsalat hin- und hergeschickt wurden. Gefolgt vom obligatorischen Weihnachtsbaumvergleich.

Erst gegen 14 Uhr griff Onkel Michał aus Fulda den ursprünglichen Gesprächsfaden wieder auf. «Vielleicht kommt der Karpfen von Großtante Patrycja?», fragte er.

«Urgroßtante Patrycja», antwortete ich.

«Ururgroßtante Patrycja», schrieb das Patenkind.

«Die ist doch tot!», konterte Tante Magdalena.

«Nicht unsere Patrycja!», hielt Vater dagegen.

«Is egal», schrieb Mutter. «Sind beide tot.»

Oma Agnieszka sorgte für das passende Totenkopf-Emoticon.

Es entbrannte eine hitzige Diskussion darüber, ob Großtante Patrycja noch am Leben oder bereits in heimischer Erde begraben war. Mutter war sich verhältnismäßig sicher, noch an Weihnachten 2012 mit einer sehr alten Frau aus der Nähe von Krakau telefoniert zu haben. Vater dagegen war der unerschütterlichen Überzeugung, man hätte schon im Mai 2008 eine Beileidsbekundung, fünfzig Euro und einen ausgedienten DVD-Player der Marke Philipps nach Starachowice an die ukrainische Grenze geschickt. Zwar hätten meine Eltern nie, wie es in Polen Brauch und Sitte sei, als kleines Dankeschön eine angemessene Eingangsbestätigung und das verschwommene Foto eines frischen Grabes bekommen, was aber noch lange nicht belege, dass Großtante Patrycja, vom überwiegenden Teil der Verwandtschaft unbemerkt, noch immer unter den Lebenden weilte.

Das Patenkind erstellte eine Umfrage in der Familiengruppe. Eine erste Befragung aller Anwesenden ergab fünf Stimmen für Krakau, neun für Starachowice, aber elf Stimmen für 2008 und nur drei Stimmen für *Lebt wahrscheinlich noch.*

Einzig Onkel Michał war sich sicher, Urgroßtante Patrycja erfreue sich bester Gesundheit, lebe in einem betreuten Wohnprojekt in der Nähe von Stettin und schicke ihm jedes Jahr zu Weihnachten ein selbstgestricktes Paar Socken. Die Mehrheit verlangte einen Bildbeweis. Onkel Michał – etwas ungeübt – schickte drei Fotos seines Laminatfussbodens, ein Bild eines Christbaumständers samt einem Drittel Nordmanntanne plus ein nicht besonders vorteilhaftes Selfie, bevor er kommentarlos aufgab.

«Bei uns gibt es auch Karpfen!», brachte sich nach einer guten Stunde Cousine Justyna in die Unterhaltung ein.

«Bei uns gibt es Raclette!», schrieb Mutter.
Vater konnterte mit einem Knüppelbild.
«RACLETTE!!!», brüllte Mutter durch das Haus.

Gegen 16 Uhr wurde es still in der WhatsApp-Gruppe. Allgemeiner Aufbruch zum Familiengottesdienst.

«Wollen wir auch?», rief Mutter durch das Treppenhaus.

«Hab ich eine Wahl?», brüllte ich aus dem Badezimmer und ließ ein letztes Brotkügelchen in die Badewanne plumpsen.

«Ja», rief Mutter. «Krippenspiel oder Christmette?»

«Krippenspiel!», rief ich. «Aber Spoiler: Der Zimmermann ist nicht der Vater!»

«Ich bleibe hier und warte auf das Christkind», brüllte Vater aus dem Hobbyraum.

«Dann kommt der Karpfen aber mit!», rief Mutter.

«Ich hätte mich an deiner Stelle für die Christmette entschieden», schrieb Vater über WhatsApp, «und deine Mutter einfach abgefüllt, bis sie nicht mehr stehen kann».

«DAS IST NOCH IMMER DIE FAMILIENGRUPPE!», brüllte Mutter aus der Küche.

Es folgten 78 Smileys und ein Sockenfoto.

Mit Einbruch der Dunkelheit machten wir uns auf den Weg zum Gottesdienst. Als Vater die kleine Kirche zum vierten Mal umrundete und mit bebenden Nüstern und einer pulsierenden Stirnader nach einem freien Parkplatz suchte, hielt Mutter mir vom Rücksitz einen kleinen Zettel unter die Nase.

«Das ist die Nummer von Großonkel Marek», sagte sie.

«So, so», sagte ich.

«Ruf da mal an!», forderte sie mich auf.

«Wer ist denn Großonkel Marek?»

«Den kennst du doch!», rief sie entrüstet von der Rückbank.

«Nee, nee!», stöhnte Vater auf, als direkt vor uns ein Polo in eine Parknische schlüpfte.

«Klar kennt er den!», verteidigte sich Mutter.

«Nee, Mama! Ich kenne keinen Großonkel Marek», beharrte ich.

«Klar kennst du den! Der Alte, aus Polen!»

«Ach der Alte, aus Polen!» Meine Stimme überschlug sich. «Alt und aus Polen! Ganz anders als alle anderen Verwandten!»

«Siehst du!», rief Mutter selbstgefällig.

«Ironie, Mutter, Ironie!»

«Ich schwöre dir, du kennst den!», insistierte sie und grüßte, ohne es zu wollen, ein paar vorbeigehende Kirchgänger mit einem Peace-Zeichen.

«Wieso denn überhaupt?», zischte ich.

«Großonkel Marek ist der Cousin von Großtante Patrycja.»

«Geht das überhaupt?», fragte Vater dazwischen.

«Wenn einer weiß, ob Großtante Patrycja noch lebt, dann er.»

«Das ist noch nicht mal eine deutsche Nummer!», rief ich in den Rückspiegel.

«Na und?», sagte Mutter und hebelte die Seitentüre auf.

«Ich kann kein Polnisch.»

«Der ist so alt, der kann noch Deutsch!», sagte sie und sprang aus dem stotternden Passat, um Vater in die schmalste Parklücke der nördlichen Hemisphäre einzuweisen.

«Das ist eine Einfahrt!», erwähnte ich.

«Der Knüppel deiner Mutter liegt im Kofferraum», zischte Vater.

Während Vater sich die Hände blutig kurbelte, um nach DIN-Norm *0815Wutbürger* in der Parklücke zum Stehen zu kommen, versuchte ich mein Glück am Telefon: «Hallo? Onkel Marek? – Hier ist Paul. – PAUL! – Der Sohn von Ewa. – Von Ewelina. – Nein, der Sohn! – EWELINA, die Tochter von Jozefina. – Nein, der Sohn. – Paul! – Von Ewa. – Von Jozefina! – JOZEFINA! – Deiner Schwester! – Ja. – Gut, danke. – Nein. – Nein, nein. – Schon lange nicht mehr. – Nein. Nicht zu Ende. – Nein. Nur vier Semester. – PAUL! – Onkel Marek, ich hab nur eine Frage. – Nein, VIER Semester nur. – Nicht zu Ende. – Welcher Onkel Tomasz? – Onkel Marek, ich hab nur eine Frage. – EINE FRAGE! – Die Großtante Patrycja. – Deine Cousine! – Ja! – PATRYCJA! – Lebt die noch? – OB DIE NOCH LEBT! – Sicher? – Ganz sicher? – Ja, haben wir auch. – Fünfzig Euro. – FÜNFZIG! – Und einen DVD-Player! – Nein! – NEIN! – Wir haben auch kein Foto bekommen.»

Das Telefonat blieb ohne klärendes Ergebnis, sodass Mutter grübelnd und geistesabwesend auf der schmalen Kirchenbank kauerte. Sie hatte sich das Faltblatt mit den Liedtexten auf den Schoß gelegt und malte einen Stammbaum. Ein verworrenes Geflecht, das an mindestens zwei Stellen eine Inzestvermutung nahelegte. Vater wischte gelangweilt auf seinem Smartphone herum. Mit leicht verliebtem Blick durch eine Galerie selbstgemachter Karpfenfotos.

«Das geht gar nicht», murmelte Mutter, als wir uns zur Kommunion erhoben.

«Was geht nicht?», fragte ich.

«Dass die noch lebt», flüsterte Mutter.

«Was geht nicht?», fragte Vater von hinten.

«Dass die noch lebt», zischte Mutter.

«Wer?», wollte Vater wissen. Eine alte Dame vor uns räusperte sich.

«TAN-TE PA-TRY-CJA», formte ich stumm.

«KAR-PFEN», formte Vater.

«RACLETTE», zischte Mutter viel zu laut. Eine ganze Kirchenbank zu unserer Linken schaute herüber.

Der Tross zur Kommunion kam ungewöhnlich schleppend voran. Immer wieder blickte Vater nervös auf seine Uhr.

«Das ist die Familie mit dem Karpfen in der Badewanne», hörten wir rechts ein altes Mütterchen flüstern. Vater nickte stolz die lange Reihe entlang. Mutter trieb ihm ihren Ellenbogen in die Seite.

Dann der Höhepunkt der einstündigen Veranstaltung: Kurz vor uns ließ der Pfarrer den Leib Christi fallen. Hob die Oblate aber wieder auf und pustete kurz darüber. Mutters Blick klärte sich. Unauffällig trat sie zur Seite, sodass der Pfarrer das trockene Gebäck nicht ihr, sondern einem immunschwachen Rentner in die Hand drückte. Sein faltenreiches Gesicht wanderte zu Mutter, zur Oblate, zum Pfarrer, zurück zur Oblate und spiegelte den inneren Kampf zwischen seinem unerschütterlichen Glauben an die Heiligkeit des Backwerks und dem Zweifel an der Reinlichkeit eines sechzig Jahre alten Altarvorlegers.

«Warum liegt hier überhaupt Stroh rum?», rief ein Sechsjähriger, der das Krippenspiel verpennt hatte. Die Messdiener krümmten sich vor Lachen.

«Warum kichern die?», fragte Mutter.

«Musst du googeln», sagte ich.

Aus den Kirchenfenstern drangen noch die letzten Orgelklänge, als Vater nach der Messe mit einem lauten Heulen des Passats aus der schmalen Parklücke rangierte. Mit einem kühnen Satz sprang ich auf die Rückbank, Mutter zog ihr zweites Bein in die Kabine, bevor Vater über ihren Schoß griff, die Beifahrertür zuzog und im zweiten Gang den kleinen Hang hinabrauschte.

«Was iss'n jetzt?», rief Mutter und suchte mit der Hand nach dem Griff an der Kabinendecke.

«Unterzuckert!», seufzte ich von der Rückbank. «Liegt in der Familie.»

Vater raste durch die leergefegte Innenstadt.

«Mach langsam!», rief ich von der Rückbank.

«Harndrang», sagte Mutter. «Liegt in der Familie.»

Mit viel zu kleinem Wendekreis steuerte Vater durch die alte Neubausiedlung.

«Ich hab kein frisches Wasser nachgelassen», stammelte er und rauschte mit erschreckend kurzem Bremsweg in die kurze Auffahrt.

«Dann essen wir halt Karpfen», rief Mutter aus der Beifahrertür.

«Es gibt Raclette!», schrie Vater und hechtete ins Haus.

Der Karpfen hatte tatsächlich Schlagseite bekommen. Das arme Tier trieb träge in seiner flachen Unterkunft.

Vater ließ neues kühles Wasser in die Wanne sprudeln. «Also?», rief Mutter aus dem Wohnzimmer. «Käse oder Karpfen?»

«RACLETTE!», brüllte Vater aus dem Badezimmer. Seine Stimme überschlug sich.

Ein gutes Stündchen verging, während Mutter und ich die Weihnachtstafel festlich eindeckten. Noch immer lag das Tier schräg und müde in der großen Wanne. Vater wich nicht von seiner Seite. Vier Mal musste Mutter ihn zum Essen rufen, bis er sich vom Badewannenrand fortlocken ließ, nur um anschließend minutenlang missmutig in seinem Raclettepfännchen herumzustochern. Mutter rollte mit den Augen.

Als Vater sich kurz für kleine Tiger verabschiedete, dann aber zehn Minuten lang im ersten Stock verschollen blieb, platzte seiner Frau der Kragen. Wütend stampfte Mutter in den ersten Stock. Drohende schwere Schritte. Maternale Urgewalt. Doch zu meiner Überraschung führten ihre Schritte am Karpfenhort vorbei. Sie stieg noch eine Treppe höher. Schnaufend schob sie die Tür zum alten Speicher auf. Einen kurzen Augenblick war es seltsam still. Dann segelte irgendetwas mit hohlem Donner die obere Treppe hinab. Mutters Schritte folgten. Ein beherzter Tritt, ein zweiter, und wieder polterte etwas mit hohlen Krach die Stufen hinunter. Eine riesengroße Plastikwanne, die am Rand der weihnachtlichen Tafel zum Erliegen kam.

«LOS!», befahl Mutter im Offizierston. Ich folgte in die Küche. Sie drückte mir einen riesengroßen Topf in die Hand. Ich verstand nicht. Sie nahm einen zweiten, füllte ihn bis zum Rand mit Wasser und balancierte ihn zurück zum Tisch, wo sie das kalte Wasser in die Wanne goss. Jetzt wurde mir die Absicht klar. Schuppen von den Augen.

Nach dem vierten oder fünften Gang war die Wanne gut gefüllt. Vater stand auf halber Treppe. Seine Augen glänzten glasig.

«Nalos!», rief Mutter. «Bring deine neue Liebschaft zu Tisch!»

Vater hechtete ins Bad, kehrte schnellen Schrittes wieder und ließ den schnappenden Karpfen in die Plastikwanne gleiten.

«Jetzt», sagte ich, «werden wir gemütlich.»

Was folgte, war ein kleines Weihnachtswunder. Drei gute Pfännchen später schwamm der Karpfen wieder aufrecht. Das stolze Tier hatte sich erholt. Vater warf ihm ein Kügelchen Brot ins Wasser. Dann ein zweites. Selig blickten wir hinunter in die große Wanne, als der Fisch langsam wieder anfing, seine altbekannten Achten zu ziehen.

Er schreckte nicht mal auf, als es plötzlich, kurz vor dem letzten Pfännchen, gegen die Haustür donnerte. «Lass», sagte ich, denn Mutter hatte längst genug erlebt für einen Tag. «Ich geh schon».

Im schwachen Glanz der Lichterkette stand ein breites Männchen vor unserem Haus. «Guten Abend», sagte der Mann mit schlesischem Einschlag. Er trug ein seltsames Gewand, eine Mischung aus Paketbote und Metzgergeselle. Hinter ihm, in der Dunkelheit, stand ein weißer Kastenwagen.

«Sprechen Sie Polnisch?», fragte er.

«Leider nein», antwortete ich.

«Ich habe bisschen komische Frage», fuhr er fort und zog nervös an einem Glimmstängel. Seine Hände waren klein und grobschlächtig. «Habe ich heute früh einen Karpfen zugestellt? Aus Polen?»

Irgendwo hinter mir fiel dumpf ein Champignon zu Boden und kullerte eiernd durch den Flur.

«Bei uns?», fragte ich.

«Ja, hier», sagte der Mann unsicher, biss mit seinen Zähnen ein kleines Stückchen Nagelhaut von seinem Finger und zog ein zweites Mal an seiner Zigarette.

«Ähm, wir essen keinen Fisch zu Heiligabend», sagte ich und hielt, wie zum Beweis, das Pfännchen in die Höhe.

«Ach so?», fragte der Mann und blickte mir skeptisch ins Gesicht. «Sie keine Polen?»

«Doch», sagte ich. «Aber komische Polen.»

«RACLETTE!», riefen Mutter und Vater wie aus einer Kehle aus der Essecke.

«Tut mir leid», schob ich hinterher und hielt das Pfännchen noch ein bisschen höher in die Luft.

«Aha», sagte der Mann zögerlich. «Dann Entschuldigung Störung.»

«Kein Problem», sagte ich.

«Und Wesołych Świąt!», schob das Männchen ungläubig hinterher.

«WESOŁYCH ŚWIĄT!», brüllten Mutter und Vater aus der Essecke.

«Ihnen auch!», interpretierte ich und ließ die Tür ins Schloss gleiten.

Wir horchten leise in die Nacht hinaus, so lange, bis die Tür des Kastenwagens zufiel, der Motor aufbrummte und das schwere Ding auf dem frischen Schnee davonrollte. Vater und Mutter strahlten wie zwei Christbäume.

«Glück gehabt», flüsterte Vater in die Wanne hinab.

«Aber morgen bist du fällig», sagte ich. Vater schaute böse zu mir auf.

«Wo ist eigentlich mein Knüppel?», fragte Mutter in die Runde. Dann küsste sie Vater auf den Mund.

«Ach!», sagte ich versöhnlich. «Wie zwei alte Karpfen.»

Sandra Girod

Die Umschulung

«Was soll ich?», fragte mein Mann und blickte entgeistert zuerst das Kostüm an, dann mich. Er seufzte voller Inbrunst, schnappte sich die Fernbedienung und ließ sich aufs Sofa sinken. «Sorry, das ist unmöglich. Wie stellst du dir das vor? Du weiß doch, dass ich morgen das Kick-off-Meeting mit den Chinesen habe!»

Ein Chor im Fernsehen sang *Morgen, Kinder, wird's was geben* und wurde energisch weggezappt.

Ich seufzte. Ebenfalls aus vollem Herzen. Über meinem Arm hing das Gewand, auf meinen Schultern die Bürde des Amtes der Elternratsvorsitzenden der Igel-Gruppe im Kindergarten. Unsere Tochter war ein stolzer Igel, und ich hatte die Position des Ober-Igels erlangt, weil ich bei der letzten Wahl nicht lange genug auf den Fußboden gestarrt hatte. Nun befand ich mich unversehens im Zentrum eines Krisenmanagements. Im Auge des Orkans. Es war der Donnerstagabend vor dem vierten Advent. Am Freitag sollte unser Weihnachtsfest stattfinden, und die Leiterin der Kita hatte schon dreimal bei mir angerufen: Schreck, Schock, schwere Not! Der Weihnachtsmann ist krank!

Mein Mann starrte regungslos auf den Bildschirm. Auf seiner umwölkten Stirn war die stumme Botschaft zu lesen: Ich habe morgen ein sagenhaft wichtiges Treffen mit einer zwanzigköpfigen Delegation aus Changchun. Für das Projekt haben meine Abteilung und ich zwei Jahre lang zäh, kreativ und gewissenhaft gearbeitet. Mir stehen schon die Haare zu Berge, weil das Englisch des chinesischen Verhandlungsführers immer klingt wie Mickey Mouse auf Speed. Da wartet ein hartes Stück Arbeit. Nun lass mich mit dem Weihnachtstrallala in Ruhe!

Mir dagegen klangen die flehentlichen Worte der Kita-Leiterin in den Ohren: «Mit dieser Absage hat doch kein Mensch gerechnet! Was sollen wir bloß tun? Die Kinder haben mit so viel Feuereifer an den Wunschzetteln gemalt! Es ist so niedlich, auf welch erwachsene Gedanken sie schon kommen! Wir müssen uns was einfallen lassen! Die Kleinen wären sonst wirklich bitter, bitter enttäuscht!»

Das durfte unmöglich zugelassen werden. Nicht nach der Vorgeschichte. Denn der Einladung des Weihnachtsmannes war ein zähes Ringen der Eltern um seine Erscheinung vorangegangen.

Gemeinsam mit der Kita-Leiterin entwickelte ich einen Notfallplan und arbeitete ihn wie folgt ab: Ich sprach dem Weihnachtsmann mehrfach auf die Mailbox, auf der munter zu hören war: «Ho, ho, ho, hier spricht der einzig wahre Weihnachtsmann. Ich befinde mich gerade in einem Gespräch mit meinen Wichteln oder bin auf meinem Rentierschlitten unterwegs. Bitte hinterlasse eine Nachricht nach dem Glöckchen!»

Weil der Kerl zunächst nicht zurückrief, fragte ich schließlich bei den Kostümverleihhäusern der Stadt nach und klapperte dann die Kaufhäuser ab. Für 29,90 Euro ergatterte ich das letzte verfügbare Kostüm. Jetzt musste ich nur noch den Igel-Papa von seiner Mission überzeugen. Was schwieriger war als von mir erwartet.

Mit nervösem Daumen drückte mein Mann auf die

Tasten der Fernbedienung und verharrte bei einer Talkshow. Ich holte tief Luft, klimperte mit den Wimpern und säuselte: «Für einen Macher wie dich, der souverän mit Wan Tan, Chuh Yeh Ching, Chop Suey und Ginseng jonglieren kann, wird es doch babyeiackerleicht sein, mal ganz spontan Santa Claus zu spielen. Wie sagt der Chinese? *No Ploblem!*»

Mit verächtlichem Schnauben schaute mein Mann auf den scharlachroten Mantel und verdrehte die Augen.

«Außerdem wäre dein Einsatz erst am späten Nachmittag. Dann fliegen deine chinesischen Freunde doch schon längst wieder gen Konfuzius!»

Mein Mann hielt seine Arme wie Buddha vor der Brust verschränkt und fragte: «Warum kommt der Weihnachtsmann denn nicht selbst?»

«Der ist krank geworden», sagte ich. «Grippe. Fieber, Husten, Schnupfen, das volle Programm.»

«Wieso schickt er keinen Kollegen?»

«Weil er ein Ein-Mann-Unternehmen ist», sagte ich.

Wir schwiegen einen Moment, während ein Talkshow-Gast ohne Punkt und Komma redete und allen anderen Teilnehmern rüde über den Mund fuhr. Der Moderator guckte verzweifelt.

«Aber es muss doch irgendein anderer Weihnachtsmann aufzutreiben sein», sagte mein Mann.

Ich schüttelte betrübt den Kopf. So leicht war das nicht. Alle Weihnachtsmänner, die wir angerufen hatten, nachdem der einzig wahre sich krankgemeldet hatte, waren ausgebucht und hatten ihre früheste Vakanz am 26. Dezember. Auch im Kindergarten hatte sich kein weihnachtliches Aushilfspersonal finden lassen. Sämtliche Erzieher waren Frauen. Die Mitarbeiter in der Küche waren

Frauen. Die Reinigungskräfte waren Frauen. Nur bei dem neuen lustigen Hausmeister handelte es sich um einen Mann. Allerdings stammte Rabdi aus Uganda.

«Der könnte den Job doch machen!», frohlockte mein Mann. «Wieso muss der Weihnachtsmann immer weiß sein und vom Nordpol kommen? Dann reist er dieses Mal eben vom Südpol an. Das ist doch endlich mal echtes Multi-Kulti! Null Ploblem!»

Ich verdrehte die Augen. Mein Mann kapierte offenbar gar nichts. «Das geht nicht, weil die Kinder Rabdi sofort enttarnen würden, und überhaupt», sagte ich, weil mir langsam nichts mehr einfiel. «Außerdem glaubst du nicht, was für ein Akt es war, noch ein Gewand aufzutreiben. Alles ausverkauft. Ich habe mir die Hacken abgelaufen, bis ich das hier gefunden habe.»

Mein Mann legte die Fernbedienung zur Seite, befühlte den roten Filz, zerrte an den dünnen Gummibändern, an denen der Bart hing und schüttelte den Kopf. «Ich mache mich nicht zum Honk. Das ist kein Mantel, das ist eine Zumutung. Mit diesen Fusseln im Gesicht würde ich nicht aussehen wie der Weihnachtsmann, sondern wie Chewbacca aus *Star Wars*. Die Kinder würden sich kaputtlachen. Und meine Tochter schämt sich bis an ihr Lebensende!»

«Ich wusste gar nicht, dass du so eitel bist», sagte ich.

«Mit Eitelkeit hat das nichts zu tun», erwiderte mein Mann. «Ich möchte bloß nicht zeit meines Lebens erpressbar sein. Nach dem Motto: Der Yeti lebt – ich hab ihn fotografiert. In diesem albernen Aufzug werde ich zum viralen Hit.»

Herr im Himmel!

«Okay, okay. Dann eben nicht. Dann machen wir das

alles ganz anders», sagte ich schmallippig, stand geräuschvoll auf und stampfte zum Keller hinunter.

Von oben hörte ich, wie in der Talkshow im Fernsehen alle Gäste durcheinanderredeten. Jeder Hansel fiel dem anderen ins Wort. Höchste Zeit für den Moderator, den *stillen Fuchs* zu machen – das pädagogische Handzeichen für: Mund halten und zuhören. Bei dem Elternabend, der die Ausgestaltung der Weihnachtsfeier für unsere Kinder behandelt hatte, war es auch so zugegangen.

Es war mir ein Rätsel, wie man sich wegen eines besinnlichen Lichterfestes im Kindergarten so in die Haare kriegen konnte. Warum, hatte ein Elternpaar erbost wissen wollen, biete man einer postkapitalistischen Veranstaltung, die mittlerweile rein zum Dienste des Kommerzes verkommen sei, überhaupt eine Bühne? Mit Nächstenliebe habe das doch nicht mehr das Geringste zu tun – stattdessen mit der Ausbeutung von Sklaven im Einzelhandel und mit der Knechtschaft der Paketzusteller.

Das grundsätzliche Weihnachts-Bashing war bei den Eltern nicht gut angekommen. Alle hatten durcheinandergebrüllt. Die Leiterin des Kindergartens war irgendwann auf einen Stuhl gestiegen und hatte den *stillen Fuchs* gezeigt. Nun ja, hatte sie erklärt, als sie endlich zu Wort gekommen war: In ihrer Einrichtung lege man Wert darauf, den Kleinen zu vermitteln, dass Weihnachten eine Zeit der Wunder sei, nicht eine Zeit der Geschenke. Außerdem, bei allem Verständnis für die Kritik am Kommerz, möge man unsere kulturellen Wurzeln nicht völlig vergessen.

Diese Aussage hatte einige Eltern erst richtig auf Zinne gebracht. Sie hielten es für völlig unangebracht, ohne

Rücksicht auf nichtchristliche und konfessionsfreie Kinder auch noch einen Weihnachtsmann auftreten zu lassen. Freude hin, Geschenke her. Es folgte ein Disput über himmlische Hirten, Coca-Cola, die Bibel, Väterchen Frost und das Christkind. Ein türkischer Vater, der neben mir gesessen hatte, hatte sich an die Stirn getippt und leise gefragt: «Sind die hier alle irre?»

Um die unterschiedlichen Positionen unter einen Hut zu bekommen, hatten wir uns kurz vor Mitternacht auf unseren kleinen Kinderstühlen auf ein Kompromisspapier geeinigt: Unser Nachwuchs würde nicht allein «O du Fröhliche» und «O Tannenbaum» singen, sondern auch noch für den Erhalt des Regenwaldes trommeln. Neben Spekulatius, Dominosteinen und Butterkeksen würden vegane Plätzchen gereicht werden. Und auf besonderen Wunsch der Mehrheit sollte ein freundlicher Weihnachtsmann ohne Rute, aber mit großem Jutesack auftreten: geduldig, sensibel, integrierend und ruhig. In dieser Funktion würde er die gemalten und gebastelten Wunschzettel der Kinder entgegennehmen und Schokolade verteilen, genauer: *Schakalode*, ohne Palmöl, ohne E-Nummern, ohne Milch, stattdessen auf der Basis von Reispulver, die korrekte Alternative, die garantiert keine unfairen, unzumutbaren Arbeitsbedingungen herbeiführte

«Wie siehst du denn aus?», fragte mein Mann, als ich nach einer kleinen Ewigkeit zurück ins Wohnzimmer kam. Im Fernsehen lief die dreistündige Weihnachtsgala. Ich schmiss meine Perücke mit den langen platinblonden Zöpfen schwungvoll umher und zupfte an meinem blauen Tüllkleid herum. Das Kostüm von Elsa, der Eiskönigin, besaß ich noch von unserem letzten Kindergeburtstag.

«Die Kita-Leiterin hat mir erzählt, dass sich einige Kinder Schnee zu Heiligabend wünschen», sagte ich. «Irgendjemand muss ja ihre Fürbitten entgegennehmen. Dann eben so.»

Neben Supermen, Spider-Men, Rennfahrern, Dinosauriern und Lillifeen wünschten sich die Kinder unter anderem Gesundheit für Opa, keinen Krieg auf der ganzen Welt, dass Mama und Papa sich immer vertragen und einen richtigen Winter zum Schlittenfahren. «Lieber Elsa Eiskönigin als gar kein Wunder», fügte ich hinzu. «Der einzig wahre Weihnachtsmann hat sowieso zu mir gesagt, er sei unersetzlich.»

Das hatte ich meinem Mann noch gar nicht erzählt! Der Weihnachtsmann hatte mich am Spätnachmittag doch noch verschnupft zurückgerufen und war sehr empört gewesen, als ich ihn gefragt hatte, ob er sein Kostüm verleihen würde. Das wäre ja noch schöner, wenn Krethi und Plethi sich dieses edle Gewand anziehen würden! Bei seinem roten Samtmantel handelte es sich um eine Maßanfertigung, die goldene Brille stammte aus dem Jahr 1890, und der Rauschebart sei mit Geld gar nicht zu bezahlen. Undenkbar, wenn damit geraucht, gegessen, getrunken oder geflucht werde. «Ich bin ein zertifizierter Weihnachtsmann», hatte er am Telefon gesagt. «Ich vermittele die Spannungen, die Erwartungen, das Mystische. Das kann nicht jeder!»

«Was ist das denn für ein Vollpfosten?», schnaubte mein Mann.

«Er hat von vielen Mitbewerbern gehört, die eine Schande für die Zunft waren», erklärte ich. Ein Student habe Turnschuhe getragen, sich im Schneidersitz auf den

Fußboden gesetzt und die Kinder begrüßt mit: «Ich bin der Weihnachtsmann, nä, das machen wir hier mal alles ganz locker, nä, mal keine Panik auf der Titanic, nä.» Dabei würde doch jedes Kind wissen, das der Weihnachtsmann erst einmal «Ho, ho, ho!» ruft. Ein anderer habe ein Kind angepoltert: «Kannsch net amol mit dem Geschroi uffhera?» Und dann erschrocken gemurmelt: «Na, Scheißerle, jetzt lach halt wieder!» Und noch ein anderer sei sturzbesoffen zur Bescherung erschienen.

«Aber das ist noch lange kein Grund, dass der Kasper Allmachtsphantasien entwickelt», schimpfte mein Mann. Er erhob sich ächzend, polterte in Richtung Schlafzimmer und ließ mich in meinem eisblauen Elsa-Kostüm allein vorm Fernseher zurück. Eine Blaskapelle spielte «Last Christmas», und ich konnte die Fernbedienung nicht finden.

Im ganzen Haus rumpelte es jetzt.

«Wo ist der Textilkleber?», fragte mein Mann, als er wieder ins Wohnzimmer zurückkam.

«Wieso trägst du diesen Rentier-Pyjama?», fragte ich zurück. Er hatte ihn letztes Jahr von seiner Schwester geschenkt bekommen. Seine Füße steckten in schwarzen Gummistiefeln.

«Schon mal was vom Klimawandel am Nordpol gehört?», fragte mein Mann zurück. Er schnappte sich die Flasche mit dem Kleber, eine Schere und das scharlachrote Kaufhauskostüm. Unter seinem Arm steckte ein großes Kopfkissen.

«Ho, ho, ho!», rief der Weihnachtsmann, der eine halbe Stunde später wieder vor mir stand, sich höflich verneigte und mich zum Tänzchen bat, zu den Klängen von «Feliz Navidad» in der Gala.

«Respekt», sagte ich und schmiss meine blonden Elsa-Zöpfe.

«Ich konnte nur meine Glocke nicht wiederfinden», seufzte der Weihnachtsmann.

«Null Ploblem», sagte ich und strich über seinen dicken Bauch. Der wallende Kopfkissen-Inlet-Bart stank noch etwas nach Lösungsmitteln und kitzelte meine Nase. Pimp up your Billig-Filzkostüm. «Ist das darunter dein alter weißer Bademantel?»

«Finger weg», brummte er. «Was ich drunter trage, ist top secret.

«Du siehst großartig aus», sagte ich. «Deine Tochter wird sehr stolz auf dich sein, wenn sie eines Tages Fotos von dir sieht. Es kann nur passieren, dass sie morgen mit dir schimpft, weil du nicht zur Igel-Weihnachtsfeier gekommen bist. Sie freut sich doch so darauf.»

Ich gab meinem Mann einen vorsichtigen Kuss.

«Was machst du eigentlich, wenn morgen ein kleiner Rabauke doch an deinem Bart zieht?»

«Der hält wie Bombe», sagte mein Weihnachtsmann. «Und wie hat mein lieber Kollege Santa Claus schon gesagt: Sehen heißt nicht glauben. Glauben heißt sehen.»

Matthias Gretzschel

Im Licht des Schwibbogens

Sonst hatte ich mich immer gefreut. Doch in diesem verrückten, großartigen, völlig aus den Fugen geratenen Jahr schien Weihnachten sonderbar unangebracht. Im September war ich nach dem Montagsgebet in der Nikolaikirche erstmals auf die Straße gegangen, mit vielleicht 400 oder 500 anderen Demonstranten, von denen die meisten wie ich grüne Parkas trugen, die wir Kutten nannten. Wir waren auf den Karl-Marx-Platz gelaufen, hatten uns unentschlossen hingestellt und noch keine Transparente dabeigehabt, auch keine Sprechchöre gerufen, sondern mit mulmigem Gefühl einfach abgewartet, was passieren würde. Meistens passierte erstaunlich wenig, obwohl es viele Volkspolizisten gab, die mit Helmen und Schlagstöcken gerüstet waren und mitunter Hunde dabeihatten. Manchmal waren sie aggressiv, gingen auf uns los, griffen sich ein paar Kuttenträger und verfrachteten sie auf ihre Robur-Lastwagen. Die meisten von uns konnten abhauen, wegrennen und sich später im Spreewaldeck und den anderen Kneipen der Südvorstadt treffen, um beim Bier (der halbe Liter Sternburg für 1,04 Mark) festzustellen, wen die Bullen diesmal «zugeführt» hatten.

Der Herbst schien kein Ende zu nehmen. Fast jeden Tag geschah etwas Verrücktes. Vor allem verschwanden reihenweise Menschen auf Nimmerwiedersehen. Mit leichtem Gepäck fuhren sie nach Prag und versuchten, in die eben erst geräumte westdeutsche Botschaft zu gelangen und von dort in den Westen. Irgendwann war einer der Kellner aus dem Spreewaldeck verschwunden, tags darauf der dicke Buchhändler von der Karl-Liebknecht-Straße, dann zwei Kollegen aus dem Institut von Christiane. Eine Nachbarsfamilie, die zum 1. Mai und zum Tag der Republik immer «geflaggt» hatte, war Ende September plötzlich unauffindbar und also, wie im Haus gemunkelt wurde, «mit Kind und Kegel abgehauen». Christiane und ich wollten auch in den Westen, mit Jonas, der drei Jahre alt war; aber nicht über die Botschaft in Prag, sondern ganz offiziell. Deshalb hatten wir im Sommer einen Ausreiseantrag gestellt, der vermutlich viele Monate lang bearbeitet werden würde. Fast alle wollten weg.

Demonstrieren konnte hilfreich sein. Wer rausgeschmissen wird, kann nicht mehr demonstrieren. Genau das dachten sich die Genossen. Nur ging diese Rechnung für die Partei immer weniger auf. Im Lauf des Herbstes reisten immer mehr Menschen aus, und trotzdem wurden es zugleich immer mehr Demonstranten. Obwohl wir jeden Montag von Kuttenträgern hörten, die plötzlich Ausreisegenehmigungen erhalten hatten und innerhalb von 48 Stunden *das Territorium der Deutschen Demokratischen Republik* verlassen mussten, wuchsen die Demonstranten zu Hunderten, Tausenden nach.

Am 9. Oktober, als die Jubelfeiern zum 40. und – wie sich zeigen würde – letzten Jahrestag der Deutschen Demokratischen Republik vorbei waren, als Honecker keine Rücksicht mehr auf Gorbi nehmen musste, als er in Leipzig nach den Friedensgebeten «durchgreifen» konnte, waren es schließlich 75.000, die über den Innenstadtring liefen und den Genossen der Stasi, der Volksarmee und der Volkspolizei eine Parole entgegenbrüllten, die sie ratlos machten: «Wir sind das Volk!» Im Umkehrschluss hieß das gegenüber denen, die uns an diesem Abend in Uniform gegenüberstanden: «Und ihr seid die Arschlöcher!», auch wenn das noch unausgesprochen blieb.

Eigentlich war damit alles gesagt. Was sind Volksarmee und Volkspolizei gegen das Volk, wenn es zu Zigtausenden auf die Straße geht und dabei friedlich bleibt? Nach dem 9. Oktober war es mit der Republik vorbei. Jetzt vermehrten sich die Demonstranten zu Hunderttausenden und legten nicht mehr nur den Straßenverkehr auf dem Innenstadtring lahm, sondern das ganze Land. Die Genossen beschimpften uns nicht länger als Konterrevolutionäre, Staatsfeinde und subversive Elemente, sondern baten uns um einen «Dialog». Am Anfang redeten wir artig mit den Obergenossen, stellten maßvolle Forderungen und freuten uns, dass wir akzeptiert wurden. Doch spätestens nach dem Mauerfall interessierte sich niemand mehr für Parteisekretäre oder einen Sozialismus, der so was von gestern war wie die Trabis und Wartburgs, die stinkend und rauchend über die Leipziger Schlaglochpisten knatterten.

Den Mauerfall bekam ich nicht mit. Am Abend des 9. Novembers saß ich in der Thomaskirche zu einem Gedenkgottesdienst an die Kristallnacht. Anschließend wurde stundenlang mit anderen vom Neuen Forum über Zeitungsneugründungen diskutiert. Als ich gegen Mitternacht nach Hause kam, sprach mich die Nachbarin auf der Treppe an. Jonas schlafe in seinem Bettchen, berichtete sie; sie habe auf ihn aufgepasst, weil meine Frau zur Hauptpost gefahren sei, um in den Westen zu telefonieren. Ich verstand nicht, bis die Nachbarin, staunend ob meiner Unwissenheit, rief: «Aber vorhin is doch de Mauer gefallen!»

Gefallen? Wie? Ich brauchte ein paar Minuten, um zu begreifen, dass das längst Erwartete, trotzdem Unfassbare jetzt eingetreten war. In der Wohnung schlief Jonas friedlich in seinem Bettchen, und unser winziger Schwarzweißfernseher lief ohne Ton. Trabis rollten über die Grenze nach Westberlin, die Menschen schwenkten Rotkäppchen-Sekt und lagen sich in den Armen. Gegen drei kam Christiane euphorisch von der Hauptpost, wo sie nach stundenlangem Warten ihre Cousine Ines in Pinneberg erreicht hatte, um ihr mitzuteilen, dass wir uns bald auf den Weg machen würden. Noch während des Ferngesprächs war die Leitung zusammengebrochen.

Tags darauf gab es für Christiane kein Halten mehr. Der Weg in den Westen war frei. Wir gingen von Amt zu Amt und arbeiteten unseren Laufzettel ab, der die Abmeldung des Telefonanschlusses vorschrieb, obwohl wir keinen besaßen, weil die «netztechnischen Voraussetzungen dafür nicht gegeben» waren. Dann packte sie die nötigsten Sachen in unseren Trabi und fuhr mit ihren Eltern, die ihren Wartburg samt Anhänger mit einem Teil unseres Umzugsgutes gefüllt hatten, Richtung Westen. Ich blieb in der Wohnung zurück, um einen ordnungsgemäßen Umzug zu organisieren, die restlichen Formalitäten zu erledigen und möglichst bald nachzukommen.

Und plötzlich war Advent. Über Nacht hatten die Leute ihre Räuchermänner und Nussknacker aus den Kartons im Keller gekramt, die gelben, roten, weißen Herrnhuter Sterne zusammengebastelt und samt Beleuchtung in den Zimmern oder Hausfluren installiert, vor allem aber die Schwibbögen, die früher nicht aufgefallen waren, die sich aber in den letzten fünf Jahren flutartig übers Land verbreitet hatten. Nachdem jemand auf die Idee gekommen war, die mit Kerzen bestückten hölzernen Halbkreise, in deren Mitte zwei Bergmänner das sächsische Wappen hielten, als Laubsägearbeit nachzubauen, war das Monopol der volkseigenen Erzgebirgsbetriebe gebrochen. Räuchermänner, Engel und Weihnachtspyramiden blieben Mangelware und waren im staatlichen Handel kaum zu bekommen, Schwibbögen gab es dafür in unüberschaubarer Menge. Das lag nicht nur daran, dass sich die ostdeutschen Heimwerker zwischen Sonneberg und Kap Arkona mit Verbissenheit darangemacht hatten, die weihnachtlichen Bögen aus Sperrholzplatten zu sägen; selbst volkseigene Betriebe, die Mähdrescher oder Waschmittel herstellten, hatten sich gegenüber der Partei verpflichtet, zusätzlich Schwibbögen als Konsumgüter für die darbende Bevölkerung zu produzieren.

Das führte dazu, dass es ab Ende November kaum ein Fenster gab, in dem nicht ein meist elektrifizierter Schwibbogen angeblich erzgebirgische Stimmung ausstrahlte. Gestört hatten sie mich schon immer. Doch diesmal kamen mir die hölzernen Bögen, die selbst aus den Fenstern einsturzgefährdeter Häusern schimmerten, besonders unpassend vor. Der ganze Adventsputz wirkte wie das Bühnenbild für ein falsches Stück. Schließlich spielten wir Revolution und nicht Weihnachten.

Wir Kuttenträger hatten schon Ende September Lichter dabeigehabt. Aber die Kerzen, die wir am 9. Oktober auf die Freitreppe der Stasi-Zentrale an der Runden Ecke hingestellt hatten, sollten keine Besinnlichkeit ausdrücken, sondern Protest. Als habe es Protestkerzen nie gegeben, gab es jetzt auf einmal Lichter auf Weihnachtsbäumen, Adventskränzen, und selbst der trostlose Konsum auf der Arthur-Hoffmann-Straße hatte einen illuminierten Schwibbogen ins Schaufenster gestellt, in dem sonst nur eine Pyramide aus Rotkraut-Konserven zu sehen war.

Konnte es sein, dass die Revolution schon zu Ende war und jetzt stattdessen ganz einfach nur Weihnachten kam, wie in jedem Jahr? War unsere Annahme, alles würde sich ändern, falsch gewesen? Noch marschierten wir jeden Montag nach dem Friedensgebet in Sankt Nikolai über den Innenstadtring. Doch die Stimmung hatte sich verändert seit den ruhmreichen Tagen, als wir «Stasi raus!» gerufen hatten oder «Visafrei nach Hawaii!». Jetzt, da Honecker entmachtet und die Mauer gefallen war, verbreiteten unsere Demokerzen ein Licht, das nicht mehr revolutionär war, sondern eben adventlich.

Am 18. Dezember war es mir endlich gelungen, die letzten Formalitäten für meine Ausreise zu erledigen und ganz zuletzt auch den nicht vorhandenen Telefonanschluss bei der Deutschen Post abzumelden. Ein letztes Mal ging ich an diesem Abend in die Nikolaikirche und anschließend zur Montagsdemo, auf der einige Kuttenträger sogar ein Adventslied angestimmt hatten: «Macht hoch die Tür, die Tor macht weit!», als ob das nicht schon längst passiert war. Für mich war es jetzt Zeit, durchs Tor zu gehen und die Tür unserer Leipziger Wohnung für immer hinter mir zu schließen. Ich wollte weg aus dieser Stadt und diesem Land, das so grau aussah und sich so eng anfühlte, dass die Luft knapp wurde. Die Luft, die nach Ruß und Chemie stank, die sich immer öfter als Nebel über die grauen Fassaden legte, hinter deren unablässig bröckelndem Putz die roten Ziegel sichtbar wurden und manchmal auch die Einschusslöcher aus dem

Krieg, diese Luft, die bei unserem dreijährigen Jonas mehrfach in der Woche lebensbedrohliche Erstickungsanfälle verursacht hatte, die wollte ich nicht mehr atmen.

«Warum gehst du jetzt, wo wir es geschafft haben?», fragte mich Uwe von der *Initiativgruppe Leben*, der ein Held war und den die Stasi, wie wir später erfuhren, als Nummer 1 auf die Internierungsliste gesetzt hatte. Ich war kein Held, ich wollte nur zu meiner Familie in den Westen und weg aus dieser Stadt und aus diesem Land. Ich wollte alles hinter mir lassen, die zusammenfallenden Häuser, die löchrigen Straßen, die schlechte Luft und die neuen Demonstranten, die ich früher nie gesehen hatte, die nun immer lauter nach der Einheit riefen und nach Helmut, dem Bundeskanzler, den sie beim Vornamen nannten, mit dem ich aber nie per Du sein würde, obwohl er der Chef des Landes war, in dem ich künftig leben wollte. Und nicht zuletzt wollte ich weg von den elektrifizierten Schwibbögen, die nun sogar in der Ritterstraße in den Fenstern der Volkspolizei leuchteten, in deren Zellen wenige Wochen zuvor noch die grünen Kuttenträger hatten ausharren müssen, die die uniformierten Genossen bei den Montagsdemos verhaftet und «zugeführt» hatten.

Am Vormittag des 19. Dezember standen die Möbelträger der volkseigenen Firma Deutrans vor der Tür, um die Umzugskisten abzuholen. Wann wir sie in Pinneberg wiedersehen würden? «Das kann schon ein paar Monate dauern», sagte der Obermöbelpacker, der seine Kollegen die schweren Kisten in den Lkw wuchten ließ. Am späten Nachmittag klingelte es zum letzten Mal an unserer Wohnungstür. Draußen stand Stefan, ein befreundeter Fotograf, der seit ein paar Wochen für ein Hamburger

Nachrichtenmagazin Bilder machte und der mir angeboten hatte, mich mit kleineren Umzugskisten in seinem Transporter mitzunehmen.

Als wir die Kisten aufgeladen hatten und ich mich noch einmal umwandte, kam eine Nachbarin heraus, Frau Jentzsch aus dem zweiten Stock. Alles Gute für «das neue Leben im Westen» wünschte sie und frohe Weihnachten natürlich auch. Zwei Jahre später würde ich in meiner Stasi-Akte lesen, dass diese nette Nachbarin Christiane und mich als notorische Fremdgänger bezeichnet hatte. «Klingt unwahrscheinlich, soll aber wahr sein», hatte der zuständige Stasi-Offizier an den Rand geschrieben. Das wusste ich natürlich nicht, als Frau Jentzsch uns als letzte Leipziger Bekannte an diesem vorweihnachtlichen Dienstag nachwinkte, bis wir in die Arthur-Hoffmann-Straße abbogen.

Sechs Stunden später hatten wir Zarrentin erreicht. Die sonst so strengen Genossen der Grenztruppen wollten meine Ausreisepapiere nicht einmal sehen. Wozu hatte ich bei all den Ämtern angestanden, mich mit unwilligen Büromenschen herumgeärgert, die erst nach stundenlangem Warten ihren Stempel auf den Laufzettel gedrückt hatten? Allein die Abmeldung des nicht vorhandenen Telefonanschlusses hatte einen halben Tag gekostet. Jetzt wollte der Genosse Grenzsoldat, der vielleicht noch wenige Monate zuvor auf «Republikflüchtlinge» geschossen hatte, nichts davon sehen. «Nu lassen Se ma stecken», sagte er, grinste und wünschte frohe Weihnachten. Als wir an seinem Kontrollhäuschen vorbeirollten, grüßte im Fenster ein Schwibbogen.

Nachts um drei war Hamburg menschenleer, aber bengalisch hell erleuchtet. Bei leichtem Nieselregen fuhren wir durch breite Straßen, und in den Pfützen spiegelten sich die bunten Leuchtreklamen, die fast an jeder Fassade blinkten. «Nun, alter Junge, jetzt heißt es Kohle machen, damit es gemütlich wird», sagte Stefan, der sich offenbar schon auskannte und jetzt seine Filme beim Nachtpförtner abgab. Kohle machen. Wie sollte das denn gehen? Schon kamen mir Zweifel. Ich hatte keine Ahnung. Endlich gelangten wir nach Pinneberg, wo Christianes Cousine Ines ein geräumiges Haus bewohnte. Den Partykeller hatte sie für unsere Familie frei geräumt.

«Jetzt feiert erst mal schön Weihnachten», sagte Ines, als sie sich mit Mann, Kindern und ihren Eltern tags darauf verabschiedete, um bis zum neuen Jahr in Österreich Ski zu fahren. «Fühlt euch wie zu Hause, ich habe sechs Flaschen Glühwein hingestellt, ihr könnt im Wohnzimmer feiern, die obere Küche nutzen, ganz wie ihr wollt.» Daran war erst einmal nicht zu denken. Christiane hatte mir eine Liste von Dingen aufgeschrieben, die ich unbedingt vor Weihnachten noch zu erledigen hätte. Es ging um die Anmeldung bei verschiedenen Ämtern, um das Verfassen und Einreichen von Anträgen, um das Abholen von Bescheinigungen und Registrieren von Daten. So fuhren wir mit unserem Trabi von Amt zu Amt, brachten Stunden in Warteräumen zu und unterschrieben Papiere, von deren Bedeutung wir keine Ahnung hatten. Doch am Ende des Tages hatte ich einen echten West-Personalausweis – und Zahnschmerzen.

Am 21. Dezember, gleich am Morgen, saß ich bei einer Pinneberger Zahnärztin, die einen entzündeten Weisheitszahn entdeckte, aber nicht ziehen wollte. «Das macht ein Kieferchirurg in Hamburg, ich melde Sie an, damit Sie Weihnachten zubeißen können», sagte sie und händigte mir eine Adresse aus. Als ich zwei Stunden später in der kieferchirurgischen Praxis in Altona eintraf, traute ich meinen Augen nicht: Im Wartezimmer auf der Fensterbank stand ein erzgebirgischer Schwibbogen.

«Na, fühlen Sie sich da nicht ein bisschen heimatlich?», fragte die Assistentin, als sie mich ins Behandlungszimmer führte. Auf dem Fensterbrett stand ein erzgebirgischer Weihnachtsengel, der von zwei weiteren Schwibbögen gerahmt wurde. «Haben Sie die schönen Schwibbögen gesehen?», fragte der Kieferchirurg, als er sich an meinem Gebiss zu schaffen machte. Ich konnte nicht antworten. «Und den Jahresendflügler auf dem Fensterbrett? Den habe ich letzte Woche in Dresden gekauft. *Engel* durften Sie ja nicht sagen.» Das war mir neu. Wir hatten immer von Engeln gesprochen. Den Begriff Jahresendflügler hatte ich im Osten nie gehört; im Westen galt er als typisch sozialistisch. Mit geschwollenem Mund wollte ich nicht diskutieren.

Am Tag vor Weihnachten rief eine Leipziger Freundin an, Bettina, eine Tierärztin, der ich vor meiner Abreise die Pinneberger Telefonnummer gegeben hatte. Sie war in Gießen angelangt, in einem Aufnahmelager. So ein Aufenthalt war uns erspart geblieben. Kurzerhand lud Christiane sie ein. «Meine Cousine wird nichts dagegen haben.»

So knatterte am Heiligen Abend gegen Mittag ein kanariengelber Trabi die Straße herauf und hielt quietschend vor dem Haus, in dem wir uns nun bereits als Gastgeber fühlten. Bettina holte aus dem Kofferraum nicht nur ihren Koffer, sondern einen Plastikbeutel, in dem sich eine gewaltige Pute befand, die sie noch für Ostmark erworben hatte. «Der Braten ist gesichert», behauptete sie. Allerdings war der Vogel zwar tot, aber nicht ausgenommen und keineswegs bratfertig. «Hab ich noch nie gemacht», sagte Christiane. «Aber ich bin Tierärztin», erklärte Bettina und verschwand in der Küche.

Die ehrenamtliche Mitarbeiterin einer Spieliothek, einer Ausleihstation für wertiges Kinderspielzeug, hatte uns Übersiedlern eine Faller-Eisenbahn überlassen, betagt, aber funktionierend. Deren Gleise verlegte ich so, dass der kleine Zug erst am Kamin vorbei und dann im Slalom um die Palmenkübel surrte, bevor er zu seinem Heimatbahnhof zurückkehrte. Der Rotary-Club hatte eine Tanne zur Verfügung gestellt, elektrische Kerzen und Christbaumschmuck inklusive.

In die Pinneberger Christuskirche fuhren wir zu viert in Bettinas Trabbi. Die Christvesper hätte auch in Leipzig so stattfinden können: dieselben Lieder, dieselben Texte und ein Posaunenchor, dessen Bläser sich beim Vorspiel zu «Tochter Zion» an derselben Stelle verspielten wie die Kollegen an der Paul-Gerhard-Kirche in Leipzig-Connewitz. Als der Pastor die Weihnachtsgeschichte vorlas, in der es ja auch um einen schwierigen Ortswechsel geht, tauchten die Bilder der letzten Monate auf: die Kuttenträger in der überfüllten Nikolaikirche, die Demonstranten auf dem Innenstadtring, Soldaten und Funktionäre, Stasi-Leute und Bereitschaftspolizisten, ernste Pfarrer und bärtige Bürgerrechtler und am Ende die Kerzen, die wir an jedem Montag auf die Treppe der Runden Ecke gestellt hatten, der Zentrale der Stasi.

Das war vorbei. Fast alles würde sich jetzt ändern. Wie genau, konnte ich mir nicht vorstellen. Ich empfand es als beruhigend, dass es ein paar Dinge gab, die bleiben würden: die Christvesper zum Beispiel mit «Vom Himmel hoch, da komm ich her», «Stille Nacht», «O du fröhliche» und dem Luther-Text der Weihnachtsgeschichte.

Als wir zum Haus der Cousine zurückkehrten, schwebten Schneeflocken vom Himmel, nur ein paar Krümel, die auf der Straße sofort wieder tauten, doch immerhin. Christiane summte «Leise rieselt der Schnee», und ich musste an einen englischen Film denken, eine Komödie, in der die Dienerschaft eines Schlosses, während der Graf verreist ist, in den feudalen Räumen ein rauschendes Fest feiert. So fühlte ich mich, als wir in dem herrschaftlichen Wohnzimmer mit Kamin, offenem Dachstuhl und Blick in den beleuchteten Garten feierten, wenngleich nichts davon uns gehörte. Im Kamin prasselte das Feuer, und die Faller-Eisenbahn mit Dampflokomotive und zwei Güterwagen umkreiste im Slalom die Palmenkübel.

Während Jonas die Bahn bestaunte, klingelte es an der Tür. Ich öffnete. Es war niemand zu sehen. Doch auf dem Abtreter lag ein schmuck umwickeltes Paket. Ich nahm es mit ins Weihnachtszimmer. Als ich das Papier zur Seite schlug, stockte mir der Atem. Heraus kam ein hölzerner Schwibbogen mit elektrischen Kerzen, daneben ein Kärtchen: «Damit Sie sich auch in der neuen Heimat wie zu Hause fühlen! Ihre Nachbarn.»

Als ich den Karton samt Inhalt in den Keller trug, um ihn in der dunkelsten Ecke zu verstecken, hinter Ines' ausgedientem Videorekorder und einem defekten Plattenspieler, drückte mich das Gewissen. Die Nachbarn hatten es gut gemeint.

Wir tranken auf ein verrücktes, großartiges, völlig aus den Fugen geratenes Jahr, auf unsere ziemlich ungewisse Zukunft und auf ein Weihnachten, wie wir es so gewiss nie wieder erleben würden. Am folgenden Tag, das nahm ich mir vor, würde ich gleich nach dem Putenbraten zu den Nachbarn gehen. «Ich werde ihnen aufs allerherzlichste für das grässliche Teil danken», teilte ich Christiane mit. «Und wenn es dir nichts ausmachst, lade ich sie zum Glühwein ein.»

«Aber dann holst du vorher den Schwibbogen wieder aus dem Keller, und stellst ihn schön sichtbar auf den Kaminsims.»

Ach ja. Natürlich. Die Revolution war vorüber.

Julia Hackober

Dreizehn Sätze, die ich nicht mehr hören will

Erstens: «Hast du schon den Zug gebucht?!» – Ach, ist es schon so weit? In Berlin kriegt man meist nicht mit, dass der Advent begonnen hat. Es fehlt die Weihnachtsbeleuchtung in den Straßen. Dass es Zeit wäre, einen Adventskranz zu besorgen, merke ich immer erst, wenn sich die panischen SMS meiner Mutter häufen: «Hast du reserviert?» – «Vielleicht gibt es noch einen Sparpreis?!» – «Wenn du nicht bald buchst, kriegst du keinen Platz mehr!» – «Wär gut, wenn du früher kommen könntest, dein Vater ist keine Hilfe, ich muss alles allein organisieren.» – «Wollt ihr einen Weihnachtsbaum? Dann muss jemand den holen, allein schaffe ich es nicht.»

Wenn ich das erste Mal auf bahn.de nachschaue, ob neben allen möglichen Zugverbindungen von Berlin nach Bad Mergentheim schon das rote Warndreieck angezeigt wird («voraussichtlich hohes Verkehrsaufkommen, wir empfehlen eine Sitzplatzreservierung»), dann wird mir klar, dass bald Weihnachten ist. Ich hätte ja gern, dass der Weihnachtszauber mich etwas charmanter überrascht. Indem am ersten Adventswochenende Schnee fällt, zum Beispiel. Oder an Nikolaus unerwartet ein Weihnachtsmann von Lindt vor der Wohnungstür steht. Und dass abends eine Sternschnuppe über den Prenzlauer Berg huscht. So was in der Art.

Zweitens: «Weihnachten liegt mir nicht, ich mag überhaupt keine christlichen Feiertage, aber ich freu mich, ein paar Tage mit meinen Lieben zu verbringen.» – Ein Satz, der auf Instagram häufig zu lesen ist, gern auf Englisch (wegen der internationalen Follower) und meist unter Fotos von Bäumen, die man nicht selbst dekoriert hat, sondern von Mami und Papi hat schmücken lassen. Am allerliebsten sind mir Kandidaten, die den ganzen Dezember über posten, welche *little somethings* sie sich selbst schon mal vorab geschenkt haben (Chanel-Tasche, Buchstabenanhänger von Céline, den Eames Chair), wegen *#selflove* und so, um dann kurz vor den Feiertagen noch schnell zu erklären, dass sie als weltgewandte, kulturell auf- und abgeklärte *Digital Natives* mit etwas Hinterwäldlerischem wie der Kirche absolut nichts am Hut haben. Ja, schön, dass man an Weihnachten ein paar Tage freihat, und Geschenke sind auch *nice*, aber hallo, nicht dass jemand denkt, dass man jetzt irgendwie an Gott oder so was Ähnliches glaubt, das wäre voll peinlich, wie viele Follower hat überhaupt dieser Papst? Und wer braucht schon Gottesdienste, wenn er zum Kundalini-Yoga gehen kann, da geht es auch um heiligen Geist, aber konkreter, man atmet ihn beim Meditieren ein. Oder so ähnlich.

Drittens: «Du trinkst Glühwein? Aber dann schon nur guten, selbstgemachten, oder?» – Wenn du unter selbstgemacht verstehst, ein paar Orangenscheiben in den Topf mit Supermarktglühwein zu werfen, dann ja, dann ist der Glühwein selbstgemacht. Lecker! Jetzt mal ehrlich: Zur Adventszeit wird in Berliner Kreativkreisen beim Thema Kulinarik noch schlimmer rumgesnobbt als gewöhnlich. Bratwurst auf dem Weihnachtsmarkt? Ihgitt, da ist ja Fleisch drin! Außerdem kann man sich nach dem Verzehr verbrutzelter Rostbratwurst eh sofort in die Onkologie einweisen lassen! Kartoffelsalat mit Würstchen? Wie spießig! Das ist ja wie bei *Familie Heinz Becker*! Dann habt ihr auch 'ne Schrankwand zu Hause stehen?!

Manchmal weiß ich keinen anderen Ausweg, als zurückzusnobben. Dann erkläre ich, dass ich ausschließlich Schwermer Marzipan esse, weil es das einzige ist, das schmeckt. «Hm, kenn ich nicht» kommt dann zurück. «Aber Marzipan find ich eh voll eklig!»

Viertens: «Die Weihnachtsfeier findet in einem angesagten Kreuzberger Club statt!» Jippie, Weihnachtsfeier! Wer freut sich nicht darauf, Kollegen im Rotkäppchen-Rausch zu erleben, Kollegen, mit denen man im Alltag höchstens passiv-aggressiven E-Mail-Kontakt pflegt, so à la «Betrifft uns nicht – könnt ihr bitte die Zuständigkeiten klären – danke». Meist entstehen wunderbare Freundschaften auf so einer Weihnachtsfeier: «Du, ich weiß nicht, wie du heißt, und ich werde es morgen auch wieder vergessen haben, aber wenn du mal ein Problem mit dem Drucker hast, dann kannst du dich immer an mich wenden, nicht vergessen, der Ole von der IT, dritter Stock, O-L-E!» Prost. Und ja, man kann so was auch in einem dieser irre angesagten Kreuzberger Clubs durchziehen, oder genauer in einem, der vor fünf Jahren mal cool war. Da dauert es auch nur drei Stunden, bis alle so viel Gin Tonic gekippt haben, dass sich Ole aus der IT nicht mehr allein auf der Tanzfläche verrenken muss, sondern auch noch Birgit aus der Buchhaltung dazukommt und Ingo vom Betriebsrat. Im gnädigsten Fall legt eine Nebelmaschine ihren Dunst über die Bemühungen auf dem *Dancefloor*. Im schlechtesten redet man auf der Raucherterrasse noch bis zum Sommergrillen darüber. Eine Weihnachtsfeier im Club – das kann sich nur ein mittelalter Manager auf mittlerer Führungsebene ausdenken, dessen Clubzeiten schon so lange vorbei sind, dass er sich den Club mieten muss, um überhaupt reinzukommen.

Ernsthaft: Bei einer Firmenweihnachtsfeier will ich keine eklige Clubtoilette. Die Weihnachtsfeier soll mir zeigen, dass sich mein Leben weiterentwickelt hat in den zehn Jahren seit der Abiparty in der Dorfturnhalle. Ich möchte mich an einen richtigen Tisch setzen, mein Platz soll mit einem Namensschild gekennzeichnet sein. Dann möchte ich ein Steak serviert bekommen, ein Glas Weißwein trinken, und beim Dessert bin ich sogar bereit, mich mit unbekannten Kollegen aus anderen Abteilungen zu unterhalten. Anschließend soll ein Shuttle-Service mich nach Hause bringen, damit ich pünktlich um 23.30 Uhr im Bett liege. Ist das etwa zu viel verlangt?

Fünftens: «Hast du schon alle Geschenke?» Diese Frage stellen Kollegen, die einem im Fahrstuhl ernsthaft erklären, dass sie sämtliche Geschenke immer vor dem zweiten Adventswochenende bei Amazon bestellen, alles in einem Aufwasch, ja, die Paketboten haben es nicht leicht im Advent, der Job ist schon anstrengend, das stimmt, aber online bestellen ist halt praktisch. Und überhaupt kriegt die Ehefrau jetzt ein Tablet, damit sie ihre Bücher dadrauf lesen kann, dann kann man in Zukunft als Geschenk die E-Books per One Click runterladen, das ist noch praktischer, und man braucht auch kein Geschenkpapier mehr.

Sechstens: «Wir schenken uns nichts, wir haben gerade Kunst gekauft.» Der Gegenentwurf zum Alles-bei-Amazon-Besteller: Menschen, die sich für viel zu kultiviert halten, um in der Vorweihnachtszeit ein Einkaufszentrum zu betreten. Wenn solche Menschen den Verlockungen des Konsums erliegen, dann investieren sie in Bedeutendes. Ja, ja, die Strichmännchen hier stammen von einem ganz, ganz tollen jungen Künstler, entdeckt in einer ganz, ganz tollen unbekannten Londoner Galerie, haben auch ein bisschen was gekostet, zumal die Kunst einem so viel mehr gibt als ein Billo-Parfum aus dem Einkaufszentrum. An Weihnachten also keine Geschenke.

An Heiligabend überrascht er sie dann doch mit der Corbusier-Liege, er weiß ja, dass sie sich die schon so lange gewünscht hat. Und sie hat ihm heimlich die Tangente von Nomos Glashütte besorgt, Handaufzug, weiß versilbert. Dafür beschließen sie, sich an ihren Geburtstagen nichts zu schenken, und diesmal wirklich!

Siebentens: «Frohe Weihnachten. Äh, schöne Feiertage. Also, schöne *Tage*, schöne *freie* Tage!»

Es sind meist Alltagssituationen, in denen man an die Grenzen der eigenen *political correctness* stößt. Etwa wenn man beim türkischen Gemüsehändler noch schnell die Bohnen fürs Festessen holt. Da fällt einem plötzlich ein, dass man gar nicht wissen kann, wie der Gemüsehändler, der vielleicht Mustafa heißt oder so ähnlich, zu Weihnachten steht. Ob der noch verwurzelt ist in seiner Herkunftskultur oder ob er das Plastikbäumchen mit Glitzerkunstschnee aus dem Laden ins heimische Wohnzimmer übernimmt, einfach aus Spaß an der Freude. Und da man das nicht wissen kann, wünscht man ihm in letzter Sekunde doch lieber kein schönes *Weihnachtsfest*, sondern nur schöne *Tage*, so ganz generell, damit kann man nichts falsch machen. Überhaupt, Vielleicht-Mustafa freut sich doch, wenn ihm überhaupt mal jemand einen schönen

Tag wünscht und wenn nicht nur gemosert wird, dass die Granatäpfel schon wieder ausverkauft sind.

Achtens: «Oder wollen wir doch noch ein paar Tage wegfahren?» Drei Tage vor Heiligabend kommt die Weihnachtspanik: Hilfe, noch kein Geschenk besorgt! Noch nicht geklärt, ob bei seinen oder ihren Eltern gefeiert wird! Und dann der Rest der Verwandtschaft! Was tun? Na klar, schnell noch eine Pauschalreise nach Teneriffa organisieren. 500 Euro, eine Woche, fünf Sterne, da muss es doch was geben. Auch mein Vater gehört zu solchen verzweifelten Last-Minute-Weihnachtsflüchtenden. Gewöhnlich druckt er am 20. Dezember ganz Booking.com aus, zumindest so viele Seiten, bis die Druckerpatrone nur noch für gelbrosa Schlieren reicht. In irgendeinem Golfresort ist meistens noch was frei, davon gibt es nämlich genügend auf dieser Welt.

Meine Familie hat es in den vergangenen Jahren nur ein einziges Mal geschafft, Bad Mergentheim im Taubertal an Weihnachten zu verlassen. Auf Teneriffa flüchteten wir dann vor den Rentnern bis ans Nordende der Insel. Das war recht schön. Dennoch gab es bislang keine Wiederholung. Warum? Wegen der folgenden, sich jährlich wiederholenden Unterhaltung. Mutter: «Och nee, der Stalp mit dem Golfgepäck, wenn, dann will ich nach Sylt, da gibt es auch ein Hotel mit vernünftigem Schwimmbad, ich golfe ja nicht, ich will wenigstens Bahnen schwimmen können.» – Vater: «Sylt ist zu kalt und zu windig, und außerdem muss ich da immer spazieren gehen.» – Erwachsene Kinder: «Wir haben kein Geld, um irgendwohin zu fahren, ihr müsstet uns einladen.» – Vater: «Wir könnten doch mal in den Thüringer Wald fahren!» – Erwachsene Kinder: «Neiiiiin! Da liegt nicht mal Schnee!» – Vater: «Wenn alle meine Vorschläge dermaßen undankbar abgelehnt werden, dann hab ich auch keine Lust mehr, dann bleiben wir zu Hause!»

So sitzen wir an Heiligabend wieder zu Hause, blicken vom Wohnzimmerfenster aus auf die Stadt mit Kirch- und Schlosstürmen hinab und stellen fest, dass wir so gutes Fleisch wie vom Metzger Egetenmeier auf Teneriffa bestimmt nicht bekommen hätten.

Neuntens: «Echt, du bleibst eine Woche bei deinen Eltern? Ich wüsste gar nicht, was ich drei Tage lang in der Heimat tun sollte. Ich fahre am 24. morgens hin und nachts noch zurück»

Jaaa, die vielen Großstadtpossibilities, die man nicht verpassen darf! Über die Feiertage ist es ja auch endlich mal nicht so voll in der Stadt, da kommt der Lieferservice viel schneller durch. Ehrlich, ich wüsste zu gern, was all die Leute treiben, die es keine drei Tage an einem anderen Ort als am Prenzlauer Berg aushalten. Ich glaube ja, dass die einfach nicht beim *Binge-Watchen* gestört werden wollen und dass sie sich dabei sämtliche Plätzchen einverleiben, die ihre Mutter ihnen in großen Blechdosen mit Schneemannmuster mitgegeben hat in die große Stadt, und dass sie irgendwann ganz fürchterlich traurig werden, weil sie ganz allein in ihrem vollgekrümelten Bett liegen und noch nicht mal jemand da ist, um mit ihnen beim Vietnamesen um die Ecke eine Pho-Suppe zu essen. Die kann man nämlich nicht im Internet bestellen, zumindest nicht ernsthaft.

Zehntens: «Für mich kein Plätzchen mehr, ich nehm über Weihnachten immer so viel zu!» Es gibt nur drei Tage im Jahr, an denen es gesellschaftlich akzeptiert ist, den ganzen Tag auf dem Sofa zu hängen und Marzipankonfekt im Wechsel mit Hackklöpschen zu snacken – für die perfekte Balance zwischen süß und herzhaft, so kann man ohne Übelkeit extrem lange weiteressen (Profi-Trick). Genau genommen sind es nur zweieinhalb Tage, an Heiligabend ist vormittags ja immer noch so wahnsinnig viel zu erledigen.

Diese Tage sind mir persönlich heilig. Deshalb nervt es, wenn Mitmenschen mir selbst an Weihnachten das Gefühl vermitteln wollen, eine Gewichtszunahme von 1,26 Kilogramm sei die größtmögliche Katastrophe. Alles, was ich will, ist einmal im Jahr genießen können, ohne an Kayla Itsines zu denken, die Fitnesskönigin von Instagram, die mir sonst bei jedem Über-die-Stränge-Schlagen als Schauergespenst im Nacken sitzt: «Huhuuuu, ich weiß, dass du meine Bikini-Body-App runtergeladen hast, aber seit drei Monaten nur noch das Abo bezahlst und keine Burpees mehr machst, überhaupt keine, nicht einen einzigen!»

Elftens: «An Weihnachten müssen wir einander doch in die Arme schließen, wir sind immerhin eine Familie!» Seit dem Weihnachtsfrieden im Ersten Weltkrieg (darüber gab's doch mal diesen Kinofilm mit Diane Krüger) hat sich die Vorstellung festgesetzt, alle Krisen dieser Welt müssten an Weihnachten mal kurz Pause machen. Auch restlos zerstrittene Großfamilien müssten für zwei Tage auf Stopp drücken, zusammen Ente essen und darüber lachen, dass die mal wieder verbrannt ist. Bis es kurz darauf weitergeht mit dem Kampf ums Erbe, mit den Vorwürfen, den sachlichen Feststellungen: Du bist so ein Psychopath, und du bist strunzdumm! Auf Nimmerwiedersehen! Na ja, bis nächstes Weihnachten halt.

Zwölftens: «Jetzt müssen wir aber mal raus an die frische Luft und spazieren gehen!» Gegen frische Luft habe ich nichts, aber gegen die Trillionen von Bekannten, die früheren und die aktuellen, vor denen man sich an den Feiertagen in blattlosen Parkanlagen verstecken muss. Meine Taktik sieht ungefähr so aus: Oh, diese Informationstafel über den Albino-Igel, die ist ja echt interessant, die lese ich mir mal bis ins Detail durch, während du, Bekannter, hoffentlich einfach an mir vorbeischlenderst und der Versuchung widerstehst, mich zu meiner Wohn-, Arbeits- und Liebessituation zu befragen: «Falls du irgendwann mal einen festen Arbeitsvertrag bekommen solltest, würdest du dann mit deinem Freund zusammenziehen? Christina, die kennst du ja auch, wird jetzt Oberärztin und ist übrigens schwanger, und ihr Mann baut ein Haus!»

Das muss ich mir nicht geben. Da bleibe ich lieber auf dem Sofa und schaue *Weihnachten in Bullerbü*.

Und dreizehntens: «Was macht ihr an Silvester?!»

Stefan Stutz

Nachfüllpack

Unsere Auftritte haben an dem Tag begonnen, als ich mich zum ersten Mal ins Center begab. Ich kam – dachte ich zumindest – allein. Es war früh und kalt und dunkel. Meine Füße marschierten auf Autopilot, während der Rest von mir noch in den Spinnenweben unfertiger Träume hing. Im Trüblicht der Straßenlaternen streifte ich durch Schattenwelten und Sümpfe der Stille, begleitet von rachitisch krächzenden Winteramseln. Hier und da quietschte ein Bus oder brummte ein Anlieferungstruck, sonst alles leer.

Ich schaute nach dem Straßenschild. In dieser Gegend kannte ich mich nicht aus. Sie befand sich an einem entlegenen Ende der Stadt. Das hatte ich mit Absicht so gewählt. Mehrmals blickte ich mich um, um mich zu vergewissern, dass mir niemand gefolgt war. Links hinter meiner Schulter, hatte sich da etwas bewegt? Ich spähte zurück. Flatterndes Federvieh auf der Suche nach Frühstück. Aber da vorn an der Straßenecke, diese Silhouette mit Trommelbauch, war das nicht das Dackelherrchen aus meiner Nachbarschaft? Nein, nur ein am Laternenmast schaukelnder Abfallsack. Und dort, das raschelnde Hexenhaar – etwa die Tratschbarbie aus dem Fitnessstudio? Lediglich zotteliges Gebüsch, an dem der Wind zupfte. Wenn mir bei dem, was ich vorhatte, Arbeitskollegen begegneten oder Nachbarn, Bekannte aus meinem Viertel – nicht auszudenken.

Ich überquerte einen düsteren Hinterhof, erstieg eine Laderampe und enterte den Lieferanteneingang. So früh am Morgen waren die Türen des Einkaufszentrums noch verschlossen und die spendierfreudig stimmende Innenbeleuchtung noch auf Schlummer gedimmt. Ein bebauchter Pförtner mit Glatze und Bartresten hielt sich am Kaffeeautomaten fest, ein paar Putz-Afrikaner schlurften Gospel murmelnd hinter ihren Wischwagen her. Ich stieg tief hinab ins Untergeschoss, an ruhenden Rolltreppen und dunklen Schaufenstern vorbei, in die entfernteste Ecke und gelangte an den vereinbarten Treffpunkt. Eine Gestalt huschte vor einem schlafenden Supermarkt durch die Düsternis. Ich drückte mich hinter eine Säule und rieb den letzten Traumstaub aus den Augen. Hatte die Gestalt ausgesehen wie der Weihnachtsmann? Dann allerdings wie ein dünner Weihnachtsmann. Vielleicht ein jobbender Student auf dem Weg zum täglichen Werbeauftritt? Musste er schon so früh hier umherschleichen? Ich lugte um die Ecke. Santa war wie vom Fliesenboden verschluckt.

«Du musst der Neue sein», knarzte es von einem abgeschabten Ledersofa hinter mir. Erschrocken fuhr ich herum. Zu sehen war ein beinahe quadratisches Menschenwesen. Die Haare kurz, gelblich, angeklatscht. Im rührenden Nilpferdgesicht stachen wache Pupillen aus dem Metallrahmen der Kassenbrille. Eine kleine Weste mit dem Firmen-Logo *Fill Drill* spannte sich über der voluminösen Form.

«Hier lang», grunzte das Wesen. Verblüffend, wie es trotz seiner Masse vorankam. Es bewegte sich wie eine Amöbe, mit Scheinfüßchen unter der berstenden Hose. Mit quarktaschigen Fingern schob es das Paneel einer

Glasfront beiseite und zerrte mich in einen Laden, in dem augenblicklich das Licht ansprang.

Vor uns dehnten sich grell bestrahlte Regalreihen. Wären sie nicht gefüllt gewesen mit Deorollern, Haartönungen, Zahnpasta, hätten wir uns in einer Klinik befinden können, so sauber, so hell, so weiß war alles. Wir waren umzingelt von Windeln, Tüchern, Babybrei hier, auf der anderen Seite von Haarspray, Shampoo und Duschgel, im nächsten Gang von Make-up, Parfüm und überwältigenden Varianten verjüngender Gesichts- und Körpercremes. Mit einem Ratatouille künstlicher Düfte rangen Waschpulversorten um Aufmerksamkeit. Es roch blumig und schwülstig frisch. Garniert war das Ganze mit saisonalen Schelmereien wie Lebkuchen und Christstollen, die eigene Aufsteller füllten oder zwischen Wattepads und Wollknäuel in Lücken gestopft waren. Das Wesen, das sich nun als *Bruni* vorstellte, wedelte einen Leberwurstarm zum hintersten Gang, der von einer Reihe bepackter Ungetüme überragt wurde. Gitterwagen, randvoll mit Neuware.

«Mit den Waschmitteln fängst du an!» Es schubste mich gegen den höchsten Wagen. «Erst abladen, dann einräumen. Klar?»

Klar. Das hatte ich davon, dass ich einer Webannonce gefolgt war, «verantwortungsvolle Aufgabe, logistische Herausforderung». Ausgestattet nun mit einer Art Küchenschürze, auf der *Fill Drill* stand, und einem Cutter mit kurzgestutzter Klinge taumelte ich zwischen Weichspülerkartons und plastikversiegelter Bionahrung. Allein, tief unten in diesem Kaninchenbau, war ich einem befremdlichen Wesen ausgesetzt, das schwer deutbare Geräusche von sich gab. Falls es mich nicht verspeiste, wie sollten wir diese Unmengen verpackten Glücksnachschubs bewältigen?

Erneut schnarrte das Glaspaneel der Ladenfront, und Pat und Patachon krabbelten herein. Eine zwergige Orientalin mit schwarzem Pferdeschweif und üppiger Make-up-Glasur tippelte forsch voran. Hinterher schlurfte ein rosiges Abiturienten-Pausbäckchen mit ungekämmtem Lockenkopf auf etwas groß geratenem Körper.

«Worauf wartet ihr?», quakte das Bruni. «Wir haben neunzehn Boxen!» Wir seufzten einander zu. Der Scootercorso begann. Wir schoben die schwer beladenen Gitterboxen quer und kreuzweis die engen Gänge entlang, immer knapp am Crash vorbei. Wir warfen kleine und große Kartons vor den zugeordneten Regalen ab. So bildeten sich kartonierte Dünen an den Ufern. Bald häuften sich die Kisten und Pakete so sehr am Rande der Fahrrinne, dass kaum noch ein Durchkommen war. Erschwert wurde das Ganze durch im Weg stehende Spekulatiusdisplays und getürmten Elisenlebkuchen, die sich gern an die vorbeifahrenden Wagen hängten. Das schwierigste Hindernis war ein Aufsteller in Form eines Tannenbaums, der mit seiner ausladenden Pappwurzel Fußhaken stellte.

Nun schlüpfte ein Verkündigungsengel, zierlich und mit hochgesteckter Blondierung, summend durch den Spalt in der Glasschiebetür. Der Singsang, deutlich erkennbar als Cover von «Have Yourself a Merry Little Christmas», wirkte so rührend wackelig wie der eines kleinen Kindes, das nachts zum Klo am anderen Ende eines endlos langen dunklen Flurs muss.

«Schon wieder zu spät?» Blondie zuckte zusammen, als das Bruni ihr in den Weg wallte.

«Iwo», piepste Blondie heiter. «Ihr habt nur schon wieder eine Stunde zu früh angefangen.» Das Bruni stierte auf die gelbe Plastikuhr, die sich in seinen Unterarm schnitt. Man konnte die Gedankenbrösel im mentalen Mühlwerk knirschen hören.

«Daddeldummsiger Firlefanz», grämte es und wedelte unsichtbare Fliegen aus der Luft. «Irgendwie müssen wir das alles aufholen, wenn ihr so langsam arbeitet. Ich will jetzt nicht von Quote reden, aber ihr müsst sie erfüllen!» Die Stimme klang jetzt ein bisschen rahmig, wie vom Grund eines Milchshakes aufblubbernd. *Mensch, das gehört da nicht rein*, war eines von Brunis Lieblingssprüchen. Dicht gefolgt von *Wer hat das denn dahin gepackt?*, und *Nicht einschlafen!* Auch gern genommen: *Ich muss deine offizielle Arbeitszeit um eine Stunde kürzen, weil der Computer sonst nicht auf 100 Prozent kommt.* Das Bruni lebte erkennbar auf bei solchen Sprüchen. Es wuchs geradezu. Es geriet in bissige Bestlaune. Zweifellos bedauerte es, uns nicht Flügel und Beine ausreißen zu können.

«Hab ich dich erwischt!», röhrte es. Vor Schreck wäre mir fast das hyposensitive Peelinggel aus der Hand geflutscht. «Du hast schon wieder nicht auf die MH geachtet! Min-dest-halt-bar-keit! Die frische Ware muss nach *hinten*!»

«Mindesthaltbarkeit?», staunte ich. «Das ist doch kein Joghurt oder Brotaufstrich?»

«Hallo?! Da ist Gemüse drin! Kokos, Avocado, Quitte! Aber lies dir das bloß jetzt nicht extra durch!»

Die nächsten drei Kartons enthielten Haarspülungen. Bei den neuen Sorten hatten sich die Produktdesigner in immer kühneren Flaschenformen übertroffen. Die Flaschen wirkten beängstigend stylisch und wackelten extrem unstabil im Regal. Hatte man eine Reihe behutsam ausbalanciert und rührte nur leicht mit dem Handrücken an die benachbarte Reihe, wurde ein clipwürdiger Dominoeffekt ausgelöst. Und gleich durften alle erneut aufgestellt werden. Dabei verhakten wir uns in Ketten von Rentierlichtern oder Stoffnikoläusen, die an den Regalen baumelten und darauf erpicht schienen, weitere Lawinen auszulösen.

Als ich mit dem Cutter einen zähen Karton rätselhaften Inhalts öffnete, schlitzte ich versehentlich ein darin befindliches Nachfüllpack mit Flüssigseife auf. Zähe kirschrote Waschsoße mit Mandelpunscharoma (Sonderedition) tropfte mir auf die Finger. Zum Glück war das Bruni gerade abgelenkt. Ich verstaute die sabbernde Packung ganz hinten im Regal und stopfte unversehrte Beutel davor.

Die erste Stunde verstrich schnell, dann begann ich mich nach dem fernen Feierabend zu sehnen. Davor drohte noch meine eigentliche Arbeit – bis spätabends beim Lieferservice. Wieso hatte ich mir bloß diesen zusätzlichen Minijob aufhalsen müssen? Weil Weihnachten bedrohlich näher rückte und in der privaten Geschenkekasse die Leere gähnte. Wie ein zu Unrecht verurteilter Häftling schaute ich von den Bodylotions in meinen Händen hinauf zur Glasfront des Geschäfts. Im ganzen Einkaufszentrum war mittlerweile das Licht angeschaltet. Noch waren nur wenige Menschen unterwegs, die eine oder andere ältere Dame oder ein von Pfeilern zu Pfeiler schleichender Weihnachtsmann. Moment mal? Der schon wieder! Was pirschte der so geheimniskrämerisch durch die Mall? Und wieso war er plötzlich dicker?

«Waas? So wenig hast du erst geschafft?!» Pferdeschweif, die laut Schildchen Gargamelia Fatimusah hieß, jedoch Gaga genannt wurde, enterte mein Gesichtsfeld. Sie nickte in Richtung der vielen vollen Packungen und der leeren Kartonhüllen, die noch in meinem Gang lagen. «Bring wenigstens deine Pappe ins Lager, Trübtasse, gleich ist es acht, wir machen auf!»

Das Lager war deutlich kleiner als der Verkaufsraum und stand gerammelt voll mit Nachschubware. Hinter einer geöffneten Spindtür parkte das Bruni. Ich wollte abdrehen, falls es sich umzog. Dann sah ich, dass es in etwas vertieft war, in einen weißen Kittel mit rotem Kragen. Es presste den Stoff an sich und sog den Duft ein. Genießerisch ließ es die Finger über den Stoff gleiten. Da rief jemand aus dem Geschäft.

«Bruni? Brunhilde Hammer! Wo bist du?» Hastig hängte es den Kittel zurück und stapfte aus dem Lager. Ich hatte mich gerade noch hinter einer Palette Katzenstreu verstecken können. Von dort lugte ich durch den Türspalt. Das Bruni sprach mit einer frisch eingetroffenen sehr schlanken jungen Dame. Unauffällig schob ich mich in den Laden.

«Danke, dass du hier die Stellung gehalten hast», sagte die junge Magersuchtgefährdete mit pinkfarbenen Haaren zum Bruni. «Weihnachtsgeschäft! Gestern wieder Überstunden. Und die Batterie meines Weckers war so was von alle.» Dann eilte sie ins Lager, aus dem sie kurz darauf in dem weißen Kittel mit dem roten Kragen zurückkehrte.

Nun strömten die ersten Kunden herein. Alkoholfahnige Härteburschen suchten nach dem wachmachenden Duschgel. Muskulöse Mamis mit Quengelkiddies schrammten an den Regalen entlang. Wenn etwas zu Boden klatschte, waren wir es gewesen. Einsame Senioren schauten herein, um sich ihre Existenz bestätigen zu lassen. Jeder Kunde, der über die Schwelle kam, wurde von der wuselnden Extraschlanken, die offenbar Naddel hieß, in hoher Tonlage begrüßt. Die Kolleginnen machten es nach. Auf diese Weise wurden Kunden häufig mehrmals gegrüßt, wenn sie Pech hatten, sogar jedes Mal, wenn sie einen neuen Regalgang betraten. Bei zunehmender Kundenmenge konnten wir uns nicht sicher sein, wen wir schon herzlich willkommen geheißen hatten.

Noch zwei Puderdosenprinzessinnen trudelten ein: Jutta, mit braunroten Strähnchen, Klimperohringen und Schnürfigur, und Uschi, mit digital gefönter Haarinstallation, wachgemalten Augen und musikalischem Kaugummi. Wären der rote Kragen und das Drogerie-Logo nicht gewesen, hätte man sie für Krankenschwestern einer endlosen Nachmittagssoap halten können. Ihr Arbeitseifer wirkte robotisch, aufrechterhalten von literweise Kaffee und strammgenieteten Arbeitsverträgen, ihre Erschöpfung zugekleistert mit fairgehandelten Drogerieprodukten. Vermutlich wurden sie von einem gewissen Alter an ausgetauscht, vielleicht sogar zu Kosmetikartikeln recycelt oder in seltenen Fällen zu Filialleiterinnen restauriert.

Die Kundenströme nahmen zu, die Räume verengten sich. Immer häufiger musste ich Zimtsterne, Dominosteine und Honigprinten aus dem Weihnachtsdisplay *Winterträume* wieder aufsammeln, gegen das die Kunden standardmäßig semmelten. Die größte Herausforderung war es, im Umkreis des überladenen Papptannenbaumes das Bioleinöl einzusortieren. Mehr als einmal wankte der Baum bedrohlich, und während ich ihn mit einer Hand vor dem Umkippen bewahrte und mit der anderen die Fässchen voller Wellnesssuppen ins Regal zurückschubste, konnte ich nur knapp mit dem Fuß ein abstürzendes Punschsirupglas am Zerschellen hindern.

«Haben sie die auch in Duftrichtung Lotusblüte?», wollte eine Kundin wissen und hielt mir ein Riesenpaket Slipeinlagen ins Gesicht. «Erst wieder im Frühjahr», fiel mir ein. «Mandel-Zimt ist leider auch schon ausverkauft.» Obwohl mir immer mehr Einfälle kamen, wie man störende Kunden oder Vorgesetzte für immer beseitigen könnte, riss ich mich zusammen und mobilisierte Notvorräte guter Laune. Besonders in Gegenwart lieblich aus der Karre winkender Kleinkinder. *Gugu, dada, eidei!* Erst als keiner der Knirpse zurücklächelte und einer sogar mit cooler Geste im Vorbeirollen das Regal ausräumte, was dann *mir* angelastet wurde, spürte ich die moralischen Fesseln lockerer werden.

Wenn es nur nicht so unendlich viele Sorten Babybrei geben würde! Bereits die Kleinsten wurden verpiepelt und verpuddelt. *Bolognese mit Herbes de Provence, Schlemmerhühnchen in Sauce hollandaise*, als wenn so ein Kleinstgourmet Brei von Brei unterscheiden könnte. Und immer diese Mindesthaltbarkeit: alte Gläser raus aus dem Regal, neue hinten reinramschen. Babybreigläser wurden auf eingeschweißten Paletten im Pralinenschachtelformat angeliefert. Wer sich beim Aufschlitzen der Folie nicht mit dem Messer die Finger rasierte, musste artistisch balancieren, damit die Gläser nicht zu Boden gingen. War die neue Palette fast vollständig im Regal untergebracht, blieben unfehlbar ein oder zwei tückische Gläschen übrig. Die mussten mit äußerster Vorsicht oben auf die stehenden Gläser gelegt werden; um sie in zweiter

Reihe darüberzustellen, war das Fach nicht hoch genug. So rollten sie leise hin und her, tauschten mit anderen Gourmetsorten den Platz und landeten schließlich – am besten nicht in Anwesenheit von uns Nachfüllpackern – als spritzende Schleimbomben auf dem jungfräulichen Gangboden.

Eine Reihe weiter dampfte es. Das rosige Pausbäckchen mit dem Lockenkopf, das ein verschwitztes Schlabber-T-Shirt mit Game-Logo trug, stand in Socken im Gang. Auslaufender Bioabflussreiniger zersetzte gerade seine neuen Sneakers. «Die waren wahrscheinlich auch Bio», vermutete ich. Bio plus Bio ist häufig schädlich, hatte uns Bruni erklärt. Im Gang dahinter trat unserem blondierten Engel gerade Schaum aus dem Mund. Blondie war einfach zu unschuldig; sie hatte wissen wollen, wie das vegane Duschgel mit Chocoaroma schmeckte.

Um diese feierliche Zeit gab es im Drogeriemarkt nicht nur adventliches Duschgel in aufgeplusterten Geschenkesets oder Weihnachtstee in brausepulvrigen Kunstaroma, sondern auch überbordend Massen von Dekokerzen. Ich versuchte, den Überschuss einer Nachschubladung in eine Schublade zu stopfen. Was übrig war, kam generell zuerst in die Schubladen unter den Regalen, der Rest musste ins Lager. Die Schublade war bereits gestrichen voll. Sosehr ich auch presste und drückte, keine einzige sperrige Kerze wollte sich noch einfügen. Eine war bereits unter dem Druck zerbröselt. Eine weitere kullerte jetzt über den langen Flur, erst leicht schlingernd, dann in kaum merklichem Bogen, wie eine exakt berechnete Bowlingkugel. Am anderen Ende ging eben der Vollmond auf, als das Bruni sich bückte, um ein Set Erzengelseifen aus einer Kiste zu heben. Mit geübtem Torwartsprung konnte ich das Geschoss gerade noch aufhalten, sogar dabei lächelnd, damit das Bruni nicht nachzudenken begann.

Ich kämpfte mich durch eine neu zu entdeckende Artenvielfalt von Seifentüten, Cremetiegeln, Heilfläschchen, Nahrungsergänzungswundern und Rentieren aus Marzipan. Lediglich in der Natur sterben die Arten aus. Im Drogeriemarkt vermehren sie sich in gefährlichem Tempo. Die Lotterie des Schicksals hatte meine Neuware in die unterste Regalebene gelost. Als etwas zähflüssiges Rotes unter einem Regal hervorrann, dachte ich zunächst, es käme von einer meiner mittlerweile zahlreichen Schrammen. Dann entsann ich mich des aufgeschlitzten Beutels Flüssigseife. Unauffällig wischte ich mit einer Kartonpappe die Spuren unters Regal.

Oh, interessante Perspektive! Von da unten ließen sich die Schuhe der Kunden studieren. Mit psychologischem Feingespür versuchte ich, aus dem jeweiligen Paar den darinsteckenden Menschen zu erschließen. Erst dann blickte ich hoch, um von der Wahrheit überrascht zu werden. Die Trefferquote wurde rasch besser. Jetzt standen am Ende einer langen Reihe noch einzuräumender Mundspülungen, Zerstäuber und Age-Perfect-Produkte ein Paar schwarze Stiefel. Aus ihnen wuchs weder ein polierter General, wie ich zunächst mutmaßte, noch eine Reitlehrerin, wie ich dann hoffte. Sondern ER – Santa. Genau der Santa, der durchs Einkaufszentrum geschlichen war.

Er war jetzt noch dicker. Ein beachtlicher Wanst wölbte sich unter seinem roten Kostüm. Er spähte durch den Laden, als müsse er ihn ausspionieren. Gemessen an den Schweißperlen auf seiner Stirn, mussten in seinem Kostüm hohe Temperaturen herrschen. Hatte er leibhaftig einen dermaßen dicken Bauch? Oder trug er einen Fatsuit, einen der herabgesetzten aus dem Spielzeugladen im Obergeschoss? Mit einem Taschentuch tupfte er sich die Stirn und blickte konspirativ um sich. Er traute sich, den Bart zu lüften. Dann nahm er ihn ganz ab.

Vor Schreck hätte ich beinahe eine Badeperlenflasche der Feinschmeckersorte *Belohne dich* fallen lassen. *Das war ja Siegbert Prehl, mein grinsekatziger Nachbar!* Der mir bei jeder Gelegenheit unter die Nase rieb, dass ich in einer mikroskopischen Mietwohnung hauste, während er sich das pludrige Reihenhaus gegenüber leisten konnte! Der jedes Mal die Fernbedienung seines Mercedes fiepen ließ, wenn ich mein rostquietschendes Fahrrad an seinem Gartenzaun vorbeischob! «Eines schickt sich nicht für alle», äußerte er dann gern lächelnd. Oder: «Es kann ja nicht nur Sieger geben!»

Wenn dieser Gurkerich mich hier auf Knien vor einem Regal mit handgerührten Seifen entdecken würde, wäre sein Triumph vollkommen. Wie ich ihn kannte, würde er sein Smartphone zücken und kaltlächelnd ein Filmchen für YouTube aufnehmen. Und dieses Filmchen würde ein Blockbuster werden in unserem Wohnviertel.

Eben noch rechtzeitig konnte ich mein Gesicht hinterm Ärmel verbergen und mit eingezogenem Schädel und im Entengang um die Ecke watscheln. Von dort floh ich gebückt ins Lager. Das Bruni stand schon wieder vor demselben Spind. Diesmal hatte es an dem Kittel nicht nur geschnüffelt, sondern ihn übergestülpt. Es konnte sich darin zwar kaum noch bewegen, dennoch schien sein entrücktes Lächeln zu sagen: *Macht hoch die Tür, die Tor macht weit!* Dann sah es mich. Es machte eine unbedachte Geste. *Raaatsch!* Es tastete entsetzt nach dem Riss auf dem Rücken. Es wand sich qualvoll. *Riiitsch!* Der Stoff war an einer weiteren Stelle gerissen. Mir fiel nur ein magerer Trost ein: «Bald ist ja Weihnachten!»

Gargamelia Fatimusah rief aus dem Laden. Irgendetwas war an der Kasse zu entklemmen. «Husch!», befahl das Bruni heiser. Ich hatte zu gehorchen. Kopf einziehen, Knie beugen und immer knapp unter Regalhöhe Richtung Kasse und Gaga schleichen. Noch um die letzte Regalkante. Und dann – bildfüllend nur noch weinroter Waschsamt, hochauflösend, Besatz aus kuscheligem Schäfchenplüsch, ein breitwandiger Gürtel, eine schlappe Kapuze, ein Blick, das Entsetzen.

«*Sie??*», entfuhr es uns gleichzeitig. Und fast genauso synchron: «Was machen *Sie* denn *hier??*»

Im selben Moment verlor Santa etwas aus seinem Mantel. Es kullerte über den Boden und direkt vor meine Füße. Bruno Banani *Woman Intense*, eines der teuersten Parfums, die wir zu bieten hatten. Wegen des angeschrägten Flakons rollt es niemals so weit, dass ein Dieb sich für unzuständig erklären kann.

«Ups», sagte der bartlose Santa. Und rannte.

Aus der Gegenrichtung schrillte Naddels Stimme weit oberhalb aller süßlichen Grüß-Tonlagen: «Bruuhnhildää Hammäär! Was machst du da mit meinem Ersatzkittel?!» Fuchtelnd scheuchte sie das verdatterte Bruni aus dem Lager, das Bruni wirkte in dem angerissenen Kittel wie in eine Zwangsjacke gefesselt.

«Der da hat Schuld!», tönte das Bruni wahrheitswidrig und stolperte auf mich zu. Ich wich zurück, trat in etwas Glattes und haschte an der Papptanne nach Halt. Knapp erkannte ich noch, worauf ich ausgerutscht war: auf der roten Seife aus dem Nachfüllpack. Schon trampelte das Bruni auf die Pfütze zu. Der riesenhafte Aufsteller wankte, die Schoko-Christbaumkugeln mit Rapsöl tanzten, Duft-Engel regneten bereits herab. Aber unglaublich, das Bruni steppte an der Soße vorbei! Die verfolgende Naddel hatte weniger Glück. Geschmiert propellerte sie durch die Luft und puffte dabei das Bruni wie eine Billiardkugel gegen mich. Nun fällte der Dominoeffekt endlich auch die Papptanne. Sie kippte ins eben noch von Gaga sorgsamst befüllte Regal. Ein Hagel aus Sprühdosen, Duftstäbchen und Aromafläschchen entlud sich über das Nilpferd und sein Magermädchen. Dann begrub das Regal beide unter sich. Eine Spraydose traf Naddel noch mitten im Denkvorgang und schickte sie in ein Nachfüllpack säuregeschütztes Duschgel, Farbton Lavendel. Es harmonierte überraschend gut mit ihrem pink Haaransatz.

Ich sah noch eine Haarsprayrakete, die im Vorbeizischen Juttas Strähnchen zur Punkfrisur stylte, ich sah Uschi in einem zerplatzten Gelee für verwöhnte Kätzchen baden wie in einer Fangopackung, ich taumelte rettungsuchend aus dem Laden, da sah ich abermals ihn, Siegbert Prehl, meinen offenbar tiefstbemittelten, sonst doch so prahlprotzigen Nachbarn.

Vorratspackungen an Tagesfrust drängelten in meinem Bauch Richtung Ventil. Ich zückte mein Smartphone. Dieses Video würde auf YouTube ein Hit werden, mit endlosen Repeatclicks zumindest in unserem Wohnviertel. Als ich ihn kaltlächelnd ins Visier nahm, verstellte eine frischfrisierte Frau die Perspektive. Das kostbare Wort «Versager!» quäkte durchs Center. Und ich hatte es nicht aufgenommen! Auch nicht wie er jetzt, Prehl, als geschrumpftes Elendshäufchen von seiner Bank zu ihr aufschaute! Wie sie ihm die Santa-Mütze vom Kopf riss und zu Boden schmetterte, wie sie mit ihren dunkelroten Pumps darauf trat, als solle eine Schwadron Küchenschaben zertreten werden. Und wie sie dann davonstampfte.

Doch, ja, das hätte einen Blockbuster ergeben. Ich war einfach noch zu verwirrt und nicht schnell genug. Und nun ergriff mich sogar so etwas wie Mitleid. Ich humpelte zu ihm, zu dem gerupften Santa, und setzte mich an seine Seite.

«Prehl!», seufzte ich, als hätte ich die Lösung des weihnachtlichen Preisrätsels gefunden, mit dem das Einkaufszentrum säumige Kunden lockte. «Siegbert Prehl!»

Und schließlich fing er an zu nuscheln. Von Haushypothek und Leasingraten. Von Markenkids und Kaufrauschgattin. Und was die Nachbarn denken sollten?

Während ich lauschte, hörte ich es immer öfter klingeln. *Jingle Bells!* Oder kam jetzt ein Rentierschlitten? Nein. Im Vorbeigehen warfen mildegestimmte Menschen Münzen in seine am Boden zertretene Santa-Mütze. Wir saßen da, wir Elendsgestalten, und ließen es geschehen.

Wunder der Weihnacht! In einer knappen Stunde war schon ein doppeltes Burgermenü mit Extrapommes zusammengekommen. Und immer mehr kam dazu, je beseligter das Center sich füllte. Gegen Mittag hatten wir mehr verdient als in einer ganzen Woche zum gesetzlichen Mindestlohn!

Ja, genau diese gemeinsame Katastrophe war die Geburtsstunde unserer *Ein Herz für Santa*-Auftritte. Wir haben unsere Masche nicht wesentlich verfeinert, nur dass wir regelmäßig die Mütze leeren, damit die Passanten frei nachfüllen können. Wir selbst sind so bescheiden, so bejammernswert und ramponiert geblieben wie am ersten Tag und machen gerade deshalb so erfreulichen Umsatz. Dass wir keineswegs mehr die Elendsgestalten sind, als die das liebenswerte Publikum uns erlebt, das bleibt natürlich unser Geheimnis – Siegberts und meines, unter Nachbarn.

Würde Sie das stören? Wohl nicht. Dann darf ich hoffen, dass wir uns demnächst sehen? Also Sie und ich, nicht weit vom Drogeriemarkt? Ach, wie schön! Und dann würde ich mich natürlich freuen, wenn Sie etwas übrig haben, es darf eine Kleinigkeit sein, was immer Ihnen angemessen erscheint für die erbarmenswert zerquetschte Minijobmütze und das Pack, das dahintersitzt.

Johanna Wack

Patchwork mit veganen Allergikern

Als meine Tochter mich beim Lebkuchenhausverzieren eines Tages fragte: «Mama, fahren wir wieder zu Großtante Claudia, um Onkel Dietmar mit Plätzchen zu bewerfen und den Weihnachtsbaum anzuzünden?», wurde mir klar, dass ich etwas tun musste. Ich wollte meinen Kindern zwar Weihnachtstraditionen beibringen – aber Plätzchenwerfen und Bäumeanzünden gehörte nicht dazu. Ich sagte also: «Nein, Emily, diese Weihnachten feiern wir bei uns!»

Emilys hektisch umherhuschender Blick und ihr «Aber nicht in meinem Zimmer!» hätten mich warnen können – aber noch war ich überzeugt davon, mit der richtigen Konstellation der Gäste, mit einlullender Musik und ausreichend Alkohol die Lage unter Kontrolle halten zu können. Mein Mann warnte mich: «Denk an das Baby!», und streichelte meinen riesigen Bauch. «Nicht dass es vor lauter Aufregung früher kommt!»

Ich ließ mich nicht beirren. Schließlich war ich nur hochschwanger und nicht schwer krank. Aber schnell taten sich erste Schwierigkeiten auf. Margret, die neue Frau meines Vaters, reagiert allergisch auf meine Katze, während meine Katze Mimi allergisch gegen Jonas ist. Jonas ist das jüngste Kind von Margret und meinem Vater – sie haben fünf Kinder – und damit auch der jüngste Onkel meiner Tochter Emily. Margrets Allergie äußert sich in

Niesattacken und erhöhter verbaler Bösartigkeit, die Allergie meiner Katze darin, alles unter einer Größe von 1,20 Metern von hinten anzufallen. Außerdem ernährt Margret sich streng makrobiotisch. Ihr tägliches Essen besteht zu 50 Prozent aus Getreide (gern als Rohpampe), zu 25 Prozent aus Gemüse, zu 19 Prozent aus Soja und zu 6 Prozent aus zuckerfreien Desserts. Meine Tochter Emily und meine Nichte Clara essen nichts anderes als Fleisch, während meine Schwester Laura Vegetarierin ist, meine Schwester Nina Veganerin, allerdings mit einer Abneigung gegen Mandeln, rohe Äpfel, Soja, Sellerie, rohes Getreide und Beifuß, weil sie darauf mit angeschwollenen Lippen und Augen reagiert.

Meinem Vater war eine große Feier am liebsten. Er fand es schön, alle seine Kinder auf einmal zu sehen – es sind acht –, was meiner Tochter entgegenkam; für sie war Weihnachten nur echt mit sämtlichen Tanten, Onkel und Cousinen. Und natürlich musste noch Oma Annegret aus dem Heim dazugeholt werden. Oma Annegret zu integrieren wurde jedes Jahr schwieriger, weil sie, je vergesslicher sie wurde, desto mehr schimpfte und in ihrer Wortwahl jedes Jahr weniger wählerisch wurde. Opa Hein wurde ebenfalls eingeladen, obwohl es problematisch war, das Sauerstoffgerät durch den engen Altbauflur in den dritten Stock zu transportieren, was auch daran lag, dass Opa Hein dranhing an dem Sauerstoffgerät.

Und dann musste noch meine Schwiegermutter dazu, Martina, die sonst alleine geblieben wäre, weil ihr Mann im abgelaufenen Jahr gestorben war. Sie konnte nicht wissen, wie es an Weihnachten bei uns zuging, weil wir früher immer an einem der Feiertage zu den Schwiegereltern rausgefahren waren und dort ein perfektes besinnliches Weihnachten gefeiert hatten, ein Fest wie aus der Kaffee- und Schokoladenwerbung. Martina hatte es meistens sogar geschafft, dass ihr Häuschen im Vorort und die Rentiere im Garten unter einer dicken Schneedecke gelegen hatten, selbst wenn die Stadt eine einzige diesige und graue Pfütze gewesen war. Und Martina selbst sah aus, als sei sie gerade als taufrisches Pflänzchen durch die Schneedecke gebrochen, um den Frühling anzukündigen. Im Gegensatz zu meiner Familie ist sie höflich und leise und vergreift sich niemals in Ton oder Wortwahl.

Zu guter Letzt mussten wir noch meine Mutter mit ihrem Hund Peter unterbringen. Meine Mutter ist, seitdem ich sie kenne, an Heiligabend immer angespannt gewesen. Ich war mir sicher, dass einige der Vorfälle, die wir in der Familie erlebt hatten, vor allem ihrer Nervosität geschuldet waren, und habe ihr des Öfteren gesagt, alles könne besinnlicher sein, wenn sie sich etwas lockerer machen würde. Das hatte jedes Mal zu Streit geführt. Meine Mutter ist Heiligabend sehr empfindlich.

Ihr Hund Peter mag eigentlich Katzen. Aber weil er als ungarischer Zwergpinscher locker unter 1,20 Metern ist, hat er mittlerweile eine ausgeprägte Mimi-Phobie entwickelt. Schon zwanzig Meter vor unserer Haustür sieht man bei Peter das Weiße in den Augen, und spätestens im Treppenhaus verliert er mehr Wasser, als man einem Zwergpinscher zutrauen würde.

Alles in allem waren wir mit sämtlichen Schwestern, Schwagern, Nichten, Eltern, Omas und Opas zwölf Erwachsene und sieben Kinder, davon eine Allergikerin, eine Veganerin, zwei Nur-Fleisch-Esserinnen, eine Makrobiotikerin und eine Schwangere. Nach mehrmaligem Umdisponieren hatte ich schließlich folgendes Menü kreiert: Rote-Beete-Meerrettich-Suppe mit Kokosnuss und gerösteten Walnusshälften. Seitanbraten mit gemischten Pilzen, Rotkohl und veganen Semmelknödeln. Veganen Käse mit Feigensenf. Als Kindermenü: Würstchen mit Ketchup.

Um sämtliche Gäste in unserer Dreizimmerwohnung unterzubringen, mussten wir umbauen. Die Couch und drei Bücherregale wurden in Emilys Kinderzimmer verschoben, was sie nur genehmigte, wenn der Fernseher mitkam. Der Küchentisch und die beiden Schreibtische wurden ins Wohnzimmer gebracht, damit wir dort gemeinsam essen konnten. Dabei fiel auf, dass wir weder Geschirr noch Besteck, noch Stühle für neunzehn Gäste besaßen. Mein Mann war in den Wochen vor Weihnachten grundsätzlich nicht belastbar. Auf mich alleine gestellt, benötigte ich drei Tage, um die Grundausstattung zu besorgen und in den dritten Stock zu schleppen. Nun kamen noch Geschenke für neunzehn Personen, der Baum, das Putzen, die Einkäufe, das Kochen.

Drei Tage vor Heiligabend setzten erste Wehen ein. Mit Willenskraft und Yoga oder einfach nur Glück hörten sie wieder auf. Mein Mann erinnerte mich daran, dass ich mich vielleicht noch um ein Kleid für das Fest kümmern müsste; bauchfrei fände er persönlich lustig, aber ich würde mich vielleicht wohler fühlen, wenn ich mich etwas schicker machte. Beim Blick in den Spiegel fiel mir auf, dass ich mich auch um meine Haare kümmern musste und um die hektischen Flecken im Gesicht. Ich bat Emily um Hilfe. «Wieso? Ist doch alles fast fertig!», teilte sie mit. «Mach dich locker!»

Bis die Gäste kamen, hatte ich tatsächlich beinahe alles fertig bekommen. Nur beim Kleid musste ich improvisieren. Ich trug einen alten schwarzen Seidenkimono in Übergröße, der mit einer großen roten Schleife über dem riesigen Bauch zusammengehalten wurde. Im Nachhinein wünschte ich mir, ich hätte wenigstens das Anzünden der Kerzen nicht mehr geschafft oder hätte mich für Elektrokerzen am Baum entschieden, so wie meine Mutter es geraten hatte.

Irgendwann hatten wir alle Gäste am Tisch und schenkten den Erwachsenen erst mal ordentlich Wein und Sekt ein, um alle in Stimmung zu bringen. Sogar Hund Peter konnte sich entspannen. Er hockte auf dem Schoß meiner Mutter, hatte den Kopf an ihre Brust gelehnt, die Zunge hing seitlich aus dem Maul. «Tavor», erklärte sie. «Ich habe ihn sediert.»

«War vielleicht etwas viel?», fragte mein Vater, als Peters Kopf auf den Schoß meiner Mutter kippte.

«Du musst dich gar nicht aus dem Fenster lehnen, mit acht Kindern», sagte meine Mutter.

«Der will doch nur vögeln!», rief Oma Annegret. Schwiegermutter Martina rutschte der Löffel in die Rote-Beete-Suppe. «Opa?», kicherte Emily. «Oder der Hund?» Meine Halbgeschwister rutschten auf ihren Plätzen hin und her.

«Seitanbraten?», fragte ich. «Möchte jemand?»

In diesem Moment sah ich Ninas Lippen anschwellen. Innerhalb kurzer Zeit wuchsen sie zu zwei unförmigen Wülsten, dann schwollen die Augen zu. Sie sah aus, als hätte ihr jemand ins Gesicht geschlagen. «War da was in der Suppe?», nuschelte sie aus ihrem Gummipuppenmund. «Nur Rote Beete», stotterte ich. «Und Kokosmilch. Und Brühe.»

«Brühe mit Sellerie?»

«Rufen wir den Krankenwagen!», schlug ich vor.

«Noch nicht», sagte Nina. «Wo ist mein Notfallset?»

Routiniert warf sie Cortisontabletten ein und jagte sich eine Adrenalinspritze in den Oberschenkel. «Siehst du», sagte sie und versuchte ein Lächeln. «Ein Auge geht schon wieder auf.»

«Prost!», rief Oma Annegret.

«Wir haben Hunger!», riefen die Kinder. «Die Würstchen sind alle!»

«Wo sind die Kinderwürstchen?», fragte ich irritiert.

Sieben erwachsene Augenpaare sahen unschuldig zur Seite.

«Gibt noch Seitanbraten», erwähnte ich.

«Nachtisch, Nachtisch, Nachtisch!», riefen die Kinder.

«Veganer Käse mit Feigensenf», verkündete ich. Sie verstummten. Emily begann zu weinen. Meine Nichte Clara lachte, aber nur weil sie das für einen Scherz hielt. «Und im Ernst?» Ich dachte fieberhaft nach. «Gummibärchen?» – «Jaa!» – Nachdem jedes Kind eine kleine Handvoll Gummibärchen bekommen hatte, war die Tüte leer.

«Bescherung!», rief ich.

Die Kinder sprangen auf und rannten aufgeregt durch die Wohnung. «Geschenke, Geschenke!», skandierten sie. Katze Mimi, die wegen der vielen Besucher ein wenig durcheinander war, wusste nicht, wen sie zuerst angreifen sollte. Sie sprang einfach drauflos. Einige Kinder entkamen in Emilys Zimmer. Jonas versuchte sich aufs Billy-Regal zu retten, Mimi sprang ihm auf den Rücken, krallte sich fest und biss ihm in die Schulter. Jonas schrie, Hund Peter erwachte aus der Sedierung und versuchte zu fliehen, wusste aber nicht, wo er war, fiel vom Schoß meiner Mutter, rannte gegen Opas Bein und danach in den Flur. Opa sprang auf, sodass der Stuhl nach hinten kippte: «Ich habe noch was zu erledigen!», und marschierte los. Der Stuhl rutschte gegen den Weihnachtsbaum, der Weihnachtsbaum geriet in Schräglage. Ohne dass jemand eingreifen konnte, riss Opa bei seiner Flucht den Schlauch aus der Sauerstoffflasche. Sauerstoff strömte zum Baum. Ein Zweig fing Feuer. Die Rauchmelder piepten. Peter jaulte im Flur, rannte mit Mimi auf dem Rücken ins Schlafzimmer und fegte unters Bett. «Cool!», riefen die Kinder.

Die Wehen setzten ein. Die Fruchtblase platzte. Martina, Margret und mein Vater versuchten gemeinsam, den Baum zu löschen. Meine Mutter blieb tiefenentspannt sitzen, schlürfte ihren Sekt und kicherte: «Du verbreitest zuviel Hektik!» Die Kinder hatten den CD-Player geholt, sich wie die Orgelpfeifen aufgestellt und sangen Lieder von Rolf Zuckowski. «Entsetzlich!», rief Oma Annegret. Die Wehen kamen jetzt regelmäßig. Mein Mann, der Opa in der Abstellkammer mit dem Brombeerlikör gefunden hatte, wirkte betrunken. «Du musst mich ins Krankenhaus fahren», sagte ich, «und ich kann nicht mehr laufen. Du musst mich die Treppe runtertragen.»

«Dich Walfisch die Treppe runter?», lachte er.

Ich rief einen Krankenwagen. Die Kinder hatten sich vor den Fernseher zurückgezogen: «Holt uns, wenn es die Geschenke gibt!» Die Presswehen setzten ein. Ich lag im Flur. Es klingelte. «Gott sei Dank», dachte ich, «das ging mal schnell.» Mein Mann öffnete, Feuerwehrleute liefen an mir vorbei ins Wohnzimmer. Jemand musste sie gerufen haben. «Auch nicht unwichtig», dachte ich und versuchte, mich auf die Atmung zu konzentrieren. Dann kamen die Sanitäter. Zwei schmächtige Männchen. «Wir kriegen Sie hier nicht raus», erklärte der eine, «dritter Stock Altbau geht gar nicht.» Dabei sah er auf meinen Bauch.

Mittlerweile war auch alles egal. Wir brachten es gemeinsam fertig, mich ins Bett zu verlegen. Drei Wehen später war mein Sohn da und wurde mir auf den Bauch gelegt. Mein Mann und mein Vater weinten. Die Kinder kamen begeistert ins Schlafzimmer gerannt. «Und unterm Bett haben wir sogar noch Schokoladeneier gefunden!», sagte Jonas und hielt mir einen großen Korb mit verschrumpelten Ostereiern entgegen. Opa Hein stieß mit den Feuerwehrleuten auf den gelöschten Brand an. «Und auf den neuen Sohn!», erinnerte ich. «Aha», sagte Opa Hein.

«Prost!», rief Annegret, die sich die schnurrende Mimi unter den Arm geklemmt hatte. Auch meine Mutter war glücklich. Hund Peter war, nachdem er den kompletten Seitanbraten und den veganen Käse verdrückt hatte, auf dem Sofa eingeschlafen. Meine Schwestern brachten die Geschenke ins Schlafzimmer, und die Kinder packten sie auf dem Fußboden aus, während sie alte Schokoladeneier aßen.

Emily strahlte: «Warum kann Weihnachten denn nicht jedes Jahr so sein?»

Michael Schweer-de Bailly

Rakfisk

Anfang Dezember wird alles rot. Die Vorhänge werden ausgetauscht, statt Stores nun rotes Tuch. Blaue und gelbe Handtücher kommen in den Schrank, jetzt sind die roten dran. Sogar Milchtüten tragen Weihnachtsfarbe. Auf den Tischen der Bonbonläden drängeln sich die Jultomte, die Weihnachtstrolle in rotem Stanniol. Und die schwedischen Bären, jedenfalls diejenigen aus Stoff, tragen allesamt Nikolauskostüme.

Unser Ferienhaus war eigentlich ein Sommerhaus. Jetzt wollten wir mal den Winter erleben. Der war vor allem kalt. Unser Nachbar Ole kam trotzdem, um mich abzuholen. «Wir schlagen uns ein paar schöne Bäume!» Er klopfte sich holzfällerhaft auf die Brust. In der karierten Winterjacke schepperte es. «Das Wasser des Lebens», erklärte er. «Ich habe die Trinkflasche mit.»

Wir stapften durchs Unterholz, über zugefrorene Entwässerungskanäle, an reifüberzogenen Felsen vorbei. Ich kannte das Terrain nur im Sommerlook. Aber ich ahnte, dass Oles laubloser Hochwald keinen Baum fürs Fest hergeben würde. Die ansehnliche Fichtenschonung dahinter lag schon auf Elofs Gelände.

«Von da holen wir uns was», versprach Ole.

«Aber dein Wald ist das nicht?», wagte ich einzuwenden.

«Elof kann keine Motorsäge mehr halten», sagte Ole. «Deshalb schlage ich einen Baum für ihn und einen für mich und heute auch einen für dich.» Er griff in die Jacke und zog die Lebensflasche hervor. «Aber erst mal stärken.» Er nahm einen kräftigen Schluck und griff abermals in die Jacke. Eine zweite Flasche. «Für dich. Ohne das fällt kein Baum.»

Ich nippte. «Mehr!», befahl er. Der hellgelbe Klare biss in den Rachen. Ich hatte das Gefühl, die schützenden Hautschichten wurden abgeschält. Ich würgte und hustete. Ole gefiel das. «Sehr gut! Die Flaschen stellen wir in den Schnee, da bleiben sie kalt.»

Er schritt zur Tat. Die Säge kreischte auf und fraß sich mit frischgeschärften Zähnen durch den ersten Stamm. Wenig später lag der Baum vor uns. Vier Meter lang.

«Der ist möglicherweise zu groß», gab ich zu bedenken. «Noch», antwortete Ole und nahm einen zweiten Schluck. Ich musste mithalten. Dann warf er die Säge wieder an. Jetzt wurde gekürzt, von unten. Erst blieben noch drei Viertel der Fichte, dann nur zwei Drittel, am Ende nicht mal die Hälfte. «Jetzt ist er zu kurz», stellte ich fest. «Aber wichtig ist ja, dass es uns Spaß macht.»

«Elof stellt seinen immer auf den Tisch», meinte Ole und legte den Kopf schief. Er stieß mit mir an. «Aber vielleicht hast du recht», sagte er. «Schön ist der nicht.» Er hatte bereits einen zweiten Stamm ins Visier genommen. Die Säge kreischte. Ole kürzte. Und noch einmal. «Auch nichts.». Der nächste Baum musste dran glauben. Und noch einer. Und wieder. Ole war in seinem Element. Und irgendwann lag tatsächlich Elofs Fichte vor uns im Schnee. «Das ist sie! Skål!» Wir stießen an. Die Taschenflaschen klangen noch nicht hohl, obwohl bereits die zweite Schicht meiner Mundschleimhaut weggeätzt war. «Das ist ein irres Zeug», krächzte ich.

Jetzt der Baum für Ole. Weitere neun Bäume fielen der Säge zum Opfer. Und immer war er mit der Qualität nicht zufrieden. Es kommt vielleicht nicht so drauf an im waldreichsten Land Europas. Mein grüner Widerstand gegen die klimawandelnde Flächenrodung wich der alkoholischen Milde. Und als wir ganz am Ende ein paar Baumschönheiten für Ole und für mich akzeptieren konnten, waren die Flaschen leer und wir benebelt. Das Leben war schön.

«Wir sollten Weihnachten zusammen feiern», schlug ich leutselig vor. Ole stimmte gleich zu. «Ja, klar! Wir feiern bei euch! Mit der ganzen Familie!» Er glühte vor Begeisterung. – «Na ja, wir sind ja nur zwei», beschwichtigte ich. – «Nein, ich meine mit meiner Familie! Was für eine liebe Idee! Ich sag auch den anderen Bescheid!»

Der Alkohol hatte meinen Verstand nicht geschärft. Aber den von Ole. «Dann kann ich ja meinen Baum gleich hier im Wald liegen lassen!», freute er sich. «Und auch den von Elof. Elof holen wir dazu!» Ich nickte stumm. Ein gewaltiger Berg Holz und Tannengrün lag hinter uns, als wir dorfwärts schwankten. «Das Dumme ist», fiel Ole ein, «dass diese Sägegeräusche häufig die Bären aus dem Winterschlaf wecken.» Er spähte nach hinten. – «Was heißt das für uns?», lallte ich. – «Dass wir uns langsam und geräuschvoll entfernen. Der Bär hat dann den Eindruck, wir entfernen uns freiwillig aus seinem Revier.»

«Auf mich trifft der Eindruck zu», sagte ich und beschleunigte meinen Schritt.

«Ich sagte: langsam», mahnte Ole. «Denk einfach an Weihnachten. An das Fest bei euch. Wie wir alle schön feiern.»

«Was heißt eigentlich alle?»

«Das heißt, dass ihr euch um das Essen nicht zu kümmern braucht! Alle bringen was mit! Pastorenkäse, Lutfisk, Wacholderbier!», frohlockte Ole.

Ich blickte zurück. Ein Bär war nicht zu sehen. Er wäre wohl auch nicht durch das Dickicht gelangt, dass wir geschaffen hatten.

Christine und ich haben unser Ferienhaus dann drei Tage lang auf das große Fest vorbereitet. Sie fand, ich könne ganz gut die Fenster putzen und die Tische und Stühle abwischen und das Klo schrubben und den Baum schmücken. In dreiundvierzig Kilometer Entfernung gab es einen Baumarkt. Wir fanden noch eine farbige Lichterkette, die aus durchschaubaren Gründen stark herabgesetzt war, sowie vier leicht angestoßene Kugeln und einen größeren Vorrat schrumpeliger roter Äpfel, die den Ästen unserer Fichte dann allerdings mehr abverlangten, als von der Natur vorgesehen war. Die Zweige neigten sich matt gen Boden. «Die Äpfel trocknen schnell in der warmen Luft und verlieren dann an Gewicht», versicherte Christine. «Dann richten sich die Zweige von selbst wieder auf!» Das kannte ich anders. Aber, ja, Julafton, Heiligabend, konnte kommen.

Und er kam. Am Vormittag erschienen Mait und Ole. Oder vielmehr ein Trecker fuhr vor. Oben, auf dem breiten Sitz, thronten Ole in blauer Latzhose und Mait im Overall. Im Schritttempo zogen sie einen einachsigen Hänger hinter sich her. Die Last war empfindlich: Schüsseln und Schalen eng an eng, randvoll gefüllt mit Zutaten fürs Julbüffet. Aus der Mitte ragte ein monströser Weihnachtsschinken, ein gepökeltes, stundenlang geköcheltes Fleischgebirge, dem nach einem Bad in der eigenen Bouillon eine Panade aus Semmelbröseln,

Senf, Kräutern und gequirltem Ei verpasst worden war, um den faden Geschmack zu übertönen. Darum herum gruppierten sich Schüsseln mit eingelegtem Hering, Schokoladenpudding, Kartoffel-Sardellen-Gratin, Aufläufe aus Lachs und Kartoffelmus, durch reichlich Crème fraîche beschwert, Kartoffelsalat mit süßlichen Gurken, wackelnde Schweinesülze auf einer Platte mit Goldrand, eine Pyramide Schaumküsse, dekoriert mit Kokosflocken, ein Gebirge zierlicher Fleischklößchen, Schüsseln mit Erbsenpüree, Teller mit gebratenem Speck, ein Wäschekorb voller Zimtschnecken, süßer Reisauflauf, der ruhmreiche Pastorenkäse («der entgiftet die Leber») sowie eine Schale mit weißlichem Lutfisk, ohne den ein schwedisches Weihnachtsfest nicht vorstellbar ist.

«Der muss mit dem Julschinken noch etwas gewärmt werden», erklärte Mait. «In eurem Backofen.» Über die Eigenheiten dieses Fischglibbers war ich schon informiert. Ein Lutfisk ist früher mal ein Dorsch gewesen. Durch radikale Trocknung wird er knochenhart. So hart, dass er eine Woche lang gewässert werden muss, wobei das Wasser täglich zweimal auszutauschen ist. Dann heißt es ab in Natronlauge, bis die weiße Restsubstanz die Konsistenz von Gelatine angenommen hat. Farblich gleicht sie nun weißen Gummibärchen, der Duft weicht davon ab. Das Ergebnis wird noch ein paarmal gespült und muss ein paar einige Tage in kaltem Wasser ruhen. Dann wird es in Stücke geschnitten und gesalzen. Jetzt heißt es nur noch aufkochen und bei mittlerer Hitze simmern, dann zehn Minuten ziehen, und nun ist die Perfektion erreicht. Jetzt heißt die Essenz Lutfisk und schmeckt nach fast gar nichts. Die Schweden servieren dazu Erbsenpüree und gebratenen Speck. Beides hatte Mait ja schon vorbereitet.

«Wir freuen uns», behauptete ich und half beim Abladen. Zum Anbieten würden wir ein paar Tische zusammenrücken müssen. «Wir kommen am Spätnachmittag wieder», verhieß Mait. «Dann mit den Kindern.» Sie erkletterte den Trecker. «Und mit den Enkeln», ergänzte Ole. «Ach, und die Schwiegereltern von Lillebror kommen», fiel Mait noch ein. Wer war denn Lillebror? «Åsa und Thorwald heißen die», verriet Ole. Das wollte ich mir merken. «Sie sind etwas eigenartig», fügte Mait hinzu. «Vor allem Åsa.» Der Trecker tuckerte zurück in den Winterwald.

«Kann es sein», fragte Christine, «dass du uns da was eingebrockt hast?» Ich hob ratlos die Schultern. «Es lag an diesem hochprozentigen Lebenswasser», murmelte ich. «Ich bin nicht daran gewöhnt. Aber ist es nicht irgendwie auch, also, authentisch?» Christine nickte ergeben.

Es war dämmrig, als die ersten Gäste mit dem Auto auf den Platz vor unserem Haus rollten. Ein älterer Volvo mit norwegischem Kennzeichen. «Das werden die Eigenartigen sein», mutmaßte ich und sah zu, wie eine kleine Frau mit Knoten und urgroßmütterlicher Brille aus dem Wagen kletterte. Zu ihrem Rentierpullover trug sie eine Schale, deren Inhalt von Aluminiumfolie verdeckt war. Der hochgewachsene sehr blonde Mann, ebenfalls im norwegischen Strickchic, öffnete den Kofferraum. «Die bringen auch noch was zu essen», bemerkte meine Frau sachlich. «Ich schau mal, was wir noch an Tischen haben», trug ich bei.

Thorwald hob einige Abschnitte Rundholz aus dem

Kofferraum und trug sie stolz an unsere Tür. «Fürs Buffet?», fragte Christine. Ich wunderte mich ebenfalls. Thorwald lächelte. Das musste vorerst genügen. Denn jetzt fuhr ein Minivan vor. «Lillebror!», freute sich Åsa. Lillebror war also der Schwiegersohn der Norweger. Seine Frau hieß Agnetha. Ich suchte einen Notizzettel. Die Kinder, die heranstürmten, hießen Amanda, Pontus, Gustaf, Daniel. Sie eroberten den Hausflur, türmten einen Berg aus gefütterten Jacken und Wintermänteln in den Flur und begannen mit einem umfassenden Jagd- und Versteckspiel.

Thorwald lächelte. Agnetha balancierte ein Kuchenblech herein. Darauf befand sich eine gewaltige, ehemals heiße Pizza. «Ich schreib die Namen auf», versprach ich meiner Frau, die mich als Träger und Kaltmamsell benötigte. Nun traf Helge ein mit einer recht mageren Freundin namens Pia, sodann eine Emelie, allein, darauf eine Viktoria mit einem Mann im Schlepptau, der niemandem bekannt vorkam. Er stellte sich als Bo vor. Ein Einarmiger kam. Ach, das war Elof. Klar, der konnte keine Motorsäge halten. Ich verzeichnete überdies Maits Bruder Jan mit seiner Frau Ulrica und ihren Kindern Alfred und Eliza. Helge trug Käse-Reis-Salat, Emelie eine Dose Bullens Würstchen, Viktoria hatte ihrem Bo einen Topf aufgeladen, in dem eine Suppe schwappte, die sie als vegetarisch ausgab. Jan parkte einen Kanister auf dem Küchenboden, dessen Etikett verriet, dass er blaues Frostschutzmittel zum Inhalt hatte. «Das war mal!», beruhigte er. «Jetzt ist es Wacholderbier, selbstgebraut! Das schmeckt!» Warum nicht. Frostschutzmittel wird in Deutschland traditionell dem Weißwein zugemischt. Während die Gesellschaft die Schätze begutachtete, erschien ein Johnny. Es handelte sich um Oles Bruder. Er fiel durch beträchtlichen Leibesumfang auf und hatte regional eine Meisterschaft im Vielfressen gewonnen. Mochte er dafür sorgen, dass die eine oder andere Schüssel geleert wurde.

Ja, es war viel los. Auch atmosphärisch, im ursprünglichen Sinne. In den Duft des erhitzten Schweinebratens, der süßen Gurken und der in Zwiebelsoße schwimmenden Heringe mischten sich immer aufdringlicher Schwaden von verdorbenem Fisch. Christines Nase hatte sie früher erspürt als ich, eines Kommentars hatte sie sich vorerst enthalten. Es war unser erstes schwedisches Weihnachtsfest, und wir waren mit den regionalen Gebräuchen, auch den aromatischen, nicht vertraut.

Viktoria nahm uns die Wortmeldung ab. «Irgendwas riecht hier merkwürdig», konstatierte sie. «Ich würde sogar sagen: Es riecht unangenehm.»

Das war mutig, und es war ein Signal. Auch andere sogen nun mit skeptischer Miene die Luft ein. Alles nahm Witterung auf. Die Richtung wurde geortet. Christine und ich, als Gastgeber, setzten uns naserümpfend auf die Spur der aufsteigende Gase. Wir wollten schnuppern und uns zugleich die Nase zu halten. Da! Da kam es her! Das war Åsas folienummantelte Platte! Bislang hatte sie unbeachtet zwischen Schüsseln, Töpfen, Tiegeln auf dem Küchentisch geruht. Die Norwegerin folgte uns, sparsam lächelnd. «Ich weiß, was ihr riecht, das ist speziell!» Die anderen scharten sich um uns wie zur Enthüllung einer Sensation. Und das war es auch.

Åsa zog die Folie ihres Mitbringsels zur Seite. «Das ist echter Rakfisk!»

«O Gott!», entfuhr es mir. Von der Hülle befreit, verströmten die toten Wesenheiten ungehindert ihren abgründigen Aasgeruch. «Die sind ja schlecht!»

«O nein», erwiderte Åsa mit dem Lächeln einer preisgekrönten Gourmetköchin. Während die anderen etliche Schritte zurückwichen, um den aufsteigenden Giften zu entgehen, erklärte sie: «Das ist eine norwegische Tradition!»

«Schön, dass wir sie kennenlernen dürfen», murmelte Christine totenbleich.

«Ich erläutere es gern», lächelte Åsa.

«Aber dann draußen», empfahl ich.

«Nein, nein, das ist doch nur die Lake! Und das ist das klassische Resultat der Milchsäuerung! So muss es riechen! Das ist allerfeinste traditionelle Fermentation!»

Christine war sehr bleich und schien zu würgen. Åsa entging das nicht. «Anfangs erfordert der Genuss ein wenig Gewöhnung», gestand sie uns zu. «Aber dann mag man gar nicht mehr davon lassen. Und es ist so leicht verdaulich! Eben durch das Fermentieren. In unseren Mägen geschieht nichts anderes!»

«Aber dort geschieht es unter Ausschluss der Öffentlichkeit», traute ich mich einzuflechten.

Der Mann namens Johnny lächelte harmonisierend: «Es schmeckt besser als es riecht.» Er jedenfalls würde es mit Behagen zu sich nehmen, sagte er, wenn auch etwas später. Er schob sich zwei Fleischbällchen in den Mund und entfernte sich.

Die rosaroten Fischseiten sahen nicht völlig unhübsch aus, doch ihre Ausdünstungen drangen jetzt gefährlich ins Wohnzimmer vor. Würden die Polster und die Täfelung sie aufnehmen und über Jahre verteilt immer wieder abgeben, stoßweise, in besonders gemütlichen Momenten?

«Ich kann mir vorstellen, dass der Rattenfisk gekühlt am besten schmeckt», behauptete ich taktisch geschickt.

«Rakfisk», korrigierte Åsa mit zusammengekniffenen Augen.

«Deshalb trage ich ihn auf die Terrasse», fuhr ich fort, «und wer davon kosten mag, holt sich einfach was davon!»

«Er gehört auf euer Julbord!», sagte Åsa streng.

«Nicht was davon holen», korrigierte Christine mich. «Draußen essen!»

«Sonst es kein Julbord», beharrte Åsa.

«Wir haben ein großes Julbord hier drinnen und ein kleines, aber richtig feines für die Kenner draußen!», fiel mir ein, während ich ihre Spezialität unter respektvoller Anteilnahme und ohne einzuatmen, auf die Terrasse trug.

Nun meldete sich Thorwald zu Wort, zum ersten Mal. Er hatte die Gespräche mit neutralem Blick aus wasserblauen Augen begleitet und nicht zu erkennen gegeben, wie er die Sache mit dem Rakfisk sah. Jetzt schien es an der Zeit, dass er einen seiner hölzernen Scheite herzeigte, die er aus dem Kofferraum hervorgeholt hatte.

«Ich habe mir schon gedacht, dass der Rakfisk bei Neulingen nicht auf Anhieb angemessen gewürdigt wird», lächelte er gütigst. «Deshalb will ich etwas zum Aroma hier im Hause beitragen.» Er hob das Holz in die Höhe: «Dies ist ein uralter Wacholderstamm, den ich extra zum Fest fachmännisch zerlegt habe. Die Abschnitte sind gestern frisch gesägt worden. Deshalb ist der harzige Duft noch rein und wild und frei, hier, es ist einfach herrlich!» Er gab den Scheit herum. Alle durften schnuppern. Ja, das war erholsam. Versöhnt sah ich durchs Fenster auf die Terrasse, wo der Rakfisk sein verheerendes Aroma in die Winterluft vergeudete.

«Ihr werdet euch noch lange daran erfreuen können», lächelte Thorwald.

«Wie auch am Rakfisk», schnitt Åsa dazwischen.

«Nirgendwo ergänzen Ehepartner einander so gut wie in Skandinavien», fiel Lillobror ein, dem Schwiegersohn. «Hier sind die Ehen noch glücklich.»

«Sofern ein Grundpegel von Alkohol gewahrt bleibt», ergänzte Ole.

«Aber ja!», fiel mir ein. «Jetzt gibt es erst mal eine Runde Mariestader Bier!» Die Zustimmung war euphorisch. Und nun erst, da der Rakfisk nicht mehr alles überstänkerte, fiel mir auf, dass eigentlich alle bereits mit einer fröhlichen Fahne gekommen waren. Klar, alle hatten ihre Flaschen mit Lebenswasser dabei. Heute hieß es Julwasser. Ich verteilte trotzdem mildes Bier. «Skål, auf dass wir ein friedliches Weihnachtsfest erleben.»

Und das wurde es beinahe. Der Abend war schon fortgeschritten, die Tafel hatte sich an der einen oder anderen Stelle ein wenig gelichtet, da stieß Christine einen Schrei aus. Amanda, Pontus, Gustaf und Daniel, die sich vor der Fensterfront zum Quizduell auf ihren Smartphones zurückgezogen hatten, sprangen auf und wichen zurück. Vor der Terrasse, in der Dunkelheit, nur spärlich beleuchtet vom Licht aus dem Wohzimmer, erhob sich etwas. Etwas Dunkles. Etwas Großes. Da stand ein Bär. Ein echter schwedischer Braunbär! Er hatte sich aufgerichtet und schaute herüber.

Alle waren erstarrt. Niemand wagte zu kauen oder auch nur zu schlucken.

«Licht aus!», zischte meine Frau.

«Nein, nein, der ist kein Problem», ließ sich Ole vernehmen.

«Du hast ihn aus der Winterruhe geweckt», flüsterte ich.

«Bären greifen nicht an», fuhr Ole gemütlich fort. «Schon gar nicht, wenn sie auf zwei Beinen stehen.» Das tat das wilde Zotteltier. «Er will sich nur einen Überblick verschaffen.»

«Und danach, was will er dann?», hauchte Christine.

«Wenn man ihn nicht reizt, verzieht er sich gleich wieder», wusste Thorwald.

«Vielleicht will er was vom Buffet?», scherzte ich, um souverän zu erscheinen. «Er könnte sich was aussuchen.»

«Das tut er gerade», beobachtete Åsa.

Tatsächlich. Es war unbegreiflich. Das massige Tier steckte seine imposante Schnauze direkt in den Rakfisk. Er schnupperte. Er hob den Kopf, als sei er noch skeptisch. Mit einer Tatze grub er in der Schüssel, als müsse er die Konsistenz prüfen wie der Experte in einem Kochwettbewerb.

«Das darf doch nicht wahr sein», freute ich mich.

«Der schöne Rakfisk», wimmerte Åsa.

«Bitte nicht mit Blitz fotografieren», warnte Ole.

Es sah jetzt aus, als schaute der Bär uns allen in die Augen. Dann wankte er zuerst auf zwei Beinen, dann auf allen vieren von der Terrasse hinunter und verschwand im Gehölz.

Nach angemessener Zeit trauten sich einige Männer hinaus, um einmal ums Haus zu schauen. Die Luft war rein. Nicht mal mehr der Rakfisk war noch zu riechen. Und nun konnte sich die Fröhlichkeit ungehindert entfalten. Elof wedelte mit dem rechten Arm und erläuterte, wie er den linken verloren hatte, und daran schlossen sich die größten garantiert selbsterlebten Abenteuer mit Bären an, in alkoholisch gestützter Steigerung.

Wie der Abend endete oder wann und wer bei uns übernachtete, daran erinnere ich mich nicht mehr. Am zweiten Tag traf ich Ole unten am Seeufer. «Es war so ein schönes Fest bei euch», lächelte er. «Alle haben es genossen.»

«Vielleicht Åsa nicht so», wandte ich ein.

«Ach, wenn es dich interessiert», fuhr er fort, «drei Meilen von hier, im Dickicht beim Flussufer, hat man einen verendeten Bären gefunden. Ich weiß natürlich nicht, ob es der war, der uns besucht hat.»

Er holte die beiden Trinkflaschen aus der Jacke. Wir stießen an. Unser Blick schweifte über die friedliche Winterlandschaft. Die Todesursache war mir vollkommen klar.

Georg Weisfeld

Das Krimidinner

Ich öffnete die Tür und ließ Daphne ins Hotelzimmer, meine Schauspielkollegin. «So früh in Montur?», sagte sie und deutete auf meinen flauschigen Weihnachtsmannbart.

«Für den Soundcheck», brummelte ich.

Daphne warf sich aufs Hotelbett.

Sie war erschöpft. So wie wir alle am Vortag des Heiligen Abends. Wir hatten eine aufreibende Krimidinner-Saison hinter uns. Nach Auftritten auf ungezählten Betriebsfeiern ersehnten wir die Weihnachtsfeiertage. Wie ein Eichhörnchen im Herbst Nüsse sammelt, um im Frühjahr nicht zu verhungern, raffen wir Schauspieler Geld zusammen, um im Winter nicht vom Vermieter gekündigt zu werden. Als Absolventen einer Schauspielschule hatten viele von uns gedacht, man dürfe nur nicht auf einer Landesbühne in der Provinz landen. Das seien die düsteren Endstationen der Karriere. Nach zwanzig Arbeitsjahren weiß ich, es geht noch düsterer. Krimidinner!

An diesem Vorweihnachtstag lagen die Bretter, die die Welt bedeuteten, im Konferenzraum 7a des Marriott und waren mit orangefarbenen Velours überzogen. Um den Konferenzraum in ein Festzimmer zu verwandeln, hatten Hotelangestellte einen Plastikweihnachtsbaum aufgeklappt und ein laminiertes Schild *Event Lounge* an die Tür geklebt.

Bühnenkanten und Orchestergräben, Gassen zum Auf- und Abgehen – diese segensreichen Erfindungen wissen Schauspieler erst zu schätzen, wenn sie eine Saison lang Krimidinner gespielt haben. Dinnertheater bedeutet, dass man zwischen den Zuschauern spielen muss. Man weiß nie, wem man gerade die Sicht versperrt und welcher Publikumstisch gerade nichts sieht. Die Grenzen der Belästigung, durch Berührung, Zuprosten, Geruch, sind in dieser Theaterform gefallen und mit ihnen der Respekt vor den Darstellern. Die meisten Gäste sind ohnehin nur zum Essen gekommen. Und wenn die Vorspeisen nicht munden, wird es schwierig, gegen verstimmte Gaumen anzuspielen.

Vor einer Woche bekam ich den Anruf von der Agentur *Krimirätsel – Spannung, Spaß und gutes Essen GbR*. Ob ich «Zeit und Lust» hätte, am 23. Dezember den Weihnachtsmann zu spielen im Krimi *«Wer hat den Weihnachtsmann ermordet?»*.

Mit dem Stück war ich im vorangegangenen Jahr aufgetreten. Den Text musste ich also nicht neu lernen. Und ich konnte mit Sven, Maik und Daphne spielen – Kollegen, mit denen man sich am Textgerüst entlangimprovisieren und sich backstage über die Gäste mokieren konnte. Entsprechend schlampig war meine Vorbereitung. Früher hätte ich so etwas ernster genommen. Als Schauspielstudent hatte ich mir für einen Weihnachtsmannjob sogar mal eine Rollenbiographie geschrieben.

An diesem Morgen nun kam eine alarmierende Mail: Maik sei erkrankt, für ihn werde Frank einspringen. Frank war in Personalunion Schauspieler, Agenturchef und Autor des Stückes. Die Kollegen stuften ihn als depressiven Narziss ein.

Das war der Grund, warum ich jetzt so zeitig zur Stelle war und fieberhaft versuchte, mir die Seiten des Textbuches ins Hirn zu hämmern. Als Daphne klopfte, feuerte ich das Skript unters Bett. Es war verpönt, vor Kollegen zu üben.

Und dann kam er. Mit seinem imposanten kahlen Schädel und der durchtrainierten Figur stolzierte er ins Hotelzimmer. Er pardauzte seine fette Kleidertasche auf den Boden, schleuderte uns ein arrogantes «*Hi*» entgegen und wandte sich einem Telefonat zu.

«Ja ... gut, mein Lieber ... dann steht die Sache, okay, muss Schluss machen, bin bei einer Produktion, ciao.» Er steckte sein Smartphone weg und entledigte sich seiner Jacke. Daphne und ich hielten kurz den Atem an. In den ersten Sekunden konnte man erkennen, wie Frank drauf war.

«Wo ist Sven?», bellte er. «Der kommt immer zu spät!»

Daphne drehte die Augen zum Himmel. Frank war selber fünfzehn Minuten drüber.

«Probier die mal!» Er warf ihr eine Plastikperücke zu. «War eben noch bei *FaCloMa*.» Das ist ein Fachgeschäft für Fasching, Clownerie und Masken. Damit war seine Verspätung entschuldigt. Auch für mich hatte er Produktionsgelder verpulvert, was eine Gagenerhöhung verhinderte: zwei strohige Weihnachtsmannaugenbrauen.

«Was haben wir denn heute für Patienten?», fragte Daphne, und ich reichte ihr das Infoblatt, das auf dem Produktionskoffer lag. Aha. Es feierten das Juristenehepaar Reinfels-Beil mit seiner Kanzlei, die Gerüstbaufirma *Kalle & Sohn*, die Apotheke *Hirsch* und das Floristengeschäft *Zur fröhlichen Tulpe*. Wir erwarteten die üblichen Betriebsweihnachtsfeiern, auf die die Angestellten keine

Lust haben, deren Chefs sich aber verpflichtet fühlen und obendrein die Kosten von der Steuer absetzen können.

Für die Firmen war das heutzutage eine Billignummer. Früher, bis vor zehn Jahren, bis zur Bankenkrise, war das ganz anders gewesen. Da hatte es Betriebsfeiern gegeben, die den Stempel *spätrömische Dekadenz* verdient hätten. Ich erinnerte mich an einen Auftritt, bei dem wir in einem Autohaus gebucht worden waren. Zwischen unseren Auftritten spielte eine fünfköpfige Rock-n'-Roll-Band, nach uns stürmte ein Polizistenpärchen die Bühne. Die Musik sei zu laut. Wir erschraken. Doch die Autoverkäufermeute kannte den Act aus den Vorjahren. «Ausziehen, ausziehen», schallte es von den Bierbänken, und genau das taten die Polizisten. Es waren Stripper, wenn auch vielleicht nur im Nebenberuf. Damals hatten wir doppelt so viel verdient.

«Soundcheck!», kläffte Frank, und wir trotteten in den Konferenzsaal. Die ersten Gäste hingen schon vor der Event Lounge ab und freuten sich über meine weihnachtsmännliche Erscheinung. Ich *hohoho*te fix an ihnen vorbei.

«Das ist unprofessionell, jetzt schon mit Kostüm hier aufzukreuzen», maulte Frank und machte sich an der Musikanlage wichtig, an der schon Sven herumfummelte. Das war der Grund, warum Sven so häufig gebucht wurde. Er war ein genauso lausiger Schauspieler wie ich, konnte aber wenigstens die Boxen und Headsets einstöpseln. Akustische Unterstützung war für den Konferenzraum eigentlich nicht notwendig, doch mit kaufmännischem Geschick hatte Frank seine Technik dem Hotel mitverkauft.

Wir mussten noch Ordnung in die Indizien bringen, die bei jedem Krimidinner unerlässlich sind: Postkarten,

Geschenke, Drohbriefe, Kleidungsstücke, Zettel, Zeitungsartikel, Fotos, Giftfläschchen, Waffen. «Ich habe seit zwei Wochen nicht gespielt», raunte Sven mir zu. «Das wird frisch.» Er meinte seine luftigen Textkenntnisse. Aber Textgenauigkeit ist nicht so wichtig bei einem Bühnenwerk, das nur die Komplexität eines Kinderstückes hat. In Franks Krimi ging es um den Heiligabend der Familie Schnipkoweit. Um Vater, Mutter, Kind und einen Weihnachtsmann, der ermordet wird. Es folgt eine idiotensichere kriminalistische Herleitung, sodass am Ende der Show fast jeder Gast den Weihnachtsmannmörder dingfest machen kann. Der Gewinnertisch bekommt eine Flasche Champagner.

«Ran an den Gast», drängelte Frank, während er die graue Perücke, die ihn zum Vater machte, auf seiner Glatze ausrichtete. Ich fummelte meinen Bart zurecht. Der Weihnachtsmann hatte im ersten Block noch keinen Auftritt, doch war es wichtig zu wissen, welchen Zuschauern die Kollegen Statistenrollen aufnötigten. Das geht immer so. Das Publikum soll mitspielen, damit es wach bleibt.

Ich positionierte mich hinter der Konferenzraumtür. Der erste Akt begann. Sven zog die Boxen hoch. Die Headsets begannen zu glühen, und die Lichtstimmung änderte sich, indem eine zweite Deckenfluterzeile angeworfen wurde. Ich lugte durch den Türspalt. Im ersten Block wurden die Hauptfiguren etabliert: der gelangweilte Jugendliche, gespielt von Sven, die aufgedrehte Mutter Schnipkoweit, Daphne, und ihr grimassenschneidender Mann, verkörpert von Frank. Zunächst gab es nur spärliche Zuschauerreaktionen, mit Ausnahme von Tisch fünf: Dort saß eine Frau, die auffallend häufig überdreht auflachte. Rote Flecken wanderten über ihr Gesicht. Ansonsten hockten an dem Tisch nur Männer. Das war wohl die Gerüstbaufirma. Vermutlich war sie die Sekretärin, und der Chef hatte sie mit der Organisation der Weihnachtsfeier beauftragt. Dann war sie mitverantwortlich für den Spaß ihrer Herren, die mit verschränkten Armen den ersten Menügang erwarteten.

Während sich Vater Schnipkoweit mit seinem Sohn ein heißes Wortgefecht lieferte, sah ich, wie Daphne ein im Stück optionales Gagfeuerwerk zünden wollte. Ein unfreiwilliger Zuschauer wurde von ihr ausgewählt. Intern hieß dieser Schachzug «Carsten casten». Sie zückte ein Lätzchen, steuerte auf den Gerüstbauertisch zu, trötete ein «Carsten hat sein Lätzchen noch nicht an» in den trockenen Vater-Sohn-Dialog und schnürte einem dicken Brummbären den Sabberfetzen um den Hals. Die Gerüstbauersekretärin kreischte auf, der Rest grinste.

Frank eilte heran und ermahnte seine Frau, doch rasch bei Carsten die Windeln zu wechseln; es sehe dringlich aus. Jetzt lachte der ganze Konferenzraum, abgesehen vom auserkorenen Riesenbaby Carsten. Das gehört zu den goldenen Regeln eines Krimidinners: Mangelt es dem Skript an Gags, müssen Zuschauer dran glauben. Eine weitere Regel lautet: Lass das Publikum nicht hungern. Darum wurde der erste Akt fix beendet. Servicekräfte trugen die Vorspeisen auf. Der erste Menüpunkt bestand aus einem knackigen Kopfsalatblatt, das mit süßer Balsamicotunke bespritzt war. Optisch sah das interessant aus, aber den Baufachkräften war anzusehen, dass dieses Grünzeug ihre Männlichkeit verletzte. Die Serviceleute hatten uns verraten, dass das gesamte Menü unter den Vorgaben eines engen Budgets zusammengestrickt worden war. Wir Schauspieler speisten im selben Raum wie die Gäste, doch unser Tisch war diskret in einer dunklen Ecke platziert, sodass wir entspannt über die Zuschauer und sie über uns lästern konnten. Frank stellte fest, wie kreativ sein Einfall mit der Windel gewesen sei, und wir nickten. Ich bekam das Salatblatt nicht herunter, denn gleich würde mein Weihnachtsmann in Aktion treten müssen, und auf meinem inneren Textblatt waren viele Sätze geschwärzt.

«Hier, Georg!» Frank reichte mir ein Infoblatt. «Du baust in den nächsten Block die Stichwörter für die Apotheke und die Floristen ein!»

Das ist häufig so. Wenn Firmen die Karten bestellen, dürfen sie Wünsche angeben, ob wir betriebsinterne Witze ins Skript improvisieren sollen. Und es werden Themen notiert, die auf gar keinen Fall erwähnt werden dürfen. Ich schaute die Sätze durch, schluckte extrem trocken und sagte: «Klar, mach ich».

Sven drehte die Pausenmusik runter und knipste einen galanten Lichtwechsel herbei. Ich huschte hinaus, um mir den Bart ins Gesicht zu hängen und den Weihnachtsmantel umzuwerfen. Dann wartete ich geduldig auf mein Stichwort. Es verzögerte sich. Mit den Tickets erwarben die Firmen stets eine Getränkepauschale, und am Gerüstbauertisch mussten noch vier Hefeweizen geparkt werden. Aus der Tiefe des Raumes hörte ich unkontrolliertes Floristinnengekicher.

Endlich begannen unsere Bühnenhelden mit dem zweiten Akt, und ich lauschte und spickte. Aus meiner Nische verstand ich nicht viel, weil die Gerüstbauer brummelten und einander zuprosteten. Erst an dem Schweigen meiner Kollegen erkannte ich, dass ich mein Stichwort verpasst hatte. Mit «Hohoho – die Familie

Schnipkoweit hat sich schon versammelt!» betrat ich souverän den Raum.

«Endlich, der Weihnachtsmann!», fiepste eine dicke Floristin, als könne sie endlich wieder an ihn glauben. Frank fräste mir mit seinem strafenden Blick ein Loch ins Hirn. Das führte zum Blackout. Die liebenswürdige Daphne zog mich improvisierend in den Dialog, den der Weihnachtsmann mit der Mutter zu führen hatte. Es ging jetzt auch darum, den Zuschauern die Mordmotive zu präsentieren. Zwischen der Mutter und mir wurde eine Affäre zum Thema, und ich drohte, noch heute unseren Seitensprung zu verraten, wenn sie sich nicht sofort von ihrem Mann trennen würde. Dann hatte ich mich ihrem aufmüpfigen Jungen zuzuwenden. Zwischen Sven und mir entspann sich eine Art interner Wettbewerb, wer mehr Texthänger hatte. Unzusammenhängende Repliken türmten sich aufeinander. Wie ein Kaugummi zog sich unsere Szene, in der hoffentlich als Mordmotiv rüberkam, dass der freche Junge nicht das erwünschte Ballergame für seine Spielkonsole bekommen hatte.

Ich erntete ein paar Lacher, weil mir die neuen Weihnachtsmannaugenbrauen zweimal runterfielen. Ab der Hälfte des Spielblockes musste ich die rechte Braue festhalten und wirkte von da an nachdenklicher, als es einem Weihnachtsmann angemessen ist. Gegen Ende kam es zum Streitgespräch Weihnachtsmann gegen Vater. Weil Frank mir das Unterbringen der Kundenwunschwörter nicht zutraute, brüllte er unvermittelt: «Ich brauche dringend Tamsulosin-Hydrochlorid-Biomopharma-Hartkapseln. Aber wenn ich die nicht geschenkt bekomme, gehe ich gleich in die Hirsch-Apotheke!»

Er wartete gespannt auf einen Lacher, doch das Echo

blieb unhörbar. In meinem Kopf poppte der Floristen-Wunschsatz auf. «Jessi ist die Beste!», trötete ich. Einen Zusammenhang mit unserem Dialog hatte das nicht, aber die Blumenhändlerinnen johlten und wieherten. Erfolg! Frank wandte sich beleidigt seiner Schnipkoweit-Familie zu. Damit war meine Rolle abgespielt. Ich schlich mich aus der Szene und krabbelte unter den Weihnachtsbaum. Ab jetzt war ich nur noch Leiche. Wenig später schon fand Mama Schnipkoweit mich mit einem extraspitzen Schrei. Der Mord war angerichtet, der zweite Akt beendet. Die Suppe wurde aufgetragen. Kurze Pause für uns.

«Na, super, du hast das Dessous-Geschenk vergessen! Jetzt hab ich als Mörder kein Motiv!», schrie Frank im Hotelzimmer, während ich mich aus der Weihnachtsmannkluft schälte.

«*Ein* Mal mit Profis arbeiten!», brüllte er, während er die Hotelzimmertür zuschleuderte.

«Dass der Weihnachtsmann mir Dessous geschenkt hat», beruhigte Daphne, «das erwähnen wir gleich im nächsten Block, und dann ist gut!»

Vor zehn Jahren wäre mein Job jetzt erledigt gewesen. Der Mordopfer-Schauspieler konnte auf dem Hotelzimmer auf den Schlussapplaus warten. Das waren goldene Krimidinnerzeiten. Aus Kostengründen spielt heutzutage das Opfer im dritten Block den Kommissar. Auf meinen Schultern lastete nun also die Auflösung des Falls. Das Vertrackte: Die Fakten und Indizien mussten genannt werden, damit die Krimifreunde unter den Gästen erfolgreich miträtseln konnten.

Ich stopfte meinen kommissarischen Regenmantel mit Indizien voll. Sven kehrte zurück und berichtete, die Gäste hätten bemängelt, die Suppe sei nicht heiß genug.

Kritik baute sich auf – bisher zielte sie nur auf die Küche. Im vergangenen Jahr hatten wir im Hotelzimmer gesessen und unsere mitgebrachten Stullen gemümmelt, bis bei einer Vorstellung eine mitfühlende ältere Dame vor der Tür stand und uns die Reste ihres Menüs mitgebracht hatte. Wir kamen uns vor wie bei einer der Tafeln. Und als wir probiert hatten, wussten wir auch, warum die Spenderin so viel übrig gelassen hatte.

Jetzt verzögerte sich das Weiterspielen, weil die hagere Topjuristin Reinfels-Beil Weihnachtsgeschenke an ihre Mitarbeiterinnen verteilen wollte. Die Zeremonie war mit einer weihnachtlichen Botschaft verbunden: «Wenn einige von Ihnen den Eindruck haben, Ihre Präsente seien weniger wertvoll als die von anderen, dann denken Sie doch bitte gern an Knecht Ruprecht. Er hat bei seinen Gaben immer das Verhalten im abgelaufenen Jahr berücksichtigt. Das tun wir auch.»

Auf unserem Infoblatt hatten wir die Wortkombination «Betriebsbedingte Kündigungen» unter den Begriffen gefunden, die auf keinen Fall genannt werden durften. Die geiernasige Juristin verteilte gefütterte Briefumschläge, in die verstohlen und verschämt reingeschmult wurde. Möglich, dass das die Konzentration einiger Teilnehmer auf unsere Kunst störte.

Unser dritter Akt wurde mit einem bewährt hektischen Durcheinander der Familienmitglieder eröffnet. Dieses Mal verpasste ich meinen Auftritt nicht, da Daphne in Richtung Tür rief: «Wir müssen die Polizei rufen!»

Das war mein Auftritt: «Sie müssen nicht lange rufen, ich bin Kriminalkommissar und bin gerade hier am Haus vorbeigelaufen. Wie kann ich helfen?»

Im selben Moment rauschte eine junge Frau, wohl

Rechtsanwaltsgehilfin, heulend an mir vorbei und stürmte aus dem Raum.

«Sie haben Ihr Weihnachtsgeschenk vergessen», improvisierte ich hinterher. Das gab schadenfrohe Lacher vom Gerüstbauertisch. Mein geschultes Krimidinnerauge erkannte, dass der Alkohol diesem Tisch schon arg zugesetzt hatte. «Lasst uns im dritten Block schneller spielen», hatte Daphne in der Pause gezischt. «Sonst verlieren wir die Gerüstbauer an die Getränkepauschale.»

Ich war in diesem Set souveräner, zumal ich Indizien aus dem Mantel zaubern konnte, die so etwas wie Hinweise auf meinen Text gaben. Zum Beispiel den Zettel mit der geheimen Botschaft. Die Gerüstbauer bekamen ihn und versuchten, die Eintragungen zu entziffern, die mir allerdings auch ein Rätsel waren. Die Apothekerinnen mussten von ihrer Chefin mächtig getriezt werden, um Kombinieren zu helfen. Nur die Floristinnen waren voll bei der Sache. Mit meinem Kommissarmantel machte ich Eindruck bei ihnen, das war zu spüren, es knisterte, wenn ich sie sachdienlich befragte. «Haben Sie etwas von dem Mordfall gesehen? Haben Sie einen Verdacht?» Wenn ich hingegen dem Juristentisch näher kam, spürte ich den Temperaturabfall. Diese Experten betrachteten unser oder Franks handgestricktes Rätsel als weit unter ihrem Niveau.

Mit dem Vorzeigen von Indizien und dem Forschen nach Verdachtsmomenten zog sich der dritte Teil ein wenig in die Länge. Gelegentlich probierten wir, aus dem bewährten Running Gag *Riesenbaby Carsten* noch ein paar Lacher zu pressen. Mutter Daphne stellte sich aus den Gerüstbauern einen Shantychor zusammen, mit dem sie «Jingle Bells» sang. Das erwies sich als verhängnisvolle

Idee, denn einmal angekurbelt, waren die gestandenen Fußballkehlen nicht mehr zu stoppen.

Und dann wurde mir unwohl. Ich sah, wie der geheimnisvolle Zettel, der dunkle Hinweise auf den Mörder enthalten sollte, zwischen den Sängerhünen die Runde machte. Und erst jetzt erkannte ich, welchen Zettel ich versehentlich ausgeteilt hatte: unser Infoblatt mit den geheimen *Dos and Don'ts* der Show! Die Gerüstmänner lebten auf. Plötzlich grölten sie. Irgendeiner von ihnen musste eine verkannte lyrische Ader haben. Blitzschnell hatten sie «Jingle Bells» abgeändert: «Reinfels-Beils, Reinfels-Beils kündigen all the way, betriebsbedingt, betriebsbedingt in a one-horse open sleigh, hey. Reinfels-Beils, Reinfels-Beils ...»

Das Rechtsanwaltsehepaar erbleichte, erstarrte und fauchte sich gegenseitig an. Frau Reinfels-Beil sprang auf, befahl den Aufbruch, die Angestellten gehorchten, und unter dem triumphierenden Gelächter der Gerüstler stapften sie raus. Nur Herr Reinfels-Beil blieb sitzen. Wir durften nicht abbrechen, wir mussten weiterspielen. Es war an mir, dem Kommissar, das grandiose Stück elegant zu beenden. Ich musste jetzt den entscheidenden Beweis liefern, mit dem jeder halbwegs Nüchterne im Raum den Mörder überführen konnte.

«Meine Ermittlungen haben ergeben, dass Sie, Frau Schnipkoweit, eine Affäre mit dem Weihnachtsmann hatten.»

Daphne spielte schön die Empörte.

«Denn ich habe einen Liebesbrief gefunden», donnerte ich. «Und womöglich verrät er uns auch, wer der Mörder ist!»

Mit majestätischer Geste öffnete ich das Kuvert.

Der von Frank entworfene Liebesbrief bestand aus heißen erotischen Schwüren an den Santa Claus, gefolgt von der Warnung, an Heiligabend nur ja nicht zu kommen, denn der Ehemann ahne mittlerweile etwas und dieser Mann sei sehr rachsüchtig. Mit tausend Küssen und so weiter.

Aus dramaturgischen Gründen verlor ich diesen Brief am Tisch der Apothekerinnen. «Oh!», machte ich. «Bitte lesen Sie vor!»

Die Apothekerin versuchte zu entziffern: «Grand-Theft-Auto-V für Playstation 4, 29,50 Euro incl. Mehrwertsteuer.»

Stille.

Oh. Das war dann wohl der falsche Zettel. Das war nur eine Quittung zum Auslegen, die den Indizienwald ein wenig dekorieren sollte. Einen echten Hinweis enthielt sie nicht.

«Ja, das verstehe ich jetzt nicht», gab die Apothekerin zu.

«Ich auch nicht», kam es von einem anderen Tisch.

«Nöö», machten die anderen unengagiert.

«Sehen Sie, Herr Kommissar, von einer Affäre mit dem Weihnachtsmann kann nicht die Rede sein!», improvisierte Daphne. Frank laserte mich blicktechnisch, während ich schwitzend die Manteltaschen durchwühlte. Ohne den richtigen Liebesbrief war die Faktenlage dünn. Der Fall würde sich nicht lösen lassen, jedenfalls nicht anhand von Indizien. «Also, es stimmt, dass der Weihnachtsmann mir Grand-Theft-Auto-V nicht gebracht hat», fiel Sven ein, der ja den gelangweilten Sohn der Familie gab. «Aber ermordet habe ich ihn deswegen nicht, Herr Kommissar! Echt nicht!»

Es half mir nicht über meinen Blackout hinweg. Es

blieb Frank nichts anderes übrig, er musste den Spielblock abkürzen. «Ja, meine Damen und Herren, jetzt sind Sie gefordert. Nun müssen Sie ermitteln!», schnaubte er mit gepresster Wut und zog die Multiple-Choice-Lösungsbögen aus der Gesäßtasche.

«Auf diese Blätter bitten wir Sie, Ihre Ermittlungsergebnisse während des kulinarischen Hauptgangs aufzuschreiben. Wir wünschen guten Appetit!»

Die zersägten Weihnachtsenten wurden ausgeteilt, und wir verließen den Saal, damit ich im Hotelzimmer gerupft werden konnte.

«Man schaut zuerst auf die Briefe, bevor man sie vorlesen lässt!», bellte mich Frank an und drückte mich gegen die Kleiderschranktür. Es klopfte. Es war der Chefkellner.

«Die Gäste wirken ein wenig unzufrieden, und der Rechtsanwalt will sein Geld zurück!»

«O Mann, der verklagt uns», fürchtete Sven.

«Sie müssen zurück und die Sache irgendwie hinbiegen», sagte der Chefkellner mit einer gewissen Schärfe.

Wir schlichen verzagt in den Spielraum. Die Gäste kauten an ihren Gummienten. Am Juristentisch dokumentierte der Anwalt mit seinem Smartphone das tote Tier aus verschiedenen Winkeln. Frank holte die Champagnerflasche und trat zu dem Juristen. Aus dem Augenwinkel sah ich dessen Siegerlächeln. Zu was er Frank für unseren Auftritt heruntergehandelt hat, habe ich nie erfahren. Die Gewinnerflasche jedenfalls blieb dort, und Frank kam bleich und geschlagen zurück.

«Er will noch das Dessert abwarten», flüsterte Frank. «Gemischtes Eis mit Sahne.»

Das klang nicht gut. Als wir mal vor Baustatikern spielten, erklärten die, sie würden das Eis gerne mitnehmen, da es fester sei als Stahlbeton. Vielleicht war es diesmal weicher oder sogar weich wie meine Birne.

«Aber den letzten Block, den kannst du doch einigermaßen, oder?», fragte Frank.

Ich machte einen intelligenten Gesichtsausdruck.

«Das Mitmachtheater. Das machen wir gleich mit einer süßen Floristin, und dann ist Schluss.»

Mitmachtheater bedeutete, dass wir mit einer Zuschauerin den Mordfall nachspielten. Dazu mussten die ausgefüllten Lösungszettel eingesammelt werden. Die schlaueste Detektivin durfte dann den Mörder spielen, und ich konnte noch einmal als Opfer glänzen.

«Dann darf ich jetzt die Zettel einsammeln!», rief Frank so freundlich, wie es ihm noch möglich war.

Die Apothekerinnen hatten sich zu einer subversiven Lösung entschlossen: «Der Mörder ist der Koch und das Opfer die Ente. Sie wurde mit seinem Polo überfahren.» Nicht unkreativ, aber nicht die richtige Lösung. Die Gerüstbauer wollten beobachtet haben: «Der Weihnachtsmann ist selber unter den Weihnachtsbaum gekrochen!» Sie tippten auf Freitod, was jetzt tatsächlich nahelag. Frank überflog den Lösungszettel der Floristinnen und raunte mir zu: «Die wollen dir ans Leder!»

Dann moderierte er: «Die einzig richtige Antwort ist von diesem Tisch gekommen», er zeigte auf den verbliebenen Juristen, unseren Feind. «Danke, mein Herr!» Er wandte sich von dem kalten Triumphator ab. «Aber die Gewinnerinnen der Herzen sind unsere Floristinnen!»

Als die Apothekerinnen merkten, dass sie leer ausgehen würden, nahmen sie das als ersehnte Erlaubnis zum Aufbruch. Die Gerüstbauer folgten, in der Raucher

Lounge gebe es Whisky. Nur der Anwalt blieb stoisch sitzen, um das Speiseeis auf Klagegründe zu prüfen.

Brigitte, so hieß die jetzt auserwählte Floristin, sollte in der Mitspielszene den Vater spielen und zeigen, wie der den Weihnachtsmann umgebracht habe. Doch Brigitte tänzelte mich behäbig an, bejubelt von ihren Kolleginnen, und griff in die Tasche meiner filzigen Kluft. Frank spielte den Regisseur und wollte sie in Richtung Mord treiben, während ich versuchte, ihrer Fahne auszuweichen.

Jetzt aber kam sie mit einem Briefkuvert aus meiner Tasche. Mit angespitztem Schrei hielt sie die Trophäe in die Luft. «Der Liebesbrief», kreischte eine Kollegin. O ja. Tatsächlich. Es war das fehlende Indiz.

«Dann kriegen wir aber auch den Champagner!», zickte ein männlicher Florist. «Stimmt!», pflichtete man ihm bei.

«Aber dieser Tisch», Frank wies beschwichtigend auf den Anwalt, doch er kam nicht weit.

«Wir haben den Liebesbrief gefunden, wir kriegen den Schampus!», freute sich Brigitte. Der Florist erhob sich, spazierte galant zum Kanzleitisch und schnappte sich den Preis. Reinfels-Beil blieb sprachlos. Dann tippte er etwas in sein Smartphone – vermutlich in die App *Einstweilige Verfügungen*. Und dann stand er auf und stolzierte unter dem Gejohle der Blumenhändlerinnen hinaus. Frank eilte dienernd hinterher. Doch auch die Situation im Raum war noch nicht unter Kontrolle.

«Plop», machte es hinter mir, und ich stand in einer Champagnerdusche. Daphne fuhr mit ihrer Hand an ihrem Hals entlang. Das internationale Zeichen für: «Mach Schluss, du Idiot!»

«Leute, ich muss mich umziehen!» Mit möglichst

herzlichem Lachen wollte ich mich von verbliebenen Feierwütigen verabschieden.

«Ausziehen, ausziehen», kam als Echo zurück. Floristinnen können echt sehr betrunken sein. Brigitte und der galante Kollege tänzelten auf mich zu. Wäre ich wirklich der Weihnachtsmann, ich würde mich mit solchen Situationen auskennen. Tue ich aber nicht. Es war Daphne, die mich rettete. Sie dirigierte den lahmen Sven zur Musikanlage, wieselte flink zur Tür und rief etwas Richtung Raucher Lounge. Ich verstand nichts. Aber es muss so etwas wie «wilde, willige Floristinnen» bedeutet haben.

Die blumige Meute hatte mich gerade umzingelt, als Sven «Die schönsten Weihnachtslieder des Mitteldeutschen Rundfunks» aus den Boxen quellen ließ und paarungsbereite Gerüstbauer den Raum enterten. Die ranzigen Schlagertakte und das riechbare Testosteron lenkten die Floristinnen ab.

«Und das ist für deine heutige Performance, du Weihnachtsmann», belferte Frank von hinten und stieß mir ein Messer in den Rücken. «Jetzt ist der Mord echt!» Aber weil das Messer von einem Gast an einer der Enten stumpfgesäbelt worden war, und weil mein Weihnachtsmannkostüm doch ziemlich gut gefüttert war, leben wir heute noch, sind beste Freunde und geben immer überzeugendere Vorstellungen. Bitte buchen Sie jetzt.

Sören Sieg

Kryptofest

Alles begann mit Leo, meinem zwölfjährigen Sohn, und mit seinem Freund Kasimir, den er beim Kungfu kennengelernt hat.

«Was ist das für ein verranzter Herd?», fragte Kungfukasimir, als er uns im September zum ersten Mal besuchte. «Habt ihr etwa keine Induktion? Was ist das?»

«Ein Gasherd», antwortete ich kleinlaut. «Umweltschonend.»

«O Gott. Und euer Wohnzimmer?» Ich wies lahm auf die Tür. «Das ist ja so klein wie ein Kinderzimmer! Wir ziehen im Dezember in ein Loft nach Ottensen. Allein mein Kinderzimmer ist größer als eure ganze Wohnung.» Er schüttelte verständnislos den Kopf. Die Schuppen rieselten auf sein rosa Hugo-Boss-Shirt und die 200-Euro-Sneakers von Nike.

«Was macht Kasimirs Vater eigentlich beruflich?», fragte ich Leo, als wir abends *Game of Thrones* guckten.

«Der hat Bitcoin.» Da hörte ich es zum ersten Mal: das Wort, das mein Leben verändern sollte. Und das meiner Familie.

«Ist das ist ein Beruf?»

«Wer Bitcoin hat, braucht keinen Beruf mehr», stellte Leo klar. «Warum kaufst du das nicht mal? Dann könnten wir uns auch mal 'n Induktionsherd leisten. Und das iPhone X plus.»

Abends googelte ich. Bitcoin, Blockchain, Kryptogeld.

Ich verstand kein Wort. Beim nächsten Kungfuturnier ging ich auf Kasimirs Vater zu. Olaf war mindestens 1,95 groß und musste schon seit 15 Jahren mit der Langhantel trainieren, so sehr spannte sein Hemd.

«Hey, ich höre, ihr wohnt in dieser kleinen Hutzelbude mit 'nem Gasherd. Ich wusste gar nicht, dass es das überhaupt noch gibt! Ist das erlaubt?»

Er lachte. Für seine 1,95 Meter war seine Stimme erstaunlich hell.

«Na ja, als Schriftsteller verdient man jetzt nicht soo ...»

«Warum machst du nicht in Krypto? Ich hab da vor einem Jahr mein ganzes Geld reingesteckt. Hat sich verachtfacht, verzehnfacht, verzwanzigfacht. Im Dezember cashe ich aus, und wir ziehen in ein 500 Quadratmeter Loft nach Ottensen.»

Verzwanzigfacht. Auscashen. Klang nach Bernie Madoff. Nach Jürgen Harksen. Nach diesen Finanzbetrügern.

«Und was ist das jetzt genau, dieser Kryptokram?» Olaf lächelte und zeigte Zähne, die etwas zu klein waren und ihm ein nagerhaftes Aussehen verliehen. Er lud mich ins Bistro ein und erzählte. Vom staatlichen Papiergeld, das das größte Schwindelsystem aller Zeiten sei. Von den Zentralbanken, die Geld aus dem Nichts schüfen, jeden Tag, eine riesige Blase. «Früher oder später muss sie platzen. Wenn du mich fragst – eher früher!» Er zwinkerte und nippte an seinem Beck's.

«Und Bitcoin?»

Jetzt wurde der Vortrag etwas kompliziert. So viel verstand ich: Bitcoin ist eine Währung, die nur im Internet existiert. Bei Starbucks oder Expedia kann man schon damit bezahlen. Bitcoin kann nicht gefälscht werden. Alle

Transaktionen stehen in einem Protokoll, das Computernerds in aller Welt zusammen schreiben. Bitcoin funktioniert ohne Bank, ohne Staat, ein Smartphone reicht. «Irgendwann ist das die Währung für alle, weltweit, und dann wird ein Bitcoin eine Million Euro wert sein. Also kauf lieber jetzt, Digger, jetzt kriegst du ihn noch für zweitausend.»

Olaf hatte früher Versicherungen verkauft, betrieb Krafttraining und benutzte das Wort «Digger». Das machte mich misstrauisch. Wenn die große Geldrevolution bevorstand, warum hatte ich noch nie davon gehört? Ich las mich durch *Spiegel Online*, *Finanztest* und *faz.net*. Alle waren sich einig: Bitcoin und die anderen Digitalwährungen (es gab schon über tausend!) waren ein einziger Betrug, überhaupt keine Währung, durch nichts gedeckt. Der Kursanstieg – eine Blase. Ich war beruhigt.

Bis Leo am ersten Oktober nach Hause kam. «Ich habe jetzt auch Bitcoin!» Strahlend zeigte er sein *Wallet* auf dem Smartphone. «Ich habe Olaf das Geld gegeben, und er hat es für mich gekauft! 0,0019 Bitoin – für genau siebzig Euro. Aber in einem Jahr sind es schon siebenhundert!»

«Woher hast du denn siebzig Euro?»

«Zehn hatte ich noch vom Geburtstag. Und zehn hat Lina mir geliehen.»

Lina ist die einzige Person in der Familie, die in Geld schwimmt. Denn meine Mutter zahlt jedem Kind für jede Eins zwanzig Euro aufs Sparbuch. Im Gegensatz zu Leo gibt Lina nie etwas aus. Und im Gegensatz zu Lina schreibt Leo nie Einsen. So schnell öffnet sich die Schere zwischen Arm und Reich.

Ich hatte mitgerechnet. «Das sind erst zwanzig Euro.»

«Ja, und dann habe ich Omi erzählt, dass ich jetzt anfange, für mein Studium zu sparen. Da hat sie mir fünfzig Euro geschenkt.»

Ich schüttelte den Kopf. «Aber du sparst ja gar nicht. Du hast Bitcoin gekauft!»

«Ich halte die bis 2024. Dann kostet ein Bitcoin eine Million. Dann sind meine 0,0019 Bitcoin 20.000 Euro wert. Das hat Olaf mir ausgerechnet. Davon kann ich zwei Jahre studieren!»

Nun gut. Siebzig Euro. Es war zwar alles, was er hatte, und obendrein Geld, das er nicht hatte, aber notfalls würde ich bürgen.

Von diesem Moment an begann der Psychoterror. Jeden Morgen kam Leo triumphierend in die Küche.

«Vier Euro Gewinn, Papa. In einer Nacht! Der Chart geht so krass ab!»

Zahlen liegen mir nicht so. Vielleicht ist das auch ein Grund, warum sich meine Ersparnisse nach 25 Jahren Schreiberei auf zwanzigtausend Euro belaufen und wir in dieser winzigen Wohnung mit dem verranzten Gasherd und dem kleinen Wohnzimmer leben und drei Hollandräder haben statt eines Autos. Aber dass aus siebzig Euro nach nur zwei Wochen über neunzig Euro geworden waren, konnte ich nachvollziehen. Hätte ich siebenhundert Euro angelegt, wären daraus also neunhundert geworden. Aus siebentausend schon neuntausend Euro. Zweitausend Euro Gewinn! Davon hätte ich uns zu Weihnachten einen Induktionsherd schenken können.

Leo las meine Gedanken. Er überredete mich, bei der Kryptobörse einen Account für ihn zu eröffnen. Auf einem evangelischen Flohmarkt verkaufte er sein Larp-Schwert, achtzehn Kinderbücher, seine Pokémonkarten und seine Beyblades und kaufte dann für 144 Euro Bitcoin, Ethereum und Bitcoin Cash.

Von nun an wurde es noch schlimmer. Ständig rechnete ich im Kopf mit, was ich verdient hätte, wenn ich nur die Hälfte meines Ersparten in Kryptos gesteckt hätte. Ende Oktober waren mir bereits über dreitausend Euro entgangen. Die Gelegenheit war da, ich ließ sie vorbeihuschen. Im Gegensatz zu Leo. Er verkaufte seine beiden Lego-Piratenschiffe, seine Duplo-Eisenbahn und seinen Todesstern. Davon kaufte er Dash, Litecoin, Monero und Ripple, über das bald alle Banken ihren Zahlungsverkehr abwickeln würden. Das hatte ihm Olaf erzählt. Olaf. Ich konnte den Namen nicht mehr hören.

Mitte November erreichte der Bitcoinkurs 6500 Euro. Seit Leos erstem Kauf hatte sich der Wert fast verdoppelt. In sechs Wochen. Während meine Ersparnisse auf einem holländischen Tagesgeldkonto fünfzehn Euro Zinsen erwirtschaftet hatten. Ich hatte große Mühe, mich auf meinen Roman *Der Schatten des Fuchses* zu konzentrieren – eine sensible Liebesgeschichte zwischen einem jungen Lappen in Nordschweden und einer älteren Touristin aus Husum, ein Projekt, das meine Agentin als unverkäuflich eingestuft hatte, das mir aber am Herzen lag. *Follow your heart and the money will follow.* Ich war nicht mehr ganz sicher, ob das stimmte. Während der letzten 25 Jahre hatte es nicht funktioniert.

Ich fragte Olaf das nächste Mal beim Kungfu, ob es nicht bereits viel zu spät sei, um einzusteigen, bei sechseinhalbtausend. Er lachte und zeigte seinen Nagerzähne. «Das haben mir auch alle gesagt, als ich gekauft hab vor einem Jahr. Da stand er bei achthundert. Aber eins ist klar: Für so ein Investment brauchst du Eier!»

Ich nickte. Zeit, Handelsblatt und Wirtschaftswoche warnten immer eindringlicher vor dem «Schneeballsystem». Vermutlich waren die Söhne der Redakteure längst Kryptomillionäre. Und sicherlich hätte ich der Versuchung widerstanden, wenn nicht meine Mutter am 15. November über Leo für tausend Euro Kryptos erworben hätte.

Meine Mutter. Sie hatte in ihrem Leben nur Bundesschatzbriefe und Mini-Mietwohnungen in Neumünster gekauft. Entsetzt rief ich sie an.

«Das ist pure Spekulation!», warnte ich sie. «Der Kurs kann jederzeit abstürzen. Auf null!»

«Ich weiß, mein Herzelein», seufzte sie. «Aber jetzt hat er sich fast schon verdoppelt. Ich kann gar nicht mehr schlafen! Was ich da alles verdient hätte. Und Leo wünscht sich das doch so. Er legt das für mich an und kriegt drei Prozent auf die Gewinne. Eigentlich mache ich das nur für ihn.»

Es stellte sich heraus, dass meine Mutter nicht sein einziges Opfer war. Auch für Lina hatte er gegen drei Prozent Provision hundert Euro angelegt.

«Und in meiner Klasse, die sind so heiß! Vielleicht gehe ich bald von der Schule ab und werde Kryptoberater!», strahlte er.

Täglich sammelte er dort Beträge zwischen zehn und zwanzig Euro ein. Angeblich auch von Lehrern. Es reichte mir. Zum ersten Advent kaufte ich einen Bitcoin. Für achttausend Euro. Das war mein Maximum. Mehr würde ich auf keinen Fall in diesen Wahnsinn stecken. Niemals. Leo installierte eine App auf meinem Smartphone, die mir sekündlich die Gewinne vermeldete. Nach zwei Tagen war mein einsamer Bitcoin bereits über neuntausend

Euro wert. Meine Mutter überwies mir zweitausend mit der Anweisung, sie *sofort* in Bitcoin anzulegen. Am Nikolausmorgen stand mein Bitcoin bei nahezu zehntausend Euro. Leo jubelte. Er hatte nicht mal seine Schuhe rausgestellt.

Die Kurve ging jetzt fast senkrecht nach oben. Ich schlenderte durch die geschmückte Innenstadt auf der Suche nach Geschenken für meine Mutter, meinen Halbbruder, meine Schwester und Tante Heidi, die uns alle am 26. Dezember besuchen würden. Zum ersten Mal im Leben kaufte ich bei *Lush* in der Spitalerstraße: drei Badekugeln, ein Duschgel und eine Bodylotion für fünfzig Euro. Ich sah Menschen um mich herum, die erschöpft von der Arbeit kamen, kleine strebsame Ameisen. Sie *arbeiteten* für ihr Geld! Ein Blick auf die App: wieder dreißig Euro mehr, in einer halben Stunde. Es war vollkommen unverantwortlich, die restlichen zwölftausend Euro auf dem Tagesgeldkonto zu lassen. Es war, als würde ich permanent Geld vom Balkon werfen. Ich kaufte Litecoin, Ethereum, Bitcoin Cash, Ripple, Dash und Monero. Ich hatte Eier. Leo hüpfte vor Begeisterung durchs Wohnzimmer.

«Ich würde nicht zu viel anlegen», sagte Lina mit ihrer leisen Stimme beim Abendbrot, während sie einen Weihnachtsengel aus Glanzpapier ausschnitt, etwas zu nah an der leuchtenden Kerze. Ich konnte so etwas nicht gut mit ansehen, aber Lina ist so umsichtig, ihr passiert nichts. «Schon mal überlegt, was du verlieren kannst?», fragte sie. «Falls das wieder runtergeht?»

Klang vernünftig. *Zu* vernünftig. Ich wollte noch mehr kaufen. Advent ist die Zeit der Zuversicht! Nur hatte ich bereits alles eingesetzt. Die ganze Nacht lag ich wach.

Kurz vor drei hatte ich eine glänzende Idee. Also, im Prinzip hatte meine Agentin sie gehabt, und ich hatte aus künstlerischer Integrität bislang abgelehnt: *111 Tinder-Desaster. Aus den Abgründen meines Datinglebens.* «Solche Bücher kaufen Frauen zu Hunderttausenden, ganz egal, was drinsteht», hatte sie mich beschworen. Jetzt schrieb ich ein Exposé und eine zehnseitige Leseprobe mit meinen drei schlimmsten Tinder-Dates und mailte ihr alles um sieben Uhr früh. Zwar waren das meine einzigen Tinderdates gewesen, und ich hatte keine Ahnung, wie ich an die übrigen 108 gelangen würde, aber jetzt ging es nur um den Vorschuss, den ich direkt in Kryptos investieren würde.

Am Morgen nach Nikolaus überschritt Bitcoin erstmals zehntausend Euro. Mein Telefon klingelte. «Hi, hier ist Birte!», flötete eine Stimme. Meine Schwester. Sie ist Professorin für orientalische Genderstudies und berät unsere Familienministerin. Vor drei Jahren hatten wir uns über ein Burkaverbot an Universitäten zerstritten und seitdem kein Wort mehr gesprochen. Jetzt rief sie an – um sieben Uhr morgens. War jemand gestorben? Ich entschuldigte mich für meine Entgleisungen drei Jahre zuvor. «Natürlich ist die Burka ein Ausdruck kultureller Selbstbestimmung», gestand ich ihr zu. «Wir als privilegierte Abendländer sollten da als Allerletzte eingreifen!» – «Hör auf, Schnee von gestern!» Ihre Stimme klang unerwartet munter. «Du, Bitcoin geht ja so was von ab. Und ich kriege keinen Account eröffnet, alles total überlastet. Kannst du für mich was anlegen?»

Wie sich herausstellte, hatte sie mir bereits fünftausend Euro überwiesen. Noch während ich versuchte, eine Order zu platzieren – die Seite der Kryptobörse stürzte alle zehn Minuten ab –, klingelte das Telefon erneut. Tante Heidi. Ihr Mann hatte mit der Reparatur von Waschmaschinen ein Vermögen gemacht und bei Pferdewetten fast alles wieder verloren, bevor er von einem simsenden SUV-Fahrer überrollt wurde. Seitdem arbeitete Heidi als Sterbebegleiterin und rezitierte aus dem tibetischen Totenbuch.

«Sören, ich habe gehört, du hast eine Methode gefunden, wie man ganz schnell reich werden kann. Das interessiert mich.»

Ich holte tief Luft und erklärte ihr, Bitcoin sei kein kurzfristiges Investment. Ich zählte alles auf, was ich auch nicht verstanden hatte: die Zentralbankgeldblase, die Geschichte des Josephspfennigs, die dezentrale Vertrauensbildung durch Blockchains, Kryptos als Geld des 21. Jahrhunderts, kurzfristig volatil, langfristig unschlagbar.

«Ich hab schon so viel Pech mit Geldanlagen gehabt», jammerte sie. «Wegen Stiftung Warentest hab ich doch damals Deutsche-Bank-Aktien gekauft, für hundertzwanzig Euro. Jetzt sind sie bei zwölf Euro. So was will ich nicht noch mal erleben!»

Ich warnte, sie dürfe nur Geld in Kryptos investieren, das sie nicht brauche. Vielleicht zwei Prozent ihrer Ersparnisse.

«Aber deine Mutter sagt, du hast alles reingesteckt! Und schon Tausende verdient! In einer Woche!»

Ich war ein bisschen skeptisch, ob Tante Heidi tatsächlich der ideale Kryptoinvestor war. Das sagte ich ihr auch.

«Also, nur weil ich kein Abitur habe, lasse ich mir das jetzt nicht entgehen!», erwiderte sie trotzig. «Und ein bisschen was habe ich gespart. Wenn ich das nun in diesen Rippels anlege, die du verkaufst, wie viel wird das in einem Jahr sein?»

Kurz vor dem zweiten Advent schoss Bitcoin auf zwölftausend Euro hoch. Es war unfassbar.

Meine Agentin rief an. «Sören, was ist mit dir los?», säuselte sie. «So frisch, so witzig, so – modern! Vergiss den *Schatten des Kaninchens*. Das hier wird ein Seller! Sooo lustig, wie du diese Frau mit der Ganzkörperakne getroffen hast! Hab's schon an Ullstein, Rowohlt und dtv gemailt und ihnen gesagt, dass es der Burner der Saison wird. Ich rechne noch diese Wochen mit den ersten Geboten!» – «Wie hoch?», fragte ich nervös. Das könne sie noch nicht sagen, melde sich aber bald. Aufgelegt. Es war nicht möglich, mit ihr länger als zwei Minuten am Stück zu sprechen.

Als es zum ersten Mal dicke Flocken schneite, hatte ich keine Zeit, aus dem Fenster zu sehen. Über Nacht war Bitcoin auf fünfzehntausend Euro gestiegen. Mit meinem ersten Bitcoin hatte ich schon über sechstausend Euro verdient. Ein Drittel dessen, was ich bislang in meinem gesamten Leben gespart hatte. Ich bestellte mir die Gesamtausgaben von Dostojewski, Proust und Thomas Mann in Leinen, ein Macbook Pro, die Tarantino-Blue-Ray-Sammlung und googelte nach Induktionsherden.

Am zweiten Advent rief Vlado an, mein Halbbruder. Er hat tiefbraune, melancholische Augen und einen Drei-Tage-Bart und schreibt wunderbar hyperrealistische Krimis, die in Belgrad um jede Menge Alkohol, Sex und Crystal Meth herumkreisen und sich sehr gut verkaufen. Leider kommt Vlado kaum in den Genuss des Geldes, denn er hat vier Kinder von zwei Exfrauen, die beide nichts verdienen, sodass er für alle sechs aufkommen muss, plus eine neue Freundin aus Bukarest, die auf teure Klamotten steht.

«Schlechte Neuigkeiten», begann Vlado. «Rumänien-Anja ist schwanger. Mit Zwillingen.» Seine Stimme klang noch eine Oktave tiefer als sonst. Ich liebe ihr abgründiges Kratzen. Jetzt allerdings wusste ich nicht, ob ich gratulieren oder kondolieren sollte.

«Sören, ich brauche diese Kryptos. Ich habe gehört, du hast damit in zwei Wochen über hunderttausend verdient.»

«Hunderttausend? Vlado, ich habe sie erst seit zehn Tagen, und ...»

«Hör auf. Ich weiß alles. Und ich bin wirklich am Arsch. Also, ich brauche diese Bitcoinaktien. Aber ich habe kein Geld.»

«Vlado, es sind keine Aktien ...»

«Hier ist mein Deal: Du leihst mir hunderttausend. Und wenn das Ganze sich verdoppelt hat, kriegst du sie zurück. Dann haben wir beide hunderttausend.»

Das klang irgendwie fair. Aber ich hatte gerade meine Lebensversicherung und meine Riesterrente verscherbelt, um noch mal fünfzehntausend in Stellar, Cardano und IOTA zu stecken, die Kryptowährungen der nächsten Generation. Ich hatte absolut nichts mehr. Das sagte ich ihm auch. Er schwieg. Am Telefon eine unangenehme Erfahrung.

«Sören, ich stecke im Dreck. Ich bin dein Bruder. Ich brauche dieses Geld!»

«Und ich habe es nicht!»

Zum Glück klingelte es an der Tür, ich konnte auflegen. Meine Nachbarn aus dem zweiten Stock hatten gehört, man könne bei mir sein Geld verdoppeln.

Zwei Tage später ein Jubel-Anruf meiner Agentin: Ullstein wollte die *111 Tinder-Desaster.* Vorschuss zehntausend! Wann ich den bekommen könne, fragte ich. Gemach, nun gehe ja erst die Auktion los, antwortete sie. Es könne zwei Wochen dauern. Sie melde sich zeitnah. Aufgelegt. Ich fand Trost darin, dass die Litecoins, die ich vor einer Woche zum Kurs von knapp neunzig Euro gekauft hatte, ihren Wert verdreifacht hatten. «Und wer hat es dir empfohlen, Papa?», triumphierte Leo.

Es kam noch besser. Als ich gerade mit Lina und Leo zum Weihnachtsmarkt am Jungfernstieg schlenderte, rief meine Freundin Sarah an. Sie hilft als Rechtsanwältin internationalen Pharmaunternehmen, sich gegenseitig um zweistellige Milliardenbeträge zu verklagen.

«Sören, ich mach's kurz, bin gleich in einer Telefonkonferenz mit Glaxo-Smith-Kline. Also, dieses Zinshaus in Frankfurt ist der reine Albtraum. Nur Horrormieter. Nie wieder Immobilien!» Ich wusste nicht mal, dass sie ein Zinshaus besaß. «Aber ich habe gehört, du hast mit diesem Bitcom seit dem ersten Advent eine Million gemacht?»

«Nein, das ist hemmungslos übertrieben. Ich habe lediglich ...»

«Alles gut, alles gut, ich sag's nicht dem Finanzamt. Ich hab mal geguckt, das ist ja irre kompliziert. Ich überweise dir jetzt zweihunderttausend, und du legst es für mich an. Von dem Gewinn kriegst du fünf Prozent. Okay?»

Ich schluckte. Hatte sie zweihunderttausend gesagt?

«Gut, zehn Prozent. Oder fünfzehn. Aber da ist Schluss. Gibst du mir deine Kontonummer? Konferenz geht los.»

Leo war außer sich vor Begeisterung. Nun hätten wir endlich Geld, um in weniger bekannte Coins zu investieren. Zum Beispiel Zcash, wegen der absoluten Anonymität der Transaktionen besonders beliebt bei der 'Ndrangheta, den chinesischen Triaden und den mexikanischen Drogenkartellen.

Am Morgen des 14. Dezember legten wir Sarahs Zweihunderttausend in fünfzehn verschiedenen Coins an und kauften für fünftausend Euro Kryptos für Tante Heidi. Mit Sarah hatten wir unfassbares Glück. Die Ripple, die wir morgens gekauft hatten, hatten sich abends bereits im Preis verdoppelt. Natürlich berichtete ich ihr das umgehend. Sarah konnte sich nicht einkriegen vor Freude: «Ich dachte immer, du seiest einfach nur ein miserabler Schriftsteller. Aber du bist ein Genie!»

In diesem Moment kam mir eine Idee. «Ich hab wirklich eine Glückssträhne», antwortetet ich, «Ullstein will mir fünfzehntausend Vorschuss für mein neues Buch zahlen, *111 Tinder-Desaster*. Aber wie Verlage so sind, es wird ewig dauern, bis die das überwiesen haben. Könntest du vielleicht ...»

Ich musste nicht zu Ende sprechen. Sarah hätte mir in diesem Moment vermutlich auch ihr Zinshaus in Frankfurt überschrieben. «Bin grade auf der Weihnachtsfeier», flüsterte sie ins Handy. «Aber kein Problem, ich überweise heut Nacht plus, warte, plus noch mal vierhunderttausend zum Anlegen. Mach damit, was du willst. Krypto rules!»

Aufgelegt. Ich rief nach Leo, der fieberhaft zu rechnen begann. Wenn Sarahs sechshunderttausend sich nur verdoppeln würden – also spätestens Ende Januar –, wie hoch wäre unsere Provision? Neunzigtausend! Wir sahen uns an. Leo stiegen Tränen in die Augen. «Wir müssen nie wieder arbeiten, Papa!», stammelte er.

«Unsinn», bemerkte Lina, während sie mit provozierender Ruhe einen Weihnachtsmann aus Buntpapier ausschnitt, samt Schlitten und Rentier. Das hatte sie schon mit vier gekonnt. Ich konnte es immer noch nicht. «Erstens geht das alles wieder runter. Zweitens wirst du immer schreiben, Papa, egal, wie viel Geld du hast.» Lina war bei ihrem Hundert-Euro-Investment geblieben. Der Rest schlummerte nutzlos auf ihrem Sparbuch.

An den folgenden Tagen ging ich gar nicht mehr ans Telefon. Zu viele Freunde wollten mir Geld überweisen. Einmal nahm ich doch noch ab. Es war Jeremias, Sohn von Tante Heidi und Ökonomiedozent in Stuttgart. Es war klar, welche Worte gleich fallen würden: Schneeballsystem, Betrug, Blase, Tulpenzwiebeln. Ich musste nicht lange warten.

«Du betätigst dich also als Vertreter für dieses Schneeballsystem?»

«Es handelt sich um die Währung der Zukunft», erwiderte ich kühl. «Und ich habe damit schon einigen Gewinn gemacht.»

Seine Stimme wurde scharf. «Also, du hast schon verkauft?»

«Ich bin ja nicht blöd.»

«Dann sind das Buchgewinne. Rein fiktiv. Das Ganze ist ein Scam. Tulpenfieber. Eine riesige Blase!»

Natürlich hasste er mich dafür, dass ich, der erfolglose Schriftsteller, nun ein besserer Finanzinvestor war als er mit seinem Master der Rotterdam Business School.

«Leg dein Geld doch bei der Sparkasse an!», empfahl ich ihm. «Null Komma eins Prozent Zinsen – im Jahr!»

«Sören, du verspielst die Ersparnisse meiner Mutter!»

Ich erklärte ihm, dass es sich um ein diversifiziertes

Portfolio aus verschiedenen Kryptowährungen handelte: Ripple, Monero, Dash und Bitcoin Cash.

«Wenn du verschiedene Tulpenzwiebeln kaufst, ist das keine Diversifizierung! Du verkaufst das sofort, ehe es total abstürzt!»

«Aber es steigt! Und warum sagst du das nicht deiner Mutter?»

«Weil sie *dir* glaubt!»

Zum dritten Advent erreichte Bitcoin sechzehntausend Euro, und wir investierten so viel wie noch nie: Für Sarah vierhunderttausend, für mich den vorgestreckten Vorschuss, zehntausend für meine Schwester, noch mal zwanzigtausend für die Nachbarn, die sich Geld von ihren Freunden zusammengeliehen hatten. Ich zweigte sogar noch tausend Euro ab, um für Vlado Ripple zu kaufen.

Und dann, unmittelbar vor Weihnachten, begann der Futurehandel auf Bitcoins an der Börse in Chicago. Das sind Wetten darauf, wie sich der Kurs entwickeln wird. Einfach nur Wetten. Aber von diesem Moment an stürzten die Kurse. Bitcoin verlor zehn Prozent seines Wertes, an einem einzigen Tag.

Ich rief Olaf an. «Was ist da los?»

«Alles gut! Ich hab gestern ausgecasht. Historischer Höchststand, fast zwanzigtausend Dollar. Wir haben 'ne Villa in Othmarschen gekauft, Digger. Und der Trend geht zum Zweitporsche!»

«Frohe Weihnachten», murmelte ich totenbleich.

«Ihr habt aber nicht mehr gekauft?», fragte er. «Doch nicht auf dem absoluten Peak?»

«Ich, äh, nein.» Was sollte ich sagen. In meinem Kopf hatte sich die Kurve immer weiter nach oben verlängert.

Später habe ich gelesen, dass unsere Hirne evolutionär so angelegt sind.

«Digger, niemand kauft den Peak! Kaufen wenn's unten ist, verkaufen, wenn's oben ist. Hey, dafür muss man keine Finanzwissenschaft studiert haben!»

Wenn es bei zehn Prozent geblieben wäre. Die Kurve zeigte senkrecht nach unten. Jeden Tag weitere zehn Prozent runter. Erst kurz vor Heiligabend war Ruhe. Da rief meine Agentin an. «Die Auktion ist geplatzt, leider. Droemer bringt im Februar schon *99 Tinderdesaster – aus der Hölle meines Datinglebens* von einer bayrischen Autorin. Aber im Januar finden wir bestimmt ein neues sexy Thema. Wie wäre es mit *Gestatten, Dr. Dauerpups. Das Buch der lustigen Nachnamen*?»- «Nein! Was ist mit dem *Schatten des Fuchses*? Das habe ich fast fertig!» Aufgelegt. Die zwei Minuten waren um. Statt der anvisierten zehntausend würde es jetzt null Euro Vorschuss geben. Wann sollte ich das noch mal Sarah zurückgeben? Musste ich mich jetzt bei ihr melden?

Sie rief von selbst an. «Das nenne ich einen amtlichen Absturz!» Ihre Stimme hatte sich stark abgekühlt. «Aber ich hoffe mal stark, als verpeilter Künstler hast du die letzte Tranche noch nicht investiert? Sören? Hallo? Du hast jetzt nicht sechshunderttausend in diesen Kryptoscam gepackt?»

Ich liebe die Theorie, die Hillary Clinton bis heute verbreitet: Hätten die amerikanischen Wahlen bereits am 24. Oktober 2016 stattgefunden, dann wäre sie jetzt Präsidentin. Ebenso wäre ich ganz sicher der Star des familiären Weihnachtskaffees gewesen, wenn der zweite Weihnachtstag schon am 17. Dezember gefeiert worden wäre. Aber leider wurde in den USA am 5. November gewählt, und der zweite Weihnachtstag fiel auf den 26. Dezember. Und Bitcoin auf neuntausend.

Meine Mutter und Lina waren entschlossen, keinen Schatten über das Weihnachtsfest fallen zu lassen. Es war mühsam genug, uns ernährungsmäßig zusammenzubekommen. Weil Vlado sich nur von Fleisch und Alkohol ernährt, Lina dagegen vegan lebt, hatten wir vor drei Jahren vom Weihnachtsessen auf ein Weihnachtskaffeetrinken umgesattelt. Lina hatte einen veganen Trauben-Zwetschgen-Kuchen gebacken, meine Mutter Zimtsterne, Heidesand und Spekulatius.

«Frööööhliche Weihnacht üüüberall!», sang sie mit ihrer hohen und hellen Stimme, als sie um 14 Uhr zur Tür hereinkam, um beim Aufbauen und Schmücken zu helfen. Lina hat seit ihrem fünften Lebensjahr aus Buntpapier, Stroh, Pappe, Zeitschriftenseiten, Herbstblättern, Ästen und Seide Weihnachtssterne, Weihnachtsengel, Nikoläuse und Schlitten gebastelt. Es ist kaum möglich, das alles in unserer winzigen Wohnung unterzubringen. Das Wohnzimmer ist nach dem Aufstellen des Baumes eigentlich schon voll. Und bis auf weiteres würden wir nicht in eine Villa nach Othmarschen umziehen, auch nicht in ein Loft in Ottensen. Im Gegenteil.

«Pass bloß auf mit den Papierengeln bei den Adventskerzen!», warnte meine Mutter wie in jedem Jahr.

«Alles gut, Omi», wisperte Lina wie in jedem Jahr. «Da passiert nix. Ich muss mich jetzt aufs Backen konzentrieren.»

Eine halbe Stunde später kam meine Schwester. Ihr Blick war so eisig wie an jenem Tag, an dem ich einen Witz über Passfotos in Burka gemacht hatte. Meine Mutter fuhr diplomatisch dazwischen. «Und *ein* Thema wollen wir heute am Weihnachtstag ganz sicher nicht diskutieren!», rief sie mit einem Lächeln, das so festgefroren war wie die Züge der Deutschen Bahn beim ersten Kälteeinbruch.

«Allerdings», sagte Birte, die etwa sechstausend Euro im Minus stand.

«Ist doch super, Omi», lachte Leo. «Wir beide sind immer noch tierisch im Plus!» Aus purem Geldmangel hatte er am 15. November mit dem Kaufen aufgehört. Auch Vlado, der um halb drei kam, war bester Laune. Er hatte schon ordentlich getankt und als «Geschenk für alle» etliche Flaschen Rot- und Weißwein mitgebracht, über die er zu philosophieren begann, während er sie öffnete und sich einschenkte. «Wer oder was ist der Weihnachtsmann?», raunte er. «Ein Nachfahre der römischen Saturnalien! Ein Zombie aus dem Reich der Toten. Wir kaufen uns bei ihm frei, damit wir weiterleben dürfen. Prost!»

Meine Mutter mahnte ihn, erst mal Kaffee zu trinken. Vlado stürzte sein Glas in einem Zug runter. «Ah! Lasst hundert Huren um mich sein – es ist Weihnachten!»

Auch Tante Heidi, die Schlag 15 Uhr auftauchte, hätte das Thema sicher gern gemieden, sogar ihr verzogener Jeremias hätte sich an das Schweigegelübde gehalten. Aber merkwürdig war es schon, dass er einen Anzug trug wie zu einer Beerdigung und dass ihre Augen aussahen, als hätte sie drei Tage und Nächte durchgeweint. «Wie schön du das wieder gemacht hast», flüsterte Heidi, als Lina die Kerzen des Adventskranzes anzündete. «Aber pass mit den Papierengelchen auf! Jedes Jahr gehen bei uns vierzehntausend Christbäume in Rauch auf und die Wohnungen dazu!» Lina stöhnte nur leise. «Und der

Pflaumenkuchen», fragte Heidi zur Versöhnung, «hast du den auch so schön vegan gemacht?»

In diesem Moment kam Leo zum Tisch. «Weihnachtsrabatt!», rief er begeistert. «Discount auf alle Coins. Sooo geil!»

«Was?», stammelte meine Tante. «Was meinst du?»

«Heidi, es ist so krass. Ich krieg doch nachher von euch allen Geld geschenkt. Seit sechs Wochen kann ich zum ersten Mal nachkaufen! Und genau zu diesem Zeitpunkt gehen die Kurse in den Keller. BTFD!»

«Was?», stotterte meine Tante, dem Weinen nahe.

«Buy the fucking dip! Fünfzig Prozent Weihnachtsrabatt!»

«Ich glaube, das Thema lassen wir jetzt mal», beschied meine Schwester und lud sich ein extragroßes Stück Kuchen auf den Teller. «Ich denke, hier haben einige mit dieser Schnapsidee Verlust gemacht. Aber das müssen wir ja jetzt nicht besprechen.»

Nun tropfte eine Träne aus Heidis linkem Auge. «Nein, bitte nicht. Ich hatte solchen Kummer deswegen ...»

Jeremias blickte Leo streng an und legte den Arm um seine Mutter.

«Was ist denn los?», fragte Leo völlig unbekümmert. «Was habt ihr denn gedacht? Jetzt geht's runter, und dann wieder hoch!»

«Wann denn?», fragte meine Schwester so scharf, als habe Leo eine Me Too-Debatte begonnen.

«Was weiß denn ich!», lachte Leo schrecklich gut gelaunt und biss einem Schokoweihnachtsmann den Kopf ab.

«Ich habe schon sechstausend Euro verloren mit diesem Scam!», erklärte meine Schwester.

«Solange du nichts verkaufst», mampfte Leo, «hast du noch nix verloren. Sonst hätte diese Freundin von Papi, diese Sarah oder so, schon über zweihunderttausend verbrannt!»

Heidi blickte mich mit einem Ausdruck leeren Entsetzens an. «Wen hast du denn noch alles da reingezogen?», flüsterte sie.

«Jeden, den er kennt», höhnte meine Schwester.

«Es ist nur eine Korrektur», nuschelte ich.

«Korrektur!?» Jeremias spuckte vor Aufregung Spekulatius auf seinen Anzug. «Ein Crash ist das! Es geht auf Null. Und das war von vornherein jedem klar, jedem, der auch nur einen Hauch von Ökonomie versteht!»

«Das wissen wir doch gar nicht», sagte Lina mit ihrer leisen Stimme. «Lasst uns doch jetzt einfach ...»

«Niemand hat Geld verloren?» Tante Heidis Stimme überschlug sich. «Tausende hab ich verloren! Alles!»

Sie übertrieben heillos, aber das war jetzt nicht zu ändern.

«Das war ein Schneeballsystem!», rief Jeremias. Er war so rot angelaufen, dass ich mich an die Sendung über Schlaganfall erinnerte. Man sollte bei den ersten Symptomen schnell handeln.

«Wie ich diese Familie liebe!», rief Vlado, der jetzt direkt aus der Flasche trank. «Wie ihr das Geld anbetet. Keiner wollte mir was leihen. Da habt ihr die Quittung. Alles weg!»

«Sei einfach still», flüsterte meine Schwester.

«Für dich haben wir doch auch Kryptos gekauft!», heulte Tante Heidi. «Wir alle! Birte, Sören, ich, deine Stiefmutter! Zehntausend haben wir für dich angelegt! Aber es ist alles weg!»

Vlado hielt inne. Er rollte mit den Augen. Es sah aus, als würde er gleich vom Stuhl kippen. Stattdessen glitt ihm nur die Flasche aus der Hand. Und dann ging alles ganz schnell.

Die Flasche warf einen Strohengel um, der in den Adventskranz fiel und sofort Feuer fing. Linas Strohsterne und die Papierengel und die Weihnachtspappfiguren, alles fing Feuer, die ausgetrockneten Nadeln des Kranzes selbst, Flammen schossen hoch. Tante Heidi schrie: «Es brennt!», und mir ging in einer Millisekunde durch den Kopf, dass man Feuer nicht mit Wasser löschen, sondern ersticken soll, mit Decken. Deshalb rannte ich zum Schlafzimmerschrank, aber da waren keine Decken, nur Kleider. Der Feuermelder gab jetzt ein sirenenartiges Schrillen von sich. Leo schrie: «Die Feuerwehr! Ich hol' die verdammte Feuerwehr!» Meine Tante schrie: «Feuer!» Ich rannte in die Küche und füllte unsere Gießkanne mit Wasser, obwohl man das nicht tun soll, und kippte das Wasser über den Kranz, und das Wasser spritzte durch den Raum. «Mein Anzug!», schrie Jeremias. Ich holte zum zweiten Mal Wasser. Alle waren in den Flur geflohen, und meine Tante kreischte: «Wir werden alle verbrennen!» Leo rief, er werde jetzt die Feuerwehr rufen, ich schrie, ich habe alles unter Kontrolle, Vlado starrte ins Feuer und hob die nächste Flasche in die Höhe. Nach der dritten Gießkanne waren die Flammen schon merklich kleiner, nach der vierten waren sie erloschen.

«Meine Weihnachtsengel!», wimmerte Lina.

«Ist es gelöscht?», wunderte sich Leo.

«Mein Anzug ist hin!», zeterte Jeremias. «Und das zahlt ihr!»

«Hör einfach auf, hör einfach auf», greinte Tante Heidi.

Vlados Augen leuchteten, als spiegele sich immer noch das Feuer in ihnen, und meine Mutter und meine Schwester sagten gar nichts, sondern hielten sich im Arm. Der Rauchmelder schrillte immer noch. Jeremias montierte ihn ab und entfernte die Batterie.

Nun war es plötzlich sehr still. Der Boden stand unter Wasser, der Holztisch war schwarz verkohlt. Aber die Decke, ein Wunder, war weiß geblieben. Und während Vlado sich ins Sofa vorm Baum fallen ließ, stand Tante Heidi zitternd da, nun getröstet von meiner Mutter. Leo öffnete die Fenster, um den Rauch abziehen zu lassen. Lina sammelte in Zeitlupe auf, was an Weihnachtsschmuck übrig geblieben war. Ich wischte den Boden. Meine Schwester stopfte alles Angekokelte in große dunkelblaue Müllsäcke.

Wir haben dann noch einen langen Spaziergang unternommen, meine Mutter und Vlado blieben als Feuerwache zurück. Und dann, ja, dann haben wir sogar noch Weihnachten gefeiert, mit «Es ist ein Ros entsprungen» und Quempas-Flöten und Bescherung unterm Baum und veganem Heidesand, und meine Mutter war glücklich über die Badekugeln von Lush und Vlado über die Pynchon-Ausgabe. Von den Kryptos sprachen wir kein Wort mehr. Nur Leo versicherte zum Abschied, er werde Tante Heidi alle Verluste erstatten, Ehrensache. Wie er das denn machen wolle, fragte Tante Heidi.

«Du musst nur ein paar Jahre warten», sagte Leo ganz ernst. «In fünf Jahren ist ein Bitcoin eine Million wert. Da kann ich dir deine Verluste locker zurückzahlen. Locker.»

Und ich? Ich brauche noch eine Alternative zu *Meine 111 Tinder-Desaster*. Desaster ist schon mal gut. Vielleicht irgendwas mit Kryptos?

Bernhard Lassahn

Im Piraten-Paradies

Es ist kurz vor Heiligabend, und Katja liegt flach. Das schlechte Gewissen begleitet mich wie ein Halbschatten. Schließlich habe ich sie zu dieser Kreuzfahrt überredet

Und das war gar nicht so leicht. Weder sollte es als Verlegenheitslösung erscheinen noch als Entschädigung dafür, dass sie früher nicht reisen konnte. Ich hatte versichert, dass es Etagenbetten gibt, dass es mir aber auch nichts ausmacht, wenn alle an Bord uns für ein Liebespaar halten. Die Vorstellung hat ihr gefallen. In gewisser Weise stimmt es auch. Wir gehören zusammen. Das haben wir uns als Kinder fest gelobt.

Sie ist meine Cousine. Sie ist im Sozialismus aufgewachsen und durfte mich nie im Westen besuchen. Nun können wir zusammen verreisen. Natürlich habe ich ihr nicht versprechen können, dass ich nicht schnarche. Das ist ihr Risiko.

Sie muss nichts bezahlen, ich habe sie eingeladen. Sie braucht keine speziellen Ausrüstungen, keine Impfungen, keine Tabletten gegen Seekrankheit, nicht bei so einem großen Schiff, und vor allem, wie ich mehrfach versichert habe, braucht sie keine Tabletten zur Malaria-Prophylaxe.

Zu ihren Bedingungen gehört, dass ich einen bestimmten männlichen Vornamen während der gesamten Reise nicht aussprechen darf.

Vor fünf Tagen sind wir in Port Luis an Bord gegangen. «Willkommen im Paradies!», hieß es zur Begrüßung. Es gilt geradezu als gesichertes Wissen, dass Mauritius das Paradies auf Erden ist. Mauritius ist das Original. Das Paradies, von dem sonst die Rede ist, kann nur nachgemacht sein. Zuerst gab es Mauritius, nach dem Vorbild hat Gott das Paradies geschaffen.

Mark Twain soll das gesagt haben, in einer schwachen Minute. Ein frühes Kreuzfahrtunternehmen hatte ihn engagiert. Als Stargast sollte er den Passagieren Geschichten vorlesen, die ihm längst zum Hals heraushingen. Das ist hundertfünfzig Jahre her. Aber sein Spruch über Mauritius steht immer noch im Reiseführer, als sei es das Beste, was man über die Insel sagen kann. Dazu findet sich der Hinweis, Mauritius sei der einzige Ort auf der Welt, an dem man nicht gefragt wird, wie es einem da gefällt. Das soll als Beweis gelten, dass es einem auf Mauritius einfach gefallen muss. Ich sehe das anders. Man könnte daraus auch ein Desinteresse der Bewohner an der Meinung der Touristen ablesen, was ich nicht mal unsympathisch fände.

Katja ist schon am dritten Seetag krank geworden mit heftigen Schwindelgefühlen und Durchfall. Immerhin konnte sie noch den Kapitänsempfang mitmachen und dazu das tief ausgeschnittene Abendkleid anziehen, das sie von ihrer Freundin Jasmin geliehen hat. Sie hat auch eine der Hauptattraktionen der Reise noch erleben dürfen: das Gala-Konzert mit dem greisen Karel Gott, bei dem sie fürchtete, dass ich blöde Bemerkungen mache würde. «Schicksalsmelodie, du wirst uns zwei begleiten ...» Ich habe geschwiegen wie ein Grab, es hat mir sogar gefallen, nicht so richtig, aber ein bisschen. Es ist nicht mein Geschmack. Katjas schon eher. Jedenfalls ist es früher mal ihr Geschmack gewesen. «Weißt du, wohin die Träume alle flieh'n, die unerfüllt an dir vorüberzieh'n?» Sie kennt ihn von Fernsehsendungen wie *Ein Kessel Buntes* und den *Drei Dialektikern* und hat zwei LPs von ihm besessen.

Sie hat sich sogar überreden lassen, kurz in die Sansibar zu gehen, zur *haute volle*, zu der sie ansonsten keinesfalls gehören will – was man schon daran merkt, wie sie das Wort ausspricht –, um noch ein Bier in unmittelbarer Nähe zum Star ihrer Kinderzeit zu trinken. «Der ist aber klein geworden.» Das merkte man erst, wenn man ihn neben den anderen Gästen sah, die ihn sofort mit Applaus begrüßt haben, als er die Sansibar betrat. Nicht weil sie eine Zugabe von ihm wollten. Sie beklatschten ihn einfach so, weil es ihn gab, weil er immer noch lebte und weil er sich zu ihnen gesellte.

Wenn das Wetter schlechter wird, wird das Programmangebot erweitert. Wir stellen es jeden Tag neu zusammen. Ich bin als Kinderbetreuer ein Außenseiter unter den Lektoren. Zum Glück habe ich noch einen Vortrag in Reserve, den ich jederzeit einschieben kann, eine PowerPoint-Präsentation, bei der ich berühmte Piraten vorstelle: William Kidd, George Anson, Henry Morgan, Edward Teach und Mary Read. Schließlich muss ich was tun für mein Geld.

Dabei kriege ich keines. Mein Honorar besteht darin, dass ich eine Begleitperson mitbringen darf. Getränke und Landgänge muss ich allerdings übernehmen – was ich Katja verschwiegen habe, sonst wäre sie nicht mitgekommen. Was ich hier mache, hat entfernt Ähnlichkeit mit dem, was Mark Twain zur Belustigung der Passagiere machen musste.

Nach dem offiziellen Teil der Meetings, bei denen immer jemand von der Brücke dabei ist, kommt Sektlaune auf. In einer dieser Sektlaunen ist mir klargeworden, was mit dem Programm bezweckt wird: die Simulation der Jugend der zahlenden Gäste. Wir lassen eine Zeit aufleben, in der es noch Tanzkapellen gab, die einen Ansager hatten, und gediegene Rauchersalons für Herren im Smoking. An Land gibt es das nicht mehr. Aber auf hoher See. Über dem Wasserspiegel wird die versunkene Zeit aufrechterhalten.

Hier sind immer wieder abgehalfterte Zirkuspferde in den Ring gestiegen und haben ihr Gnadenbrot gekriegt. Peter Krauss hat «Sugar Baby» besungen. Heino hat deutsche Volkslieder geschmettert. Gitte ist aufgetreten, Udo Jürgens, Roberto Blanco. Sogar «Rock Around The Clock» ist von der Originalband Bill Haley and the Comets noch mal live aufgeführt worden – allerdings ohne Bill Haley.

In der Sansibar treffen sich Männer, die immer noch die komplette Aufstellung der deutschen Nationalmannschaft von 1954 im Kopf haben. Nach einigen Drinks könnte man den Eindruck haben, man würde unter den Gästen Peter Frankenfeld, Theo Lingen und Caterina Valente erkennen.

Und natürlich sind viele der Passagiere hier, weil sie nicht weit genug von Deutschland weg sein können, nicht weit genug von der Heimat entfernt, von Weihnachten, von der Familie, vom treuen Tannenbaum, von einer stillen Nacht.

Katja meint, dass sie seekrank ist, wie sie befürchtet hat, doch das stimmt nicht. Sie hat das Talent, ein Unglück regelrecht herbeizufürchten. Sie bestätigt die Lebensweisheit, dass man stets von dem eingeholt wird, vor dem man davonlaufen will.

Ich habe rausgekriegt, woran sie leidet. Der Arzt auf

der Krankenstation hat den Kopf geschüttelt und mir versichert, dass sie nach meiner heimlichen Intervention schnell wieder gesunden werde. Das habe ich ihr dann auch hoch und heilig versprochen, so wie man einem Kind sagt, dass alles gut wird und morgen wieder die Sonne scheint. Nur habe ich verschwiegen, woher ich das weiß, weil ich sonst hätte zugeben müssen, dass ich in ihren Klamotten gewühlt habe.

Meine Aufgabe besteht darin, in meinen Vorträgen die Welt der Piraten in Pastellfarben zu malen und darauf zu achten, dass meine Nachwuchs-Piraten keine Dummheiten machen und von den Landgängen vollzählig zurück an Bord kommen. Die Mädchen kommen nicht zu meinen Programmen, die ziehen es vor, Muscheln zu vergolden oder Schmink-Kurse zu besuchen. Ältere Jungs gehen lieber an den Golf-Simulator.

Wir Piraten sind nur wenige. Wenn meine Jungs alle eine Augenklappe tragen würden, könnten wir uns unter vier Augen unterhalten. Marco ist der Problemfall. Er ist der Sohn eines der Passagiere mit silberner Anstecknadel, der in einer der Luxus- Suiten über der Brücke reist. Es schaukelt ziemlich da oben. Marco hat schon mehrfach versucht, in einem der Rettungsboote zu übernachten, und fragt verdächtig oft nach, wie lange es dauert, bis jemand, der über Bord gegangen ist, wieder rausgefischt wird. Ich muss ernsthaft fürchten, dass er auf die Schnapsidee kommt, sich abzusetzen und Robinson Crusoe zu spielen.

Jedenfalls habe ich mir Mühe gegeben, alle meine Jungs – und ganz besonders Marco – abzuschrecken. Ich habe sie eindringlich gefragt, was sie glauben, was die schlimmste Strafe war, die ein Pirat fürchten musste. Ich hatte mit Antworten wie «Kielholen» gerechnet oder «den Haien zum Fraß vorgeworfen werden», doch die Jungs haben nur mit den Schultern gezuckt. «Alleine sein», habe ich ihnen wahrheitsgemäß gesagt. «Auf einer einsamen Insel. Da staunt ihr, was?»

Man konnte ihnen nicht anmerken, ob sie staunten oder nicht. «Die Mannschaft war der letzte Zusammenhalt der Piraten, die Mannschaft war ihr Familienersatz – versteht ihr? Piraten wollten auch eine Familie. Das merkten sie aber erst im Alter. Sie waren eine verschworene Gemeinschaft mit strengen Regeln. Kartenspiele waren an Bord verboten, weil die Gefahr bestand, dass sie sich streiten. Kartenspielen durften sie nur an Land. Da durften sie sich auch nach Herzenslust prügeln.»

Das taten sie übrigens besonders gern zu Weihnachten. Und hier geht es jetzt auf Weihnachten zu, und kaum jemand merkt was. An Deck ist keine Dekoration erlaubt. Es darf keine zusätzlichen Lichter geben. Vorschrift. Dass keine Lichterketten baumeln, ist nicht so schlimm, doch dass man die Lichter, die normalerweise die ganze Nacht über leuchten, nicht mal ganz kurz ausschalten kann, das ist schade, es verdirbt den Blick auf den Sternenhimmel. Der Experte für Sternbilder entschuldigt sich jedes Mal dafür, dass es so aussieht, als würden die Sterne hier nicht richtig leuchten.

Im Kinderparadies steht am Morgen des Heiligen Abends ein Knusperhäuschen. Es sieht zwar aus, als sei es die Kulisse zum Märchenstück *Hänsel und Gretel*, doch es passt irgendwie auch zu Weihnachten. Die Lebkuchen sind echt und sollen vom ersten Weihnachtstag an vernascht werden dürfen.

In der Lobby erhebt sich ein imposanter Weihnachtsbaum, der über mehrere Stockwerke reicht. Ein deutscher Tannenbaum, der vorausgeschickt und in Mauritius an Bord gebracht worden ist. Vor dem Restaurant steht noch ein zweiter. Er ist kleiner und steht trotzdem im Weg. Er wirkt dermaßen fehl am Platz, dass es fast schon weh tut.

«Der kommt wieder weg!», sage ich. Ich kenne mich aus mit dem Programm an Bord und kann Katja genau erklären, was bevorsteht. Der Höhepunkt wird das gemeinsame Singen am ersten Weihnachtstag sein. Da stehen Seemannslieder auf dem Programm, und, nur dass Katja es weiß, dieser Programmpunkt wird von Reisenden, die alle Jahre wieder an Bord sind, besonders geschätzt. Der Heilige Abend selber ist nichts dagegen.

Der kleine Baum vor dem Restaurant wird – natürlich erst nach Heiligabend – zu den Klängen der Kapelle über Bord geworfen. Die alte Dekoration wird vorher entfernt, der Baum wird neu geschmückt mit vorbereiteten Zetteln, die vorher verteilt werden. Da kann jeder seine Wünsche draufschreiben. «Du auch!»

«Was soll ich denn für Wünsche haben?»

«Zum Beispiel Zufriedenheit», sage ich.

«Zufriedenheit?» Katja sieht mich an, als wollte sie sagen: Zufriedenheit, ham wer nich.

Aber Katja ist wieder gesund. Beinahe. Und ich weiß auch, wie es gekommen ist.

«Falls du dein Lariam suchst», beginne ich, «das habe ich für dich abgesetzt.»

Das hat der Arzt mir erlaubt. Er erlebt das immer wieder: Ängstliche Passagiere nehmen Lariam als Malaria-Prophylaxe und kriegen dann genau die Symptome, vor denen sie sich schützen wollten. Katja guckt schuldbewusst und vorwurfsvoll. Sie hatte die Tabletten so gut versteckt. Ich habe sie trotzdem gefunden.

Es gibt keine Malaria auf See. Aber Weihnachten in den Tropen wirkt wie ein einziger Fehler – als wäre nicht nur ein Detail falsch, das man leicht austauschen könnte, sondern alles. Alles falsch. Alles Lüge. Alles ist am falschen Ort und kommt zur falschen Zeit.

Die Kinder wissen längst, was sie geschenkt kriegen; die Geheimhaltung hat nicht funktioniert. Es gibt ein Geschenke-Set, wie es ihn im letzten Jahr schon gegeben hat. Offenbar sind zu viele Passagiere an Bord, die nicht zum ersten Mal mitfahren und die nicht dichthalten können. Die Kinder wissen auch, dass der Moderator, der vor den Tanzveranstaltungen die Witze erzählt, den Weihnachtsmann spielen wird. Das war nicht schwer zu raten.

Er wird extra mit einem Shuffle-Boat ausgesetzt, damit er nach einer Runde um das Schiff für alle sichtbar wieder an Bord steigen kann. Dazu wird eine Durchsage gemacht. Alle können mit eigenen Augen sehen, dass der Weihnachtsmann mit einem großen Sack über der Schulter an Bord kommt. Dann zieht er sich kurz zurück, bis es dunkel geworden ist, was in den Tropen nicht lange dauert. Dann tritt er auf und verteilt die Geschenke.

Es ist mein Geschenk für Katja, dass ich sie eingeladen habe, ihres an mich, dass sie mitkommt. Wir haben auch nichts weiter vor. Weihnachten ist ein Tag auf dem Terminkalender, der genauso viel Platz einnimmt wie alle anderen Tage auch. Sie hat nichts dagegen, wenn ich anschließend noch in die Sansibar gehe und sie so lange allein in der Kabine lasse, ich wiederum habe nichts dagegen, bei ihr zu bleiben.

Die Kabinen auf den oberen Decks haben Internetzugang. Da sitzen sie jetzt vorm Bildschirm und schicken E-Mails nach Hause. Ich habe zwei Schwestern von der Ebene fünf beobachtet, wie sie einer Dame hinterherguckten, die kopfschüttelnd eine SMS gelesen und dann ihr Taschentuch hervorgekramt hatte. «Die hat wenigstens noch einen, der an sie denkt», hat die eine zur anderen gesagt.

Am Abend treten die Herren im Smoking auf, die Damen in edlen Roben. Im Vergleich zum Kapitänsempfang fällt die Garderobe etwas ab. Es sind nur vier kleine Kinder an Bord, die sich womöglich von dem Auftritt des Weihnachtsmannes beeindrucken lassen. Der Weihnachtsmann tut so, als sei er taubstumm, er gestikuliert nur. Angeblich aus Rücksicht auf das vielsprachige Publikum, wie er uns beim Meeting erklärt hat. Der Angeber. Er kann sich nur die paar Namen der Kinder nicht merken.

Es wird viel fotografiert. Im Hintergrund läuft Fahrstuhl-Musik. Meine Piraten lassen alles stumm über sich ergehen. Sie haben sich nicht extra umgezogen. Wir können froh sein, dass sie nicht demonstrativ ihre Augenklappen aufsetzen. Die Bescherung geht schnell vorbei. Der Weihnachtsmann verzieht sich wieder, als habe er noch einen dringenden Termin. Nun dürfen alle wieder in die Kabinen und weitere Geschenke verteilen.

Auch wir ziehen uns zurück zu unserem Heiligen Abend in trauter Zweisamkeit. Für Katja ist die Verlockung einer Kreuzfahrt nicht so groß gewesen wie ihre Sorge, Weihnachten alleine vor dem Fernseher zu verbringen. Warum ziehen sich Leute zurück in Einmachgläser?, hat sie gefragt.

Ist so. Manche der Dauergäste werden regelrecht abgeschoben, hat mir der Lektor für Sternenbilder verraten. Reiche Rentner werden auf hoher See entsorgt, in einem schwimmenden Altersheim mit einem Kulturprogramm aus ihrer Jugend, mit einem Dienstpersonal, von dem sie immer ein *Sehr gerne* zu hören kriegen, und mit einem Kühlraum für alle Fälle.

Katja meint, die Menschen würden heute egoistischer. Sie kann sich noch gut an das Lied von den Puhdys erinnern, das sie ausgerechnet in dem Moment zu hören kriegte, als sie ihre Ehe gerade aufgegeben hatte, da waren ihr jedes Mal die Tränen gekommen: *Fahren zwei durch alle Meere, fahren zwei in einem Boot. Der eine kennt die Sterne, der andre misst das Lot. Sind nicht zu trennen, bleiben vereint, ob Nacht heranzieht, Morgen erscheint. Sie finden zueinander, auf Lebenszeit.*

Katjas Scheidung hat knappe vierzehn Tage gedauert und vierundzwanzig Mark gekostet, bei einem Kurs von eins zu vier wären das drei Mark West für jeden gewesen. Sie hat danach nicht wieder geheiratet, aber fest mit diesem Dieter – dem Mann, dessen Vornamen ich nicht erwähnen soll – zusammengelebt, der hat sie so rechtzeitig sitzenlassen, dass ich sie zur Kreuzfahrt überreden konnte. Meine Scheidung hat sich über vier Jahre hingezogen und so viel Geld verschlungen, dass sich die Gesamtsumme auf einer Inflationsmarke sehen lassen könnte.

Einen Moment lang gibt es tatsächlich eine stille Nacht auf dem Schiff, in der man nur das Vibrieren der Maschine hört und in der vermutlich bald alles schläft.

«Frohe Weihnachten!», rufe ich nach oben, um zu testen, ob überhaupt eine Reaktion kommt. Ich hätte genauso gut fragen können: Schläfst du schon? Nach einer Pause, die mir ein bisschen lang erscheint, antwortet Katja leise: «Frohe Weihnachten!»

Da fällt mir ein, dass ich meiner Mutter versprochen habe, diesmal an Weihnachten bei ihr zu sein. Schon im vergangenen Jahr bin ich nicht zu Hause gewesen und habe ihr hoch und heilig versprochen, sozusagen als Weihnachtsgeschenk fürs nächste Jahr, dass ich dann ganz bestimmt bei ihr sein werde. Auf dem Land werde es von Jahr zu Jahr gefährlicher, hat sie am Telefon erzählt. Vor dem Getränkeabholmarkt hat wie jedes Jahr ein riesiger aufblasbarer Weihnachtsmann gestanden, und die Jugendlichen sind ihm offenbar mit einem Brotmesser zu Leibe gerückt. «Ist das nicht schrecklich!?» Ich musste mich beherrschen. Ich wäre gern dabei gewesen, als es zischte.

Am ersten Weihnachtstag ist es so weit. Der Moderator macht diesmal keine Witze. Den Sparwitz, den er letztes Mal gebracht hatte, war ein Rohrkrepierer gewesen und hatte zu Beschwerden geführt, weil er politisch unkorrekt war: Zwei Kannibalen essen einen Clown, sagt der eine: schmeckt irgendwie komisch. Nun lässt er die Witze bleiben. Es geht sofort los.

Wir singen tatsächlich «Junge, komm bald wieder, bald wieder nach Haus». Die Mannschaft ist vollständig angetreten, alle singen mit, der Kapitän mittendrin – ich frage mich, wer im Augenblick das Schiff steuert. Wenn es ausgerechnet jetzt kentern würde, könnte der seltene Fall eintreten, dass man – wenn man es etwas undeutlich ausspricht – sagen könnte: Der Kapitän verlässt als Letzter das singende Schiff.

Auf den Plätzen sind Broschüren mit den Texten ausgelegt. «Nimm uns mit, Kapitän, auf die Reise. Nimm uns mit in die weite Welt hinaus.» Katja fühlt sich schwach, singt aber tapfer mit, leise zwar, aber auch nicht so, als würde sie es gezwungenermaßen tun. Auch für die anderen Reisenden scheint das Aufkommen von starken Gefühlen, wie sie beim gemeinsamen Singen entstehen, noch gewöhnungsbedürftig zu sein. Sie nutzen jede Gelegenheit, einen kleinen Scherz einzubauen, um einen Schutzwall vor die Wogen der Emotionen zu bauen: «Auf der Reeperbahn nachts um halb eins, ob du 'n Mädel hast oder Karl-Heinz!»

Dann – ich habe es geahnt – steht auf der Liste: «Wir lagen vor Madagaskar und hatten die Pest an Bord.» Katja lächelt, sie hat nichts von Madagaskar gesehen, doch sie hat davor gelegen, in der Innenkabine, im Etagenbett. Jetzt gehört sie zu denen, auf die das Lied zutrifft. Bei ihr stimmt es. Ich flüstere ihr zu, dass sie sich auf der Brücke einen offiziellen Berechtigungsschein für den Besitz eines deutschen Heimatgefühls ausstellen lassen kann, mit genauen Orts- und Zeitangaben: Hiermit wird bestätigt, dass Katja ... höchstpersönlich vor Madagaskar gelegen hat/ Ort/ Zeit/ Stempel/ Unterschrift.

Ich erzähle ihr so leise wie möglich weiter, was mir der Madagaskar-Experte erzählt hat: Das Lied stammt aus dem russisch-japanischen Krieg um 1905. Die russische Flotte war geschlagen worden. Die Kriegsschiffe, die noch Fahrt aufnehmen konnten, kriegten den Befehl, heimwärts zu fahren. Ein Schiff aber war schlicht vergessen worden. Nun lag es vor Madagaskar und hatte die Pest an Bord. Natürlich singe ich die Variante, die nicht im Heft steht: «Ahoi, Kameräder ...»

Katja stößt mir ihren Ellbogen in die Rippen, gerade als ich erklären will, dass sie nicht die Pest an Bord hatten, sondern Typhus und dass sich neuerdings Meldungen häufen, dass die Pest ausgebrochen ist, und zwar in Madagaskar, an Land.

«Wenn das Schifferklavier an Bord erklingt, ja, dann sind die Matrosen so still, ja, so still, weil ein jeder nach seiner Heimat sich sehnt, die er gern einmal wieder sehen will.»

Ist wohl so. Aber morgen sind erst mal wieder die Piraten dran. Und dann die Wünsche. Zufriedenheit und so. Die hängen wir auf Zetteln an die Tannenzweige. Und dann kommt schon die Kapelle und spielt ein letztes Weihnachtslied. Und wir sehen alle zu, wie der Baum über Bord geht.

Emily Philippi

Das Fest bleibt weiblich

Die Festansprache neigt sich dem Ende zu. Claudia Hammer, leicht angeduselt, steht am Kopfende der langen Tafel, die überladen ist mit Spekulatius, Lebkuchen und Würstchen. Teils gelangweilt, teils irritiert und, wenn es sein muss, euphorisch, verfolgen wir die Ansprache unserer Chefin. Sie hebt das Glas.

«Über 51 Prozent unserer Weihnachtsmänner sind Frauen. Weihnachten ist weiblich.»

«Darauf eine Schnäpsin!», ruft eine Studentin, die noch nicht als Weihnachtsmann gehen darf, sondern bislang nur als Engel, als himmlische Begleitung.

Claudia zieht eine Flasche Siberian Vodka aus der Tasche ihres Kuschelbademantels. Wer seinen Becher nicht schnell genug rausholt, zum Empfang des Siegestrankes, kriegt «eins auf'n Kopp», wie sie mit heiserer Heiterkeit verkündet. Das findet sie witzig. Die Männer, die letzten, die noch verblieben sind, ich zum Beispiel, kriegen ohnehin ständig eins auf'n Kopp. Mehrere Jahrtausende Patriarchat sind wettzumachen. Claudias Bademantel hat einen Pelzkragen. Eisbär. Sie ist die Einzige mit echtem Spitzbergener Eisbärenkragen. Alle anderen haben Kunstfell.

Die Gläser sind randvoll. Mund auf, Tasse hoch, kippen. Das ist also eine gemütliche Betriebsfeier. Weil ich lieber trinke, als eins auf'n Kopp zu kriegen, wird mir ein bisschen schummrig. Claudias Hand auf meinem Knie? War da was? Nein. Das muss ich mir eingebildet haben. Als die Belegschaft anfängt, «Alle Jahre wieder knüppeln wir sie nieder» zu singen, mache ich mich auf den Nachhauseweg. Als Kind habe ich Kassetten gehört. Ein echter Held braucht keinen Knüppel.

Anderntags treffe ich Torsten und Benjamin, die auch bei der Feier waren und die sich ebenfalls gesorgt haben, wie sie in unserer geheimen Facebookgruppe zu äußern wagten. Torsten studiert halben Herzens auf Lehramt wie ich, Benny macht eine Ausbildung zum Konditor. Ich treffe sie im *Frozen Yogurt Cafe*, vier Tramstationen weit von Claudias Bastion. Hier sollten ihre langen Ohren uns nicht hören. Die *Riots not diets*-Wachteln hassen Joghurt. Ich mag auch keinen Joghurt, aber es gibt auch Nudelsalat in winzigen Plastikbechern. Davon gönne ich mir drei. Claudia meinte unlängst, würde ich nicht bei ihr als Weihnachtsmann angestellt sein, müsse sie mir dringend raten, auf meine «Linie» zu achten. Das hat meinen gesunden Appetit gedämpft. Früher hätte ich vier gegessen.

«Also, Jungs, ich finde die Entwicklung besorgniserregend», sage ich, damit wenigstens einer was sagt. Die beiden sind düster gestimmt. Torsten hat die Beine übereinandergeschlagen.

«Neulich habe ich Natascha als Weihnachtsmann und Marie als himmlische Begleitung im Autohaus Bergmann getroffen», erzählt er. «Auf der Herrentoilette. Die hätten mir fast ein Abgasrohr über den Schädel gezogen. ‹Wenn du uns noch mal dumm kommst›, dann scheppert's, meinten die. Dabei habe ich nichts gemacht. Rein gar nichts!» Er lächelt schafstreu.

«Sie wollen, dass wir Angst haben», mutmaße ich.

«Für mich hat das mit Feminismus nichts zu tun. Ich

bin ja selbst Feminist, mehr oder weniger», trägt Benjamin bei.

«Früher war die Weihnachtsmannvermietung *Rumpelsack* meine Familie», seufze ich.

Als ich zum ersten Mal die Miete selbst zahlen musste, habe ich bei *Rumpelsack* angefangen, als Vertretungsweihnachtsmann. Ich fand nicht nur Arbeit, sondern auch Freunde. Da gab es Jungs wie Benny und Torsten, die wie ich Kipferl, Kinderaugen und Corellis Pastorale mochten. Mit den Jungs bin ich nach einem oder zwei Glühwein selig übern Kudamm gezogen, und aus voller Kehle haben wir «Stille Nacht» geschmettert. Wenn uns jemand schräg ansah, haben wir ihn mit der Lamettakanone bedroht. Es waren himmlische Zeiten.

«Wann ist das eigentlich gekippt?», fragt Benny, der langsamere meiner beiden Freunde, den ich nicht weniger gern habe.

«Als Claudia kam», meint Torsten.

Claudia Hammer, ungekämmt und penetrant, heftig in allem, heftige Sprache, heftiger Handschlag, Damenbart und Achselhaar. Und doch charismatisch und faszinierend. Früher sah sie hübsch und gepflegt aus. Sie sei, so munkelte man, eine Vorzeigegattin gewesen. In jungen Jahren habe sie einen aufstrebenden Unilever-Manager geehelicht. Abgebrochenes Jurastudium, zwei Kinder, Ehrenämter, Sektempfänge, spitz die Brust wie der Schuh, klein der Mund, fein die Hand.

Und dann hatte sie ihr Lerchenleben hinter sich gelassen und die Weihnachtsmannvermietung *Rumpelsack* übernommen, damals, als Anfang Dezember die gesamte Führungsetage des Betriebes von einem Rodelausflug nicht mehr zurückkehrte. Glatteis in Brandenburg, eine

Kurve, Alleebäume … Und das in der Hauptsaison. Halb Berlin weinte mit uns, was allerdings gut fürs Geschäft war.

Man brauchte schleunigst eine neue Leitung. Claudia Hammer bewarb sich als Erste. Wie ein Tauwetterchen kam sie. Sie sagte, sie fühle sich zu dieser Arbeit berufen, der Tradition wegen und wegen der Wärme und des bindenden Elementes von Weihnachten als Familienfest. Der Aufsichtsrat wurde weich wie ein Gubor-Nikolaus in der Wintersonne. Dann kam noch die Frau vom Gleichschaltungsministerium – so sagt man unter Männern –, die Quotenmimi, die meinte, speziell in dieser Branche gebe es kaum Frauen in Führungspositionen, wir sollten uns verpflichtet fühlen. Der verbliebene Vorstand, der mit seiner Trauer um die Kollegen zu kämpfen hatte und sich nach mütterlichem Trost sehnte, setzte sich nicht lange zur Wehr. Claudia wirkte engagiert. Ihre optimistische Energie machte uns Hoffnung.

Die Veränderungen kamen nicht plötzlich, sie schlichen sich ein. In Handtaschen wurden Gedankengut und Rüstzeug transportiert. Zu Anfang gefiel es uns, plötzlich so viele weibliche Gesichter im Betrieb zu haben. Mir wurde Myriella zur Seite gestellt, als *himmlische Begleitung*; die war keine unangenehme Gesellschaft. Jeder Mann freut sich über ein, zwei Frauen am Arbeitsplatz. Aber plötzlich waren es nur noch Frauen, und lediglich ein halbes Dutzend Männer durften bleiben. Ich konnte froh sein, dass ich ein alter Hase war und die Vorteile eines langjährigen Mitarbeiters genoss. Schließlich gibt es Familien, die jedes Jahr darauf bestehen, dass niemand anderes als ich ihnen den Abend der Bescherung zum besonderen Erlebnis mache. Viele Kollegen traf es härter. Von unseren Weihnachtsmännern wurden die meisten zu Weihnachtsfrauen. In der Zentrale liefen die Männer bald nur noch mit eingezogener Lichterkette herum.

Auch an den Schreibtischen übernahmen Frauen die Führung. Die Büroräume wurden umdekoriert. Wände wurden in Pink gestrichen. Das Bild mit der heiligen Familie wurde abgehängt und gegen Emma Goldman mit Weihnachtsmannmütze ausgetauscht. Der gute alte Geist zog aus. Da ich aus finanziellen Gründen als studentische Hilfskraft zweimal wöchentlich Tipparbeiten in der Zentrale verrichtete, bekam ich alles hautnah mit. Jetzt gab es geschlechtergetrennte Betriebsausflüge in den Zoo, finanziert vom Gleichschaltungsministerium, also von Steuergeldern! Es gab *Mädelsabende* und private Abendessen, zu denen die verbliebenen Männer nicht eingeladen wurden. Konspirative Treffen fanden statt. «Geht ruhig schon mal nach Hause, entspannt euch», hieß es dann.

Die Schwestern in München und Hamburg führten Ähnliches im Schilde. Sogar verwandte Branchen sollten gekapert werden. Weihnachtsmärkte und Weihnachtsbäckereien standen auf der Liste. Dann kamen die Lohnkürzungen, nicht für jede, aber für jeden. Ich wusste, dass meine himmlische Begleitung Myriella den doppelten Stundensatz kassierte. Sie bestritt es, aber ich habe in ihre Handtasche gelinst und den Vertrag gesehen.

Widerstand war zwecklos. Kollege Hans-Werner, ein gestandener Weihnachtsmann, der sich für authentisches Poltern viel Respekt verdient hatte, startete einmal eine geheime Unterschriftensammlung gegen Claudia. Wenig später wurde er in einem Geschenkesack aufgefunden, offenbar war er betrunken hineingekrochen und war erstickt. Spielende Kinder entdeckten ihn unter einer mit Lichterketten umwundenen Tanne. Er schaffte es auf die Titelseite der *BZ*, zumal der Sack mit einer roten Schleife zugebunden war. Die Berliner Polizei stand traditionell vor einem ihrer unlösbaren Rätsel.

Claudia bestellt mich in ihr Büro. «Wir müssen noch über deine Arbeitszeiten sprechen.»

«Wir persönlich? Normalerweise macht das doch Frau Rogge?»

«Willst du nicht mit mir sprechen?» Ihre Stimme ist rau, bisweilen bellend, wie die eines Mannes. Früher hat sie noch gezirpt. Will sie mich einschüchtern? In ihrem Büro steht ein massiver Mahagoni-Schreibtisch mit einem wuchtigen Lederdrehsessel auf der Chefseite und einem harten Stühlchen auf der anderen. Doch sie schiebt mich in die hellorangefarbene Sitzecke. Eine Rosenquarzlampe spendet mattes Licht. Auf dem Beistelltischchen stehen kleine Sünden, denen ich gewöhnlich aus dem Weg gehe, Schokoladentrüffel, Marzipan.

«Greif zu», sagt Claudia. Sie setzt sich in ein grünes Sesselchen seitlich zu mir, fast können unsere Knie sich berühren.

«So.» Sie betrachtet ihr Tablet. «Was haben wir denn da? Da sind erst mal ein paar Arrangements über den Dezember zu verteilen.» Wir gehen die Aufträge durch. Kindergärten, Einkaufszentren, Firmenfeiern, Seniorenheime. Ich erkläre mich bereit, den gesamten Heiligabend über zu arbeiten und etwa zwölf Familien abzuklappern. Das macht ansehnliche fünfzig Eier pro Familie. Ich will schon gehen, da legt Claudia mir plötzlich, als wäre es das Selbstverständlichste der Welt, die Hand in den Schritt. Instinktiv ziehe ich den Bauch ein.

«Weihnachtsmann», sagt sie. Ich denke so lange darüber nach, wie ich nicht kläglich erscheinen könnte, dass ich es nicht mehr verhindern kann. Sie nimmt die Hand wieder weg. Ich renne. Vergesse dabei meine Mütze, aber das fällt mir erst später auf. Wie kann sie nur? Mir fällt nichts ein. Nicht einmal Wut. Ich bin leer. Ich bin müde. Ich sollte zum Arzt gehen.

Ein überraschendes Schneetreiben hilft die Sorgen zu verdrängen. Mit kindlichem Vergnügen rolle ich mir einen kleinen Schneeball. Den schmettere ich gegen eine Straßenlaterne und stelle mir vor, die Laterne wäre Claudia.

An den folgenden Tagen bin ich schwer beschäftigt – auf der Betriebsfeier einer Butterfabrik verteile ich Nikoläuse und lese die Bilanzen aus dem Goldenen Buch vor. Im Waldorfkindergarten verteile ich Nüsse in echter Schale und kleine handgeschnitzte Mundharmonikas. Statt die Nüsse zu knacken, beginnen die kleinen Strickbälle ein schmerzhaftes Konzert samt Trommelfeuer; ich ergreife die Flucht. Bei der Weihnachtsfeier eines Kartoffelstrom-Start-ups werde ich wieder weggeschickt, weil ich nicht nachweisen kann, dass unsere Schokolade vegan ist. Meldung an Claudia.

Bevor es am 24. Dezember richtig losgeht, gibt es die Vorgespräche mit den Familien, damit auch nichts schiefgeht. Schon bei diesen Vorgesprächen setze ich eine Mütze auf und hänge den Bart um, damit das Feeling stimmt. Früher lag mir das Weihnachtsmannsein im Blut. Heute muss ich mich anstrengen, meiner Stimme den gemütlichen Klang zu verleihen. Oft sind die Eltern gestresst und lassen das an einem wie mir aus.

Nach und nach spreche ich mit den Eltern, deren Häuser ich an Heiligabend besuchen werde. Ein alleinerziehender Vater und ein frivoles Großmütterchen kommen persönlich vorbei. Ich werde vorbereitet auf Ingo, der als Gymnasiast noch im nassen Bett aufwacht, und auf Wolfgang, der sich dem Klavier verweigert. Nach elf Gesprächen bin ich reichlich erschöpft, manchmal rutscht meine Stimme schon in den hohen Tenor. Wo bleibt die Mutter aus Dahlem, mit der ich am Vortag noch telefoniert habe?

Am 24. Dezember finde ich mich gegen Mittag bei *Rumpelsack* ein. Wir bekommen die aktuellen Weihnachtsmannmäntel ausgeteilt, in diesem Jahr für meinen Geschmack etwas zu tailliert, dazu frische Bärte, für meinen Geschmack diesmal mit zu viel Glitzer, Weihnachtsmannsäcke, Weihnachtsmannhosen, Weihnachtsmannboxershorts – was ist das denn? Claudia grinst. Sie kommt auf mich zu und fasst mich am Arm. «Guck mal nicht so katholisch. Da hat noch eine Frau aus Dahlem angerufen, und sie hat sich beschwert, dass du nicht beim Vorgespräch warst». Claudias Hand klebt an meiner Hüfte. «Du wirst das geradebiegen, ja?»

«Ja, ja, schon klar.»

«Ich habe ihr gesagt, dass du abends halb neun auf der Matte stehst.»

«Yes, Mam.»

Zuerst geht es zu Familie Pingel, dann zu Familie Lödel, dann zu Familie Stump. Routine plus individueller Improvisation, das lag mir schon im Kindergarten. Wie im Flug, wenn es auch ein zäher Flug ist, grase ich die Häuser ab. Die Familien winken heiter, wenn sie mich hinausbeordern («Ist gut jetzt»).

Schließlich finde ich mich an einer Pforte, die so groß ist wie ein Scheunentor, ähnlich bescheiden die Mauer. Sie gehört zu einem Anwesen in Dahlem. Die Adresse stimmt. Aber kein Name steht auf dem Schild. Nur eine Kamera äugt von oben. Die Tore sind hoch. Ich drücke die Klingel. Es dauert, dann schnarrt eine blechern verzerrte Stimme: «Kommen Sie rein.»

Die düstere Auffahrt ist einen halben Kilometer lang. Hinter Buchsbäumen in Tannenform dämmert die große, plumpe Villa. Eine Stuckfassade, die nach verschlungenen Ohrmuscheln aussieht. Fußförmige Blumentöpfe, ein Mops aus Stein, der in ein ebenfalls steinernes Buch vertieft ist. Die Tür öffnet sich. Halb erwarte ich schon eine Medusa aus Gips, aber es ist ein kleines Mädchen, Karopuschen, Strumpfhose, Sternenkleid. «Bist du der Weihnachtsmann?»

«Richtig geraten. Hohoho. Und wie heißt du?»

«Eva.»

Sie lächelt zuckersüß über ihren breiten Zahnlückenmund, nimmt mich an der Hand und führt mich wie einen Ehrengast ins Haus. Auf dem Treppenabsatz steht ein großer schwarzer Sack.

«Den nimmst du», erklärt sie mir, «dann gehst du ins Wohnzimmer und machst meinen Eltern eine Überraschung.»

Ach so? Nun bin ich aber verwirrt. «Sollte es nicht umgekehrt sein? Also: Deine Eltern machen dir ...?»

Die Kleine wischt davon. Jetzt heißt es situationsangepasst improvisieren. Ich nehme den Sack, oh, ist der schwer, atme tief durch und öffne die Wohnzimmertür.

Das Wohnzimmer, auch geeignet als Saal für Kammerkonzerte, ist dämmerig beleuchtet. Meine Augen stellen sich auf die Verhältnisse ein. Der Baum schimmert im Kerzenlicht, ein nackter Engel hockt auf der Spitze. Seichte Musik fiedelt aus einer silberblitzenden Stereoanlage. Ich spüre weichen Teppich schmiegsam unter den Füßen. Ein Rosenquarz spendet mattes Licht. Auf der hellorangefarbenen Couchgarnitur sitzt, umgeben von Frauen, von vielen Frauen, von jungen Frauen, älteren Frauen, kleinen Mädchen: Claudia.

Gemütlich sitzt sie da, in ihrem Spitzbergener Eisbärenbademantel, die Beine übereinandergeschlagen, die Mimik undurchsichtig. Wie auf ein Signal fangen die Frauen allesamt an zu schnattern. Es ist zweifellos das Beste, schnell den Rückzug anzutreten. Doch als ich mich zum Gehen wende, springt Eva herbei und schließt die Tür. Ich höre es klicken. Das war ein Schnappschloss.

«Lieber guter Weihnachtsmann, guck mich nicht so böse an, pack lieber dein Säcklein aus, dummer, dicker Nikolaus!», deklamiert Eva. Ich könnte ihr erläutern, dass das kein wirklich festliches Gedicht ist, aber die jungen Frauen und die älteren Frauen und die Mädchen klatschen und johlen: «Auspacken, Auspacken!»

Also öffne ich den Sack und hole ein in Rentiermuster verpacktes Geschenk heraus.

«Aufmachen! Aufmachen!»

«Oh, wie aufregend, ein Buch», gähnt Claudia.

«Studieren wolltest du alleine, du Weihnachtsmann! Doch du hast nicht genug studiert!»

«Aufschlagen! Aufschlagen!»

Claudia hält der jungen Schönheit auf ihrem Schoß, die am lautesten gekräht hat, das Mündchen zu. «Ruhe. Er wird noch genug zu lesen haben.» Und zu mir: «Du machst weiter.»

Yes, Mam. Das nächste Geschenk ist lang und sperrig. Soll ich das orginell finden? Eine Rute!

«Damit hast du uns züchtigen wollen, du Weihnachtsmann, du wolltest uns springen lassen!»

«Abreibung! Abreibung!»

Eva will gleich aufstehen, Claudia winkt sie zurück. «Wir wollen doch, dass er noch ein kleines bisschen mitspielt, Evchen, ganz kurz noch, dann darfst du das machen.»

«Menno», mault die Kleine.

Unter Claudias Blick, mittlerweile schwitzend, packe ich das nächste Geschenk aus.

«Ein Stiefel! Du hast uns deinen Stiefel zu fressen gegeben, du Weihnachtsmann! Damit ist Schluss!»

«Ablecken! Ablecken!»

O Gott, ist das pädagogisch. Das ist feministische Folter. Ich schließe die Augen, ich will das nicht sehen, ich werde gezwungen. Ich habe Fieber.

«Meine lieben Freundinnen sind nicht sehr geduldig», entschuldigt Claudia.

Als Nächstes: ein Topf.

«Daran hast du uns verbannen wollen. Behalte ihn selbst! Du hast das Gesicht dafür!»

«Aufsetzen! Aufsetzen!» Evchen ist immer zur Stelle, wie zuverlässig programmiert.

Weiter auspacken. Die finden das originell.

«Ein Polster! Darauf hast du lange genug gesessen. Das nehmen wir dir ab.»

«Abnehmen! Abnehmen!»

Ein Täubchen, das aus der Nähe nach Rupfente aussieht, schnappt es mir aus der Hand. Was haben sie sich noch einfallen lassen? Das nächste Geschenk bewegt sich sogar.

«Eine Schlange! Die hast du uns untergeschoben, jetzt schieben wir sie dir unter!»

«Unterschieben! Unterschieben!»

Ich schließe die Augen. Wo bin ich hier gelandet? Ist das schon die Zukunft? Um Rumpf und Bauch spüre ich es ringeln. Die Natter. Warum beißt sie nicht?

Eva schüttelt den Sack aus. Ein kleines Präsent bleibt auf dem Teppich liegen.

«Ein Schlüssel – damit wolltest du uns aufschließen.»

«Abschließen! Abschließen!»

Aufschließen, abschließen, die Schlaubergerinnen. Es klingelt an der Haustür. «Da ist schon der Nächste», ruft eine der Frauen. Ach nein. Bitte. Drei kräftige Grazien erheben sich, die erste dreht mir die Arme auf den Rücken, flankiert von den anderen werde ich abgeführt, hinunter, tief hinunter, viele viele Treppenstufen.

Es ist dunkel. Die Tür fällt hinter mir zu. Meine Augen gewöhnen sich an das funzelige Licht. Bitte nicht. Dieser Keller ist voller Weihnachtsmänner. Sie wundern sich kaum, dass ich dazukomme. Da sind schon Torsten und Benjamin, ach, und so viele andere, die ich kenne und schätze. Sie lümmeln auf harten Matrazen und haben sich provisorisch zugedeckt mit ihren Weihnachtsmänteln. Einige scheinen zu lesen. Andere machen sich offensichtlich Notizen. Bücher gibt es hier. Bücher von Autorinnen, die Simone de Beauvoir und Judith Butler heißen und Virginia Woolf, Kate Millett, Sandra Harding,

Shulamith Firestone. Oje. Frei gewählte Lektüre ist das nicht. Einer krümelt am großen Zeh. Ein anderer gräbt mit einem Esslöffel eine Rinne, die bestimmt mal ein Gang werden soll.

Zwei Bilder hängen an der Wand. Zweimal dieselbe Frau am selben Schreibtisch. Einmal ist sie alt, einmal ist sie jung und nur das Zimmer alt und staubbedeckt.

«Was ist hier los?», zische ich und versuche, halbwegs tatkräftig zu wirken. Da ringelt es sich unter meinem Mantel, ich greife den Schlangenschwanz, packe das Tier und will es gegen die Wand schmettern.

«Stopp!», ruft einer. «Die sind ganz lieb!» Ich kenne ihn nicht, aber das Getier lasse ich mir gern abnehmen. Er küsst es aufs Köpfchen und säuselt liebreizend ins unsichtbare Öhrchen.

«Schnapp dir ein Buch», rät er mir. «Die machen nachher eine Befragung, und wenn du sie bestehst, kommst du raus. Sagen die.»

«Darf man stattdessen auch die Polizei rufen?»

«Kein Netz, haben wir alles probiert. Wir sind abgeschirmt.»

So wie damals in einer Klausur. Die Stimmung ist bedrückt. Die Aussicht trübe.

«Können wir nicht anders rauskommen, so auf die zwischenmenschliche Art?», schlage ich vor. «Die Claudia ist mir körperlich schon mal recht nahe gekommen.»

«Denk dir nichts dabei. Das ist sie mir auch.»

«Und mir», sagt der mit dem Löffel.

«Mir auch», echot Torsten.

«Mir ebenfalls», sagt ein anderer. Viele oder alle scheinen meine Erfahrungen zu teilen.

Durch die Katzenklappe bekommen wir eine Schale

Lebkuchen und eine Flasche Glühfrucht gereicht. Welche Gnade! Alle sind hungrig, alle haben Durst. Ein Gebalge entsteht wie im Paviangehege. Ein Buch mit rotem Einband lugt herrenlos unter einer Weihnachtsboxershorts hervor. Wenn mich etwas auszeichnet, dann ist es meine Lesekompetenz. Die Lektüre ist fordernd, der Stil angriffslustig. Was für ein Glück, dass ich noch einen Kugelschreiber finde und aus einer leeren Keksschachtel Karteikarten basteln kann.

Warum braucht eine Frau ein Zimmer für sich allein?

Will die Frau integriert werden oder intrigieren?

Ist Begehren Projektion?

Was begehrt Claudia?

Mir schwirrt es.

Als die nächste Hand durch die Katzenklappe einen Rohkostteller reicht, haste ich zur Tür und packe sie. Ist das Evas Hand, diese kleine, zarte?

«Ich möchte mich prüfen lassen!», sage ich.

«Ich sag's der Mama.»

Wenig später werde ich ins Dachgeschoss geführt, in ein Büro, das im hellorangefarbenen Claudiastil eingerichtet ist.

«Du warst aber fleißig», feixt Claudia. Ich bewege mich auf den massiven Schreibtisch zu, doch sie führt mich in die Sitzecke. «Entspann dich erst mal ein bisschen.»

Sie ergreift meine Hand und legt sie in ihren Schritt. «Spürst du was?»

Wow. Jetzt aber. Natürlich! Die raue Stimme, die großen Hände.

«Jetzt kennst du das Geheimnis meines Erfolges. Betrachte es als ein Zeichen besonders großen Vertrauens.

Ich mache dir ein Angebot, dass du nicht unbedingt ablehnen solltest.»

Sie überreicht mir einen großen Karton, gewickelt in Papier mit trompeteblasenden Engeln. Ich finde Lederschühchen, in meiner Größe, dennoch grazil, ein apartes Strickkleid, eine kleidsame Strumpfhose, ein Mäntelchen, eine hochpreisige Blondperücke, edles Make-up und einen ausgestopften Büstenhalter.

«Wenn du in unserem Unternehmen etwas werden willst, dann ist dies der Moment der Entscheidung.»

Und ich entscheide mich.

Den neuen Arbeitsvertrag bekomme ich gleich auf die Hand. Beflügelt hüpfe ich die Treppenstufen hinab. Evchen winkt zum Abschied. Der Schnee auf der Auffahrt ist angefroren. Ich schlittere. Das Mäntelchen wärmt nicht besonders gut.

Sven Lepthin

Gløgglich

«Schatz, langsam sollten wir vielleicht doch aufbrechen. Im Radio geben sie eine Staumeldung nach der anderen durch.»

«Alles klar.»

«Offenbar sind noch ein paar andere Weihnachtsgebeutelte auf der Autobahn. Die verstopfen schon die Einfahrt zur Baustelle.»

«Okay.»

«Ich meine, wenn wir pünktlich in Randers sein wollen, müssen wir los, oder Rudolph muss uns über den Stau wegziehen!»

«Rudolph? Ach so? Woher kennst du den denn?»

«Vergiss es.»

Rudolph, das Rentier, hat jetzt anderweitig zu tun. Auf Honolulu ist um diese Stunde noch Heiligabend, während wir schon den ersten Weihnachtstag haben, und auf Samoa ist vermutlich bereits Silvester. Wir müssen los!

Nur ganz schnell noch: «Ist dieses Hemd richtig für so einen Anlass, oder soll ich das mit den dezenten Streifen anziehen?»

Ich rufe so laut, dass die Glöckchen an der Schnur unterm Türrahmen zum Klingeln gebracht werden. Hübsch. «Das blaue!», ruft meine Frau so entschieden, dass die Glöckchen sich überschlagen. Das blaue also. Ich habe ausschließlich blaue Hemden; früher gab es mal weiße, aber die sind mit den blauen zusammen in der

Wäsche gewesen. Auf familieninternen Weihnachtsfeiern in Dänemark schaut man vielleicht nicht so genau hin. Blau muss passen.

Das Radio zählt die Staukilometer bei Quickborn jetzt in Zehnerschritten. Meine Schwägerin hat Schuld. Sie ist jedenfalls verantwortlich dafür, dass wir nach Dänemark müssen. Sie ist Dänin. Und sie hat meinen Bruder geheiratet. Er ist von einer ganzen dänischen Familie aufgesogen oder integriert worden; mal sehen. Natürlich sind wir schon mal da oben gewesen, früher mal. Pølser, Aalborg, Meerjungfrau. Das war im Sommer. Lakritze, Softice, Gammel Dansk. Reichen diese kulturellen Kenntnisse auch für Weihnachten? Oder sitzen die Dänen dann im Hasenkostüm am Tisch? Schieben sie womöglich gemeinsam den Schnee vom Rasen? Brauche ich überhaupt Schneeketten? Und wie groß und hungrig ist die Eisbärenpopulation da oben um diese Jahreszeit?

Das Thermometer im Auto zeigt fünf Grad über null; das liegt am Schadstoffausstoß des Wagens vor uns. Der steht auch im Stau. Und der davor ebenfalls. Und so weiter. Eisbären würden es hier eher schwer haben. Schon sechs Grad. Zuerst geht es nur zentimeterweise vorwärts, dann doch überraschend zügig. Und irgendwann scheint der Stau überwunden. Etwas rückt näher, das wir nicht zu erreichen bräuchten, wenn wir hundertfünfzig Jahre früher gelebt hätten: die dänische Grenze. Einst war von Hamburg an aufwärts alles dänisch. Man bekam überall Smørrebrød, Saltpastiller und Rødgrød.

Ist nicht mehr so. Aus dem Radio tönen nonstop Weihnachtslieder. Immer dieselben. Der Moderator distanziert sich ausdrücklich von «Last Christmas» und spielt es dann genussvoll. Mitarbeiter im Einzelhandel, die in dieser Art festlich befeuert werden, dürfen Hörstürze mittlerweile als saisonale Berufskrankheit behandeln lassen. Leute, die einfach nur im Auto sitzen, könnten natürlich leiser drehen. Doch das dänische Sendegebiet bringt neue Sender. Die Lieder sind ähnlich, nur die Sprache klingt anders; das reicht schon, das ist entlastend.

Der Verkehr wird dünner, die Besiedlung spärlicher. Wir durchfahren ein Städtchen, in dem kein Mensch unterwegs zu sein scheint, erreichen auf schmaleren Landstraßen das Dorf, die beschriebene Abzweigung, das Haus. Aha, wir sind keineswegs die Ersten. In der beschaulichen Straße und in der imponierenden Einfahrt von geschätzt zehn Metern Breite stapeln sich die Autos. Wie groß ist diese Familie, oder ist das Dorf eingeladen? Nein. Bei den Nachbarhäusern sieht es ähnlich aus.

Mein Bruder öffnet. Seine Frau ist noch in der Küche und begrüßt uns von dort begeistert, ohne uns zu sehen. Und alle diese Leute hier, das müssen wohl Geschwister sein und Nichten und Cousins und Tanten, Schwäger, Enkel, Onkel, Opas und Omas. Von «kann gerade mal stehen» bis «kann gerade noch stehen». Ungefähr dreißig Augenpaare sehen uns erwartungsfroh an. Dann stellen diese Verwandten sich der Reihe nach vor, mit der Nennung schwer buchstabierbarer Eigennamen. Mein inzwischen leicht ramponiertes Hemd kann nicht ganz falsch sein; niemand sieht übertrieben seriös aus. Die Verständigung läuft auf Deutsch, Dänisch und Englisch, genauer aus einer gut verquirlten Mischung. Jeder kennt ein paar Vokabeln und steuert sie bei, wenn gerade mal eine Pause entsteht. Von der Seite wird etwas gereicht, das als Gløgg definiert angepriesen wird. Ein Glühwein? Nein, ein Glühaquavit. Oder beides? Wir sind noch keine zehn Minuten im Haus und fühlen uns bereits hochprozentig dänisch. Fahrtauglichkeit ade.

Die Tanne im Wohnzimmer misst drei Meter und steht genau in der Mitte. Drum herum bleibt Spielraum. Zu Hause klemmen wir den Baum immer in die Heizungsecke. Erstens brauchen wir dann die Rückseite nicht zu schmücken, zweitens kommen wir fast ohne Schürfwunden an ihm vorbei. Die Dänen, zumindest die in der Provinz, haben mehr Platz. Echte Kerzen erhellen den Raum, es sind sogar so viele, dass die Sauerstoffzufuhr nur noch für eine halbe Stunde gewährleistet sein kann. Wo ist der Feuerlöscher? Viel Rot und Weiß ist zu sehen, eigentlich nur Rot und Weiß. Aber mehr in Form von Schleifchen, Kästchen, Pferdchen. Rot-weiß karierte Herzen hängen an den Tannenzweigen zwischen roten Äpfeln. Und der Danebrog, die dänische Fahne, taucht unübersehbar häufig auf, als Girlande im Baum, als Fähnchen auf dem Tisch, als Serviette, als Set auf der Anrichte. Das Glück ist rot-weiß.

Bei uns zu Hause läuft gewöhnlich Musik. Elvis' Christmas-Album oder John Lee Hooker's «Blues for Christmas». Hier läuft nichts. Der Hintergrund ist still. Die Stimmen, das Lachen, die Gespräche, das Kindergetrappel reichen diesen Leuten offenbar. Die Frau meines Bruders kommt, sich mit einem rot-weiß karierten Geschirrtuch die Hände abtrocknend, die jetzt selbst rot-weiß wirken. Oder hat das alles mit dem Gløgg zu tun? Jetzt erst werden wir offiziell vorgestellt, jedem einzelnen. Die Namen werden also alle noch einmal genannt, und zwar so deutlich, dass sie diesmal beinahe zwei bis drei Personen lang in Erinnerung bleiben. Den letzten Namen behalte ich dann aber wirklich, das ist der meines Bruders. «Du hast rote Flecken im Gesicht», teilt meine Frau mit. Mir fällt ein: «Dann hätte ich das weiße Hemd anziehen sollen.» – «Hast du denn noch eins?»

Bitte zu Tisch! Aber das ist kein Tisch, das ist eine Tafel, eine aus dem Kiel eines Drachenbootes gezimmerte Kegelbahn, noch aus der Zeit von Harald Blauzahn und seinen vierschrötigen Wikingern. Ein Blick unter die Tischdecke: Ja, genau. Es handelt sich um das Modell *Norden* von Ikea, hier individuell vermehrt um zwei dazugeschobene Wackelmodelle einer unbekannten Baureihe. Der Tisch ist geschmückt, das vor allem. Das Essen fehlt. Oder gehört es zu den Sitten und Gebräuchen des fremden Volkes der Dänen, dass der Weihnachtsabend allein mit Gløgg bestritten wird? O ja, solche Feierfreunde gebe es durchaus, erklärt ein älterer Herr neben mir, und sogar hier in der Runde! Aber ich solle mich nicht sorgen. Nach alter Tradition würden die Speisen am Festtag immer von den Frauen aufgetragen, ausschließlich von Frauen. Wir könnten mit gutem Gewissen sitzen bleiben, ohne die Gendergerechtigkeit zu gefährden. Die Tradition leuchtet ein. Wollen wir nicht ein Stück Dänemark nach Deutschland bringen, wenigstens nach Norddeutschland, in den Teil, der so lange dänisch war?

Meine Frau stößt mich in die Seite: «Was hat er gesagt?» Ist es ratsam, die Tradition jetzt schon zu empfehlen? «Na, was?!» Ganz einfach: «Er hat gesagt, du seiest die schönste Frau, die er je zwischen Rømø und København gesehen hat!» – «Oh», macht sie und blättert die innere Landkarte auf. Doch, ja, damit ist genügend Fläche abgedeckt.

Schüsseln werden hereingetragen. Und dazu oder eigentlich schon vorher gibt es das erste Bier und den ersten Schnaps. Bereits bewältigte Gläser Gløgg zählen nicht.

«Das lockert auf», erläutert mein Sitznachbar. Er hat bereits strahlende Augen und sehr rote Bäckchen. Anlässlich des Festes, lässt er wissen, wird in Denmark extra ein Juleøl gebraut. Øl ist nicht Öl, sondern Bier, das wie Öl runtergeht. Aber es geht nicht runter ohne den weihnachtlichen Akvavit, den Juleakvavit. «Der ist gut für die Verdauung», weiß der Rotwangige. Etwaige Vorräte müssen unbedingt über die Feiertage verbraucht werden. «Ich sehe, du entspannst dich allmählich», liest der Mann an meinem Gesicht ab. Hmm, ja. Vor allem merke ich, dass ich seit dem Frühstück in Hamburg nichts gegessen, jedoch einiges getrunken habe.

«Halte dich mal ein bisschen zurück!», raunt meine Frau. Auf dem Tisch werden im besten Porzellan des Hauses abenteuerlich viele Schüsseln aufgereiht. Da ist die Juleand, die weihnachtliche Ente, mit Cognacbackpflaumen gefüllt und umgeben von karamellisierten Kartoffeln und glasierten Äpfeln und allerlei Wurzelgemüse. Dann der Krustenbraten, der nach gut gerösteten Schwarten und Schweinekamm aussieht; egal, ob man das mag, sie sind lebensnotwendig zur Unterfütterung der bereitstehenden klaren Flüssigkeiten. Und dann abermals Brune Kartoffler und Rødkål und Rodfrugt Blanding. Und Gans. Und Pute. Und in Zuckerlauge gekochte halbe Äpfel mit einem zerfließenden roten Klecks in der Mitte, angeblich Johannisbeergelee.

Es ist nicht ausgeschlossen, dass wir satt werden. Restlücken können später durch Mandelmilchreis mit Sahne und Kirschsoße gestopft werden. Das Marzipan wird erst danach gereicht. Æbleskiver mit Puderzucker, die Krapfen, gibt es dann eher zum Kaffee, auch als Begleitung zu den Zimtschnecken.

Ich habe die Hose mit dem extraweiten Bund an. Er zwickt jetzt schon. Ja, gern noch einen Akvavit. Der wievielte mag das sein? Man legt hier an Weihnachten ganz offensichtlich den Grundstein für die guten Vorsätze fürs nächste Jahr. Je opulenter die Tage zwischen den Jahren, desto überzeugender und radikaler der Vorsatz an Neujahr. Ob es so ist, frage ich den Nachbarn. «Gute Vorsätze?», rätselt er. Nein, die Existenz eines solchen Phänomens kann er nicht bestätigen. «Vorsätze wozu?», forscht er. Um fortan besser zu leben? Ja, wozu, weshalb, warum? Solche Fragen bedürfen keiner Antwort beim glücklichsten Volk der Erde.

Es wird gegessen. Die ganze Zeit. Dieses Essen wird niemals enden. Zumal es ja auch eine Familienzusammenführung ist. Ein paar Monate mindestens sind vergangen seit dem letzten Treffen, vielleicht sogar ein Jahr. Der Mann der Schwester der Frau meines Bruders oder umgekehrt setzt sich zu uns. Ihn interessiert die deutsche Seite der Familie. Vermutlich sind wir gemeint. Er selbst beherrscht die deutsche Sprache, zumindest haben ihm das andere bestätigt. Und ja, man ahnt etwas. Aber weil auch er den vorgegebenen Takt der Bier-Schnaps-Folge hat halten können, spricht er ein wenig verwaschen. Genau genommen verstehen wir gar nichts. Nicken und lächeln wird nicht ganz verkehrt sein. Oder doch? Plötzlich steht er mitten im Satz auf und baut sich vor mir in die Höhe. Oha. War da nicht mal was mit «Schau im Krankenhaus im Spiegel dein Gesicht, und du siehst ein: Dänen lügen nicht»?

Ja, richtig. Aber hier ist es anders. «Du bist ein ehrlicher Mensch!», ruft er und reißt mich hoch und nimmt mich in den Arm. «Herzlich willkommen in der Familie!» Das ist jetzt etwas anderes als die Vorstellung vorhin. «Und deine Frau!» Von der Seite erschallt Applaus. Mit wichtiger Miene erklärt er: «Es ist etwas ganz Besonderes, in eine dänische Familie aufgenommen zu werden!» Gut. Irgendetwas muss ich während unseres Austausches richtig gemacht haben. Mit roten Ohren vor Stolz sitze ich am Tisch. «Das muss begossen werden!» Sicher.

Und dann müssen die Stimmbänder angewärmt sein. Denn jetzt wird gesungen. Ganz unvermittelt – so scheint es jedenfalls – stimmt einer was an, sofort sind alle dabei. Meine Frau hält plötzlich ein Blatt mit Liedtexten in der Hand. In welcher Zeile sind wir? «På loftet sidder nissen med sin julegrød»? Alle können alles auswendig, und anscheinend nicht nur die erste Strophe. «Men nissefar han er en lille hidsigprop!» Hört sich alles lustig an. Wir singen dann mal mit. «Og en, to, tre, så er de væk!» Schnaps? Sicher. «Deilig er Jorden», so, so, «Julen har bragt velsignet bud», klar, «Et barn er født i Betlehm», wird schon stimmen. Wir verfolgen das Zeile für Zeile, so gut wir können, und formen die Lippen und summen und singen und ahnen auch, worum es geht. «Det Kimer Nu Til Julefest» – wie kommt es, dass diese Dänen so viele eigene Weihnachtslieder haben, die gar nicht abgenudelt klingen? Und dass die so mit Inbrunst singen?

Und dazu tanzen die Kinder um den geschmückten Baum, ebenfalls singend. Es ist, als sei ein altes Bilderbuch aufgeschlagen und lebendig geworden. Wie ist das möglich, so etwas total Unglobalisiertes, kurz hinter der deutschen Grenze? Dürfen wir hierbleiben? Wir sind doch eben in die Familie aufgenommen worden? Bevor ich vor Rührung zu weinen beginne, bekomme ich von rechts vom Schwager der Tante, die in zweiter Ehe in die Familie geheiratet hat und jetzt in Ribe lebt, ein neues Juleøl in die Hand gedrückt und stoße synchron nach links mit einem Akvavit auf die deutsch-dänische Freundschaft an, mit einem mir gänzlich unbekannten Verwandten. War der vorhin auch schon da? Wurde er uns vorgestellt? Wir ihm? Oder ist das einer von den Nissen, von denen uns tuschelnd erzählt worden ist, also einer von den regionalen Kobolden, die zu Weihnachten auch bewirtet werden wollen, sonst können sie sehr böse werden?

Ich nutze eine Gesangspause, um auf die Terrasse zu schlüpfen und nachzusehen, ob der Himmel noch oben ist und ob die Sterne hier anders stehen und ob der Mond auf dem Rücken liegt. Nur mal kurz durchatmen. Es sind doch sehr viele Eindrücke. Sie zu verarbeiten hat wenig Aussicht auf Erfolg; sich der Flut hinzugeben schon eher. Aber so ein Moment der Stille ist auch mal wohltuend. Hier draußen frösteln nur ein paar ungesprächige Raucher. Die ersten Schneeflocken schweben nieder. Ich hätte doch Ketten mitnehmen sollen. Oder handelt es sich um Asche aus dem Kamin, die hochgewirbelt wurde und in der Kälte zu Boden sinkt? Der Rasen ist zart überhaucht.

Sollte ich vielleicht, um etwas nüchterner zu werden, in der Küche helfen? «Nein, nein, nein!» Mein neuer engster Verwandter hält mich fest und weist mich streng an meinen Platz zurück. Stimmt ja, die Frauen sind heute dran. Soll das eigentlich heißen, dass an allen anderen Tagen die Männer ranmüssen? Vielleicht weiß ich doch noch nicht genug von diesem Land.

«Wir sind nicht nachtragend!», versichert mein dänischer Verwandter. Ich weiß noch nicht mal, wie er heißt. «Das ist gut», beteuere ich. Und er: «Trinken wir auf die deutsch-dänische Freundschaft!» Oh, mal ein Akvavit! Wurde auch Zeit! Also, diese Niederlage, die sei inzwischen verziehen, teilt er gutmütig mit. Ich weiß zwar nicht, wovon die Rede ist, lächele aber: «Mange Tak!» Dankbarkeit ist ja die Grundlage des Glücks. Und er nickt froh. Ja, alles verziehen, wenn auch unvergessen: «Dybbøl skanser!» Ach ja. Die Düppeler Schanzen. Darum geht es! Das war der Ort der entscheidenden Niederlage der Dänen im Krieg von 1864. Tragisch. Aber er – sie alle – seien nicht nachtragend. «Skål!» – «Mange Tak!»

Damals siegte die Allianz der Preußen und Österreicher, und das königliche Dänemark verlor ein Drittel seines Territoriums, nämlich die Herzogtümer Schleswig und Holstein und Lauenburg. Das war schmerzlich und ist es noch heute, versichere ich ihm: «Wir bedauern das sehr! Andernfalls würden wir jetzt noch in Dänemark leben, wir da unten in Altona, und Margarete wäre unsere Königin, und wir hätten nicht den Euro, sondern immer noch die tollen Kronen und würden zum glücklichsten Volk der Erde gehören!» Nun kommen ihm die Tränen. Darauf einen Akvavit.

Aufregung am Nebentisch: Der Neffe väterlicherseits der großmütterlichen Tante aus Tønder hat das unvergleichliche Glück gehabt, in seinem Milchreisschälchen die berühmte versteckte Mandel zu finden! Und er hat sich nicht mal den linken Schneidezahn dabei angebrochen! Er ist nun der König des Abends, jedenfalls für eine Viertelstunde, und erhält das Glücksschwein aus Marzipan!

Und das ist nun der Zeitpunkt, an dem der Hausherr mit einer bis zum Rand gefüllten Schüssel voll Milchreis die knarzende Holztreppe emporsteigt, feierlich und leise schwankend, denn nun geht es auf den Dachboden. Dort wohnen die guten Geister des Hauses, die Nissen, die kleinen Kobolde, die nur gute Geister bleiben, wenn auch an sie gedacht wird, bei jedem Fest. Die Schale Milchreis sollte fürs Erste reichen, um ihren Schabernack in Grenzen zu halten. Und wenn das 1864 nicht gewesen wäre, an den Düppeler Schanzen, dann würde ich morgen Abend auf den Dachboden unseres Altonaer Mietshaus klettern und für unsere Hauskobolde sorgen. Ja, und das werde ich auch machen! Der Hausmeister wird nicht so schnell herausfinden, von wem das Schälchen kommt. Er wird es nicht mal merken. Höchstens daran, dass das Haus etwas dänischer, etwas gemütlicher wird.

So viele freundliche Menschen, so eine große Familie, so ein endloses genussreiches Essen, so ein berauschendes Fest. War das, ist das der vielbeschworene Geist der Weihnacht? Wahrscheinlich. Und schmeckt er ein bisschen nach Akvavit? Zweifellos. Es ist weit nach Mitternacht in unserer Gästedachkammer, eher schon Morgen, aber es bleibt hier lange dunkel. Ein letzter glasiger Blick in den Garten. Etwas tanzt vor dem Fenster. Sind es Schneeflocken? Elfen? Und dieses Rumpeln – sind das die Kobolde, die sich jetzt über das Schälchen Milchreis hermachen? Oder meine Frau, die auch nicht hundertprozentig nüchtern geblieben ist? Und die jetzt den Kobold gibt? O ja. Dann sind wir mal gløgglich!

Dietmar Bittrich

Ein göttlicher Coup

Einmal im Jahr, neun Tage vor Weihnachten, zeichnet der Papst unabhängige Forscher aus. Er ehrt Wissenschaftler und Privatgelehrte, die etwas Neues zur Geschichte des Christentums herausgefunden haben. Ohne Ansehen ihrer Konfession, einzig aufgrund ihrer Erkenntnisse, erhalten sie den *Ordo Sancti Silvestri Papae*. Dieser Orden ist ein achtzackiges Kreuz aus weißer Emaille. Im Zentrum, auf einer Medaille, prangt als goldenes Relief auf schwarzem Grund das traurig-ernste Bildnis eines frühmittelalterlichen Papstes, des heiligen Silvester, der den Kaiser Konstantin geheilt und das erste Glaubensbekenntnis verfasst haben soll. Getragen wird dieser höchste vatikanische Orden für Laien an einem samtenen rot-schwarz längsgestreiften Band.

Das weiß ich, weil ich für diesen Orden auserwählt worden bin. In von jetzt an genau einer Stunde wird der Papst ihn verleihen, in Anwesenheit einiger purpurner Würdenträger in der Weihrauchdämmerung seiner Audienzhalle. Noch zwei weitere Forscher werden dabei sein. Sie warten jetzt mit mir, hier im Nordflügel des *Domus Sanctae Marthae*, des Gästehauses, jeder in seinem Appartement, das spartanisch eingerichtet ist: Bett, Schrank, Stuhl, Tisch mit einer einzigen Schublade. Der Präfekt des päpstlichen Haushaltes wird uns gleich zum letzten kurzen Vorgespräch beehren.

Der zweite Forscher ist ein Historiker aus Oxford, der

blasse, flusenbärtige, kaum vierzigjährige Ralph Drury. Sein verdienstvoller Beitrag zur Kirchengeschichte ist der Nachweis einer dritten Himmelfahrt. Aus apokryphen Schriften soll er zweifelsfrei herausgelesen haben, dass es nicht nur eine Himmelfahrt Jesu gab und zweiunddreißig Jahre später eine Himmelfahrt Mariens, sondern zwischen diesen beiden eine bislang vernachlässigte Auffahrt des Josef. Der greise Josef musste, wie Ralph in unserer kleinen Teeküche scherzte, «auf eigene Kosten» und ganz allein in den Himmel auffahren. Jesus und Maria waren bekanntlich abgeholt und von Musik und Engeln begleitet worden. Auf welche Art Josef reiste, aus welchem Stoff die Wolke war, auf der er Platz nahm, oder ob er auf einer Art Traktorstrahl emporglitt, das zu klären bliebe präziseren Studien vorbehalten, ließ Ralph uns wissen. Die päpstliche Kommission werde jedenfalls baldmöglichst einen Feiertag für die Himmelfahrt Josefs einführen, womöglich bereits zum Oktober des kommenden Jahres.

Für den dritten Orden wurde die Spanierin Gabriela Klemm auserkoren, eine unsentimentale, ein wenig vorlaute Bibliothekarin aus Bilbao. Sie mag früher einmal das gewesen sein, was rassig genannt wurde; jetzt, mit Anfang sechzig, schminkt sie sich ein wenig zu auffällig für so geweihte Gefilde. Ihr Beitrag wirkt noch kühner als der von Ralph Drury. In jahrelangen Recherchen in der Bibliothek von Bilbao und auf Reisen zu Sammlungen von Schriftrollen und Pergamenten hat Gabriela zu belegen vermocht, dass nicht nur Jesus sein gezimmertes Kreuz durch die Gassen von Jerusalem schleppte, sondern auch die beiden anderen verurteilten Kriminellen. Und diese beiden anderen, so hat es Gabriela aus jüdischen Registern und römischen Gerichtsakten übereinstimmend gelesen, sind auf dem Weg nach Golgatha von wesentlich mehr sympathisierenden Menschen begleitet worden als der damals noch unbekannte Jesus. Man huldigte den sogenannten Schächern, dem Dysmas und mehr noch dem Gestas, der römische Soldaten in einen Hinterhalt gelockt hatte. Auf frühesten Bildnissen auf Papyrus, von denen Gabriela zwei im Original vorlegen kann, hängt Jesus keineswegs am mittleren der drei Kreuze, wie es seit der Renaissance dargestellt wird. Sondern er hängt vom Betrachter aus gesehen rechts; also zur linken Hand des in der Mitte hervorgehobenen Schächers Gestas, der den Jesus angeblich verspottet hat. «Dieser Gestas in der Mitte ist doch auch eindeutig sexier!», meinte Gabriela, als sie uns Kopien der Bilder zeigte. Ralph nickte: «Aber der Dysmas, der hat auch was.»

Ich war mir nicht sicher. Die Forschungen der beiden erscheinen mir, altmodisch ausgedrückt, ein wenig frivol; noch früher hätte man gesagt: ketzerisch. Und es wundert mich nicht, dass die Hoheit über die Publikation solcher Ergebnisse beim Vatikan bleibt. Mit dem Silvester-Orden werden ausschließlich unveröffentlichte Forschungen prämiert. Erst der Präfekt des päpstlichen Haushaltes, der Erzbischof Gänswein, legt in Absprache mit dem Nachfolger Petri einen Zeitpunkt für die Bekanntmachung fest.

Zunächst wird er noch ein letztes Mal mit uns darüber sprechen. Wir haben unsere Arbeiten – wie eine Handvoll anderer Hoffnungsvoller auch – im Frühjahr eingereicht. Die Theologen an der Lateranuniversität hatten ausreichend Zeit, zu prüfen und zu diskutieren. Sie haben sich für unsere drei Studien entschieden. Die Essenz daraus wird nicht gleich nach der Ordensverleihung der Öffentlichkeit präsentiert werden. Man wird, wie in früheren Jahren, bis nach Weihnachten damit warten. Vor allem in diesem Jahr, da meine eigenen Forschungen das Weihnachtsfest direkt betreffen, mit schmerzhafter Konsequenz.

Wie schmerzhaft, das ist mir erst hier bewusst geworden, in den letzten Tagen, in diesen leeren Zimmerfluchten, in diesen hallenden marmornen Gängen, durch die unablässig ein dünner Faden Weihrauch zu ziehen scheint. Der Blick aus dem Fenster des kleinen Appartements geht nordwärts, hinaus über den Parkplatz der Angestellten und die pinienbestandene *Piazza Santa Marta*, vorbei an den wuchtigen Apsiswänden des Petersdomes hin zu den *Giardini Vaticani*, zu den immergrünen Gebüschen und den Wipfeln der Steineichen und Zypressen, die sich im milden Lufthauch wiegen, eine Verheißung leichten Lebens selbst im Dezember.

Wenn ich die Fensterklappe öffne – die Flügel sind fest verschlossen, ebenso fest wie die Tür zum Nebenraum –, dann wehen, wenn nicht gerade Glocken sie übertönen, die Rufe der Wintervögel herein; zuweilen gemischt mit dem Pfeifen und Keckern bunter Papageien, die in dieser verfallenden Stadt heimisch geworden sind. Ich winke hinunter zum Parkplatz. Manchmal schaut einer der Bediensteten herauf. Zurückgewinkt hat bislang keiner; vielleicht ist es verboten.

Natürlich hätte ich die Arbeit nicht einreichen müssen. Ich hätte die Forschungsergebnisse für mich behalten können. Gleich den ersten Hinweisen eines katholischen Gelehrten in Regensburg hätte ich nicht nachgehen müssen. Etwas trieb mich dazu. Nicht die Liebe zur Wahrheit, so viel bilde ich mir nicht ein. Es war detektivischer Neugier, eine intellektuelle Abenteuerlust und gewiss auch die Ahnung, dass sich in den Funden eine Sensation verbergen könnte.

Und so ist es nun auch, und es ist unumkehrbar. Wir brauchen nicht auf Weihnachten zu verzichten, das nicht. Wir müssen nicht das Christkind weglassen. Wir sollten allerdings wissen, um wen es sich handelt, also wen wir da feiern. Um diese Richtigstellung ist es mir in der Arbeit gegangen.

Wenn ich das Klappen der Türen eben richtig deute, hat der Erzbischof Gänswein das Vorgespräch mit unserem Kollegen aus Oxford gerade beendet. Wir haben schon etliche lange Gespräche geführt, mit Experten für ausgestorbene Religionen, mit Papyrologen, mit gläubigen Professoren der Lateranunversität und agnostischen Gelehrten fremder Hochschulen. Dieses abschließende Gespräch jetzt mit dem Präfekten des päpstlichen Haushaltes soll lediglich der Klärung letzter protokollarischer Fragen dienen. Es geht nur noch darum, dass wir uns angemessen verhalten, wenn uns der Papst den Orden ansteckt.

Jetzt also muss der Präfekt bei meiner spanischen Kollegin sein. Sie wird sich zu benehmen wissen. Und dann bin ich dran. Der Pontifex ist in groben Zügen über unsere Erkenntnisse informiert. Gleichwohl sind wir gebeten, bevor er uns den *Ordo Silvestri* ansteckt, ihm eine knappe Zusammenfassung vorzutragen, in sieben Minuten, derweil wir ihm gerade in die Augen sehen. Denn die allerletzte Entscheidung über die Verleihung gebührt ihm. Er fällt sie intuitiv, einer höheren, womöglich göttlichen Eingebung folgend.

Soweit ich weiß, ist es jedoch nie vorgekommen, dass er eine Entscheidung der Kommission widerrufen hat. Was hingegen häufig geschehen ist – und das beunruhigt mich plötzlich – ist, dass die geehrten Wissenschaftler bald nach der Zeremonie beschlossen haben, sich aus der Öffentlichkeit zurückzuziehen und sich in eine kontemplative Klausur zu begeben, wenn nicht gar einem Mönchsorden beizutreten, und dann gleich demjenigen der Kartäuser und der Trappisten, in denen lebenslanges Schweigen geboten ist.

Das fällt auf. Das ist sonderbar. Es irritiert mich. Oder muss es das nicht?

Hinweg mit solchen Erwägungen. Sieben Minuten also werde ich haben. Das muss reichen. Es geht, vorsichtig umrissen, um die Verdienste des Königs Herodes. Um die Zeitenwende hatte er Judäa, Galiläa, Samaria und weitere Provinzen zum Blühen gebracht. Er hatte glanzvolle Städte am Meer gegründet, das schimmernde Caesarea zum Beispiel. Er hatte uneinnehmbare Festungen ausgebaut, etwa Masada. Er hatte Rennbahnen, Theater und Hafenanlagen errichtet, Paläste sowieso, aber auch Häuser für verfolgte Frauen und Kindergärten. Er war der familienfreundlichste Regent, den der Orient bis dahin erlebt hatte. Und der gottesfürchtigste. Er hatte den größten Tempel der Welt erbauen lassen, den Tempel von Jerusalem, der zweifach so groß war wie einst der Tempel des Salomo an derselben Stätte und siebenfach so leuchtend. Die geschliffenen Marmorfassaden reflektierten das Sonnenlicht, sodass die Besucher die Augen abwenden mussten.

Niemand konnte bezweifeln, dass Herodes ein zweiter König Salomo war, ein Gottkönig, ein Stellvertreter

Gottes auf Erden. Was ihm noch fehlte, war die Unsterblichkeit. Nach einigen standesgemäßen Ehen, aus denen wenig überzeugende Nachkommen hervorgingen, kam der Herrscher – so berichtet der Zeitgenosse Flavius Josephus – in bereits reifem Alter auf einen spirituellen Gedanken: Nur mit einer *reinen Magd* ließe sich die Linie des Gottkönigtums fortsetzen.

Bestätigt wird das im gnostischen Evangelium der Maria und in der manichäischen Sammlung der Apostelakten. Man muss sich nur die Mühe der Transkription machen. Ich habe sie mir gemacht; vielleicht hätte ich es lassen sollen.

Herodes fand jedenfalls eine Jungfrau von vierzehn Jahren, eine Maryam, die im Sommerpalast zu Nazareth niedere Dienste in der Küche verrichtete. Sie war das Aschenputtel (und übrigens das Urmodell für das Märchen), er der Prinz, sogar der König, dem sie nun einen gottgleichen Prinzen gebären sollte. Sobald ihre Schwangerschaft Gewissheit war, verheiratete Herodes sie mit einem verdienten Arbeiter aus der Hofwerkstatt, mit dem Zimmerer Josef. Um sie vom Gerede der Leute freizuhalten, siedelte er die beiden um nach Beth Lechem und richtete ihnen dort ein bescheidenes Haus ein, Nutztiere eingeschlossen. Dass Menschen und Vieh unter einem Dach lebten, war damals und bis ins 19. Jahrhundert nicht ungewöhnlich.

Um eine Dynastie von Gottkönigen zu schaffen, ließ Herodes nun das Gerücht streuen, ein neuer Gott würde alsbald geboren werden. Das leichtgläubige Volk griff die Verheißung begierig auf, so wie es jetzt Ankündigungen von Polsprüngen und Bewusstseinsanhebungen aufgreift. Sobald Kundschafter ihm die Geburt seines Nachfahren gemeldet hatten, engagierte Herodes drei Gelehrte, die er nach Beth Lechem wies: Dort sei der neue Gottkönig und spirituelle Führer der Zukunft geboren. Das sollten sie bestätigen, und sie taten es. Dafür, dass sie sogar auf die Knie fielen, ließ er sie fürstlich entlohnen. Von ihm übrigens kamen die Geschenke, die sie mitbrachten. Übereinstimmend berichten das die Briefe des Königs Abgar von Edessa und die *Interrogatio Johannis.*

Mehr war nun nicht mehr nötig. Oder besser – mehr wäre nicht nötig gewesen, hätte damals nicht der Ausbruch einer eingebildeten Seuche den ausgeklügelten Plan durchkreuzt. In den Regionen Beit Sahur und Beth Lechem begannen die kleinsten Kinder, Säuglinge zumal, absonderlich zu spucken und zu speien und Blut zu husten und – wie volkstümliche Zeugnisse behaupten – lallend zu fluchen. Unter den Dörflern galt es bald als ausgemacht, dass die Kleinen von Dämonen besessen seien. Pech und Schwefel spuckten sie, hieß es; und sie brächten Verderben.

Die Ältesten in den Dörfern hielten Rat und beschlossen schrecklicherweise, die Kleinen töten zu lassen. Der Glaube an Magie, an Teufel, Hexen, Dämonen war verbreitet und machtvoll. Lediglich gebildete Schichten waren dagegen gefeit. Herodes, dessen Familienfreundlichkeit und Kinderliebe damals noch sprichwörtlich war, tat sein Möglichstes, um die vermeintlich besessenen Kleinen zu schützen. Doch gegen Aberglauben vermögen selbst die weisesten Herrscher nichts auszurichten. Die Dörfler begannen bei Nacht, die Kleinen beiseitezu schaffen. Um seinen eigenen Sohn zu retten, schickte der König eilends einen Boten, der die kleine Pflegefamilie fortbringen sollte, weg aus diesem abergläubischen Land, hinüber ins aufgeklärte Ägypten, in die römische Provinz, nach Alexandria, wo ein befreundeter Fürst, der Publius Octavius, Statthalter war.

Wie jeder gottgleiche Herrscher ließ Herodes zur Reise Legenden streuen: Sein kleiner Sohn, von ihm Joshua genannt, soll während der Flucht Wunder vollbracht haben. Wilde Tiere hätten am Weg vor ihm niedergekniet. Palmen beugten sich und reichten ihm Früchte. Dürres Gebüsch lüftete die Wurzeln und ließ Quellen reinsten Wassers entspringen. Statuen überkommener Götter stürzten um, während sich Joshua, der Sohn des Königs und der Maryam, nahte.

Und das ist es auch schon. So viel Wahrheit dem Papst zuzumuten, dauert fünf Minuten. Zwei Minuten würden danach noch bleiben. Doch wird er überhaupt so lange zuhören? Mein Gewissen ist rein. Dies ist lauterste Wissenschaft. Mein Blick leuchtet von Wahrheit. Wird der greise Papst ihm standhalten können?

Er sei vorbereitet, hat man uns versprochen. Aber hat man ihn vielleicht in Wahrheit geschont? Und wird er dann im letzten Moment Abstand davon nehmen, mir den *Ordo Sancti Silvestri Papae* zu verleihen? Er, der Statthalter und Nachfolger des Mannes, dessen wahre Abkunft ich erstmals zweifelsfrei darlege?

Zwei Minuten also hätte ich noch. Herodes hatte etwas unterschätzt: sein eigenes Alter. Im Jahre vier nach der Geburt seines jüngsten und einzig geliebten Sohnes erkrankte der König. Abermals schickte er Boten aus, nach Ägypten. Er rief die Familie zurück nach Jerusalem. Noch einmal, zum letzten Mal, begehrte er den kleinen Joshua zu sehen. Das Glück wurde ihm zuteil. Strahlend vor Freude sei er gewesen, heißt es in der Überlieferung des Nikodemus, als Herodes seinen kecken, lichtvollen Sohn erblickte, der nun bereits sprechen konnte. Vom Siechenlager aus ordnete der König an, dass die Ausbildung des verständigen Kleinen den hervorragendsten Schriftgelehrten des Landes anvertraut würde. Und seinen Schreibern diktierte er höchste Weisheiten, die der Kleine angeblich am Bett seines Vaters von sich gegeben hatte.

Dass seine beiden ältesten Söhne, Herodes Archelaos und Herodes Antipas, aus Angst und aus Eifersucht den Joshua würden verfolgen lassen, das muss der gütige König geahnt haben. Dass die Verfolgung und womöglich Ermordung des Joshua dem Ruhm des Geschlechtes nicht abträglich sein würde, dafür trug der König vorausschauend Sorge. Er engagierte Zeugen, die auszustreuen hatten, Joshua sei der eigentliche Nachfahre des Gottkönigs, sein *eingeborener Sohn*, wie man damals sagte, und der verehrungswürdigste Herrscher. Und obwohl die älteren Söhne ihren jüngsten Bruder, des Vaters Liebling, tatsächlich verfolgen und am Ende hinrichten ließen, haben sie seinen Siegeszug durch die Geschichte nicht verhindern können. Das Blut des Herodes, sein Geist und sein Segen werden bis heute, wenn auch unwissentlich, angebetet, erfleht und gepriesen.

Das werde ich vortragen. Nichts als die Wahrheit, nichts als unschuldige, lautere Wissenschaft.

Es klopft. «Einen Moment, bitte!» Ich schreibe mit der Hand; wir sind unmissverständlich gebeten worden, elektronische Geräte abzugeben. Kontaktaufnahme während der Vorbereitung würde Kontemplation und Klausur nur unnötig stören. So hat es der Präfekt des päpstlichen Haushaltes uns freundlich erklärt.

Nun tritt er ein. Sein Lächeln ist warmherzig. Der Erzbischof Gänswein ist ein liebenswürdiger Mann. Er ist mir sympathisch; und ich wohl ihm. Wir haben sofort eine Art geistige Verwandtschaft gespürt. «Bitte bleiben Sie sitzen», sagt er mit seiner samtigen Stimme. Er hat von Anfang an dafür gesorgt, dass wir uns in dieser feierlichen Umgebung entspannen und wohl fühlen konnten. «Sie wissen ja bereits, dass Sie den Orden kniend empfangen», fährt er fort, «dass Sie aber vorher bitte stehend dem Heiligen Vater in die Augen blicken, während Sie ihm Ihre Forschungsarbeit erläutern.»

«In genau sieben Minuten», sage ich.

«Wenn Sie das hinkriegen», lächelt er. «Es kommt nicht so exakt darauf an. Niemand wird mit der Stoppuhr danebenstehen.»

«Ich kriege es hin», sage ich.

«Wir wollen nicht päpstlicher sein als der Papst», lacht er, und sein Lachen ist ansteckend. Ich stimme ein.

Dann fährt er ernster fort: «Ich glaube, Sie können sich vorstellen, dass wir Ihre überraschenden Erkenntnisse der gläubigen Welt nur mit Vorsicht vermitteln können.»

«Natürlich», sage ich.

«Gewissermaßen häppchenweise», lächelt er.

«Damit habe ich gerechnet.»

«Aber beibringen müssen und wollen wir es der Gemeinschaft der Gläubigen», sagt er. «Denn wir sind der Wahrheit verpflichtet, nicht der Legendenbildung.»

«Das hört sich gut an», fällt mir nur ein. Mit so einem Bekenntnis habe ich nicht gerechnet.

«Gut, das ist schon alles», sagt der Erzbischof. «Dann sind wir so weit.» Er geht zu der verschlossenen Tür, die ich für eine Tür zum Nebenraum gehalten habe. «Hier beginnt der Weg zur Audienzhalle. Man mag es für altmodisch halten, aber der Ritus verlangt es, dass die Ordensanwärter jeder für sich zur Audienzhalle schreiten. Ihre beiden Kollegen sind bereits auf dem Weg.» Er drückt den Griff, tut es noch einmal, er rüttelt ungläubig. Die Tür ist verschlossen. «Hat der Adjutant sie nicht geöffnet?»

«Wann?», frage ich. «Es ist niemand gekommen.»

«Vor einer Viertelstunde?», fragt er ungläubig und mit einem Anflug von Ärger.

«Es war niemand da.»

Er überlegt. «Dann müsste ich nach unten und den Zweitschlüssel holen. Es ist ganz unwahrscheinlich, aber sehen Sie bitte dort in der Schublade nach?»

Ich ziehe die Schublade des einfach gezimmerten Tisches auf. Das Neue Testament in drei Sprachen, ein Messbuch, Unterweisungen zum Glauben, ein Reiseführer durch den Vatikan, dazu ein unausgefüllter Formularbogen, der offenbar für ein Gesuch vorbereitet ist, für eine Bitte um Aufnahme in den Orden der Trappisten.

«Hier ist nichts», sage ich, während ich ganz hinten in der Schublade einen Schlüssel glänzen sehe. Ich kann meiner Stimme kaum noch Festigkeit geben. «Hier sind nur Papiere», bringe ich hervor.

Der Erzbischof Gänswein hat meine Aufregung nicht bemerkt. «Der Adjutant wird schon in der Halle sein», sagt er. «Dann gehe ich den Zweitschlüssel holen.»

Er ist gegangen. Vor jetzt drei Minuten. Gleich wird er zurück sein. Mit zitternden Fingern habe ich den Schlüssel aus der Schublade genommen und habe die Tür geöffnet. Es gelang nicht auf Anhieb, dann doch. Ein kurzer schlecht beleuchteter Gang führt dahinter an den Anfang einer noch schlechter beleuchteten Treppe, einer Treppe abwärts. Sollte die Audienzhalle des Papstes nur auf unterirdischem Wege erreichbar sein, und das ist nicht unwahrscheinlich, dann ist diese Treppe sinnvoll und richtig. Und doch kann ich jetzt nichts anderes als Angst haben.

Diese letzten Zeilen sind mir selbst schon schwer lesbar. Meine Hände können nicht mehr ruhig sein. Ich werde diese Seiten in eine leere Dose stopfen, die ich aus der Teeküche habe, und durch die Fensterklappe werfen, der einzigen Verbindung zur Außenwelt. Ich hoffe, ich bete sogar, dass ein freidenkender Angestellter sie unten findet und sie nicht ängstlich den orthodoxen Behörden ausliefert, sondern dass er die Blätter meiner Familie zukommen lässt oder meinem Verlag in Hamburg, auf dass sie, wenn ich nicht auftauche, veröffentlicht werden.

Die Tür ist jetzt wieder verschlossen, der Schlüssel in die Schublade zurückgelegt. Besser, ich fülle rasch das Gesuchsformular aus, mit der Bitte um Aufnahme in den Orden des Schweigens, sicherheitshalber, um einem noch endgültigeren Schweigen zu entgehen. Ich höre die Schritte. Nun ist es so weit.

Anmerkung des Verlages

Gabriela Klemm wurde mittlerweile in die Kartause Reillanne aufgenommen. Ralph Drury hat sich den Trappisten angeschlossen. Von Dietmar Bittich erwarten wir ein Lebenszeichen.

Die Autoren

Helene Bockhorst, geboren 1987, hat 2018 als erste Frau den Hamburger Comedy Pokal gewonnen. Mit ihren Soloprogrammen reist sie emsig durch Deutschland.

Paul Bokowski, geboren 1982, ist Autor, Vorleser, Geschichtenerzähler und seit mehr als zehn Jahren aktiv in der Berliner Lesebühnenszene. Nach seinen Kurzgeschichtenbänden *Hauptsache nichts mit Menschen* und *Alleine ist man weniger zusammen* erscheint 2019 sein neues Buch *Bitte nehmen Sie meine Hand da weg.*

Sandra Girod, geboren 1963 und aufgewachsen in Schleswig-Holstein, hat zunächst als Journalistin für Frauenzeitschriften gearbeitet. Im Jahr 2014 erschien ihr erster Roman *Nenn mich nicht Hasi!* Zwei Jahre später der zweite: *Manchmal will man eben Meer.* Jetzt ist der dritte in Arbeit. Sandra Girod lebt mit ihrem Mann und zwei Kindern in Hamburg.

Matthias Gretzschel, geboren 1957, studierte Theologie. Mit seiner Familie ging er 1989 nach Hamburg. Er arbeitete lange als Redakteur beim *Hamburger Abendblatt* und ist Autor zahlreicher kulturgeschichtlicher Sachbücher (zuletzt *Geister der Südsee*). Über seine Kindheit als Pfarrerssohn in Dresden hat er mehrfach geschrieben.

Tobias Haberl, geboren 1975 im Bayerischen Wald, hat Literaturwissenschaften in Würzburg und Großbritannien studiert und arbeitet seit 2005 für das *Süddeutsche Zeitung Magazin*. Über das Experiment seiner einjährigen Mitgliedschaft in der Partei Die Linke hat er das Buch *Wie ich mal rot wurde* geschrieben, außerdem zusammen mit Heidi Benneckenstein den Bestseller *Ein deutsches Mädchen*. Er lebt in München.

Lena Hach, geboren 1982, lebt in Berlin. Zuletzt veröffentlichte sie den Jugendroman *Nichts wünsche ich mir mehr*, nominiert für den besten Liebesroman für Jugendliche 2018, und die Kinderbuchserie *Der verrückte Erfinderschuppen*, ausgezeichnet mit dem Leipziger Lesekompass. www.lenahach.de

Julia Hackober, geboren 1990, lebt in Berlin. Sie arbeitet als Kolumnistin bei *Iconist*, dem Lifestyle-Magazin der *Welt*, und moderiert den Podcast *The Real Word*. Außerdem bloggt sie auf juliahackober.com.

Marlene Hellene, geboren 1979, erfrischt/amüsiert/belustigt auf Twitter regelmäßig mit ihren Tweets. Zuletzt veröffentlichte sie ihr Buch *Man bekommt ja so viel zurück – Leitfaden für verwirrte Mütter* beim Rowohlt Verlag. Sie lebt mit ihrer Familie in Karlsruhe.

André Herrmann ist Schriftsteller und Comedy-Autor. Er ist Teil der Lesebühnen «Schkeuditzer Kreuz» in Leipzig sowie «Fuchs & Söhne» in Berlin, schreibt für das *Neo Magazin Royal* (ZDF) und *Olaf macht Mut* (ARD). Im Herbst 2018 ist sein Roman *Platzwechsel* erschienen.

Bernhard Lassahn wurde 1951 in Coswig geboren. Er ging in Osnabrück zur Schule, studierte in Marburg und Tübingen Germanistik und lebt seit 1979 vom Schreiben. Er schrieb Kinderbücher (*Käpt'n Blaubär, Das große Buch der kleinen Tiere*), Satiren und dem umfangreichen Essay *Frau ohne Welt*. In Berlin, wo er lebt, tritt er regelmäßig als Liedermacher auf.

Sven Lepthin, geboren 1972, lebt in der ehemaligen dänischen Stadt Altona bei Hamburg. Sein heiteres Lob auf das Königreich zwischen den Meeren erschien 2018 unter dem Titel *Einer mäht immer den Rasen – Ein Tourist in Dänemark*.

Emily Philippi, geboren 1997, studiert Physik in Berlin. Sie schreibt Geschichten und Essays.

Christopher Quadt, geboren 1987, lebt in Köln. Er ist Doktorand der Literaturwissenschaft und Mitherausgeber der Literaturzeitschrift *schliff* (edition text+kritik). Zum Ausgleich seiner Science-Life-Balance schreibt er auf Twitter unter twitter.com/mistermacheath

Michael Schweer-de Bailly wurde 1947 in Iserlohn geboren. Heute lebt der Journalist mit seiner Frau, Hund uns Kater in der Nähe von Berlin und im schwedischen Värmland. Er ist Autor der gesammelten Dorfleben-Erfahrungen *Wie kommt die Kuh aufs Dach*. www.sfkom.de

Sören Sieg wurde 1966 in Elmshorn geboren. Er studierte Soziologie, Politik und Musik, sang 18 Jahre im A-cappella-Quartett *LaLeLu* und lebt heute als Schriftsteller (*Die*

dünnen Jahre sind vorbei) und Komponist in Hamburg. Im Dezember 2017 kaufte er zehn verschiedene Kryptowährungen auf dem historischen Höchststand. Jetzt sammelt er Spenden. www.soerensieg.de

Stefan Stutz, geboren 1967, lebt als Zeichner und Autor in Hamburg. Er arbeitete bisher u. a. für Film, Fernsehen, Werbung und Zeitschriften, illustrierte Bücher und veröffentlichte Erzählungen. Mit Dietmar Bittrich schrieb und zeichnete er *Griechify your life*. www.stefanstutz.de

Johanna Wack, geboren 1979, lebt als Ernährungswissenschaftlerin in Hamburg. Seit mehr als zehn Jahren schreibt sie Texte, die sie auf Poetry Slams vorträgt. Sie bekam den Publikumspreis beim *open mike berlin* 2008 und belegt vordere Plätze bei deutschsprachigen Slam-Meisterschaften.

Georg Weisfeld, geboren 1975 in Bremen, lebt und arbeitet in Berlin als Improvisationsschauspieler, Kabarettist und Autor für die Lesebühne «Die Dienstagspropheten». www.weisfeld.de

Liefka Würdemann, geboren 1978, ist Gründungsmitglied der Hamburger Lesebühne *Längs*. Sie ist seit vielen Jahren auf Lese- und Slam-Bühnen unterwegs. Sie ist Mitautorin der Anthologien *Längs fällig* (2013) und *Die Farben sind scheiße, aber die Texte sind geil* (2014).

Weitere Titel von Dietmar Bittrich

Aber erst wird gegessen

Achtung, Gutmenschen!

Alle Orte, die man knicken kann

Das Gummibärchen-Orakel der Liebe

Das Weihnachtshasser-Buch

Der große Kotz

Die bucklige Verwandtschaft – Driving Home for Christmas

Diesmal bleiben wir bis Silvester!

Griechify your life

Lasst uns roh und garstig sein

Opa kriegt nichts mehr zu trinken!

Urlaub mit der buckligen Verwandtschaft

Weihnachten mit der buckligen Verwandtschaft

99 deutsche Orte, die man knicken kann

MIX
Papier aus verantwortungsvollen Quellen
FSC® C083411

Das für dieses Buch verwendete Papier ist FSC®-zertifiziert.